Dieses Lehrbuch richtet sich an Schülerinnen und Schüler, die sich in der Berufsfachschule auf einen Beruf vorbereiten. Inhalt und Aufbau dieses Lehrwerkes entsprechen dem Bildungsplan zur Erprobung für die Bildungsgänge der Berufsfachschule, die zu beruflichen Kenntnissen, Fähigkeiten und Fertigkeiten und Abschlüssen der Sekundarstufe I führen (Bildungsgänge der Anlage B APO-BK). Dieser fordert einen Unterricht, der eine umfassende berufliche, gesellschaftliche und personale Handlungskompetenz zum Ziel hat. Die unterrichtliche Umsetzung soll kompetenzorientiert auf der Grundlage von Anforderungssituationen erfolgen. Der Kompetenzbegriff wird gemäß Lehrplan aufgeschlüsselt in Wissen und Fertigkeiten sowie Sozialkompetenz und Selbstständigkeit.

Das Lehrbuch ist in zwei große Abschnitte unterteilt. Im ersten Teil werden Lernsituationen dargestellt. Unter einer Lernsituation wird hier eine realitätsbezogene Aufgaben- und Problemstellung verstanden. Zu ihrer Lösung werden nicht nur mathematische Kenntnisse, sondern auch die Durchdringung der Problemsituation verlangt.

Im zweiten Teil werden die mathematischen Verfahren systematisch behandelt, die bei der Lösung der Lernsituationen benötigt werden. Zur Sicherung der mathematischen Kenntnisse wird eine Vielzahl von Aufgaben angeboten.

Durch einander entsprechende Farben am äußeren Rand der beiden Teile wird kenntlich gemacht, welche mathematischen Kenntnisse in der jeweiligen Lernsituation gefordert werden.

Bei den Lernsituationen ist jeweils vermerkt, in welchem Abschnitt des zweiten Teils die erforderlichen Fach- und Sachinformationen zu finden sind. Ein Symbol verweist darauf, welche Kompetenzen in der Lernsituation angesprochen werden.

Die Zuordnung der Farben in dem Kompetenz-Symbol zu den Kompetenzkategorien des Bildungsplanes ergibt sich aus dem folgenden Schema:

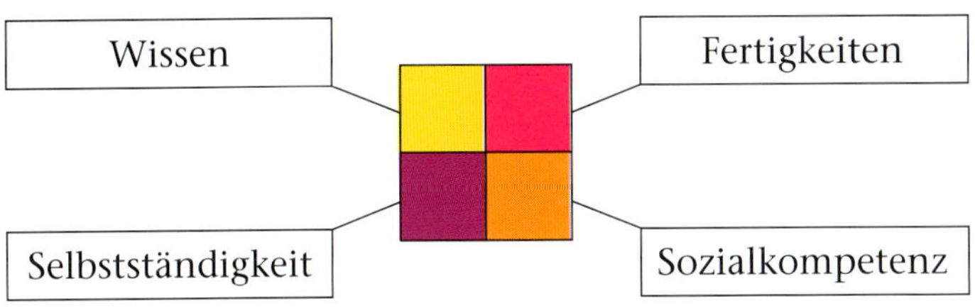

Grundsätzlich haben die vier im Lehrplan geforderten Kompetenzen eine feste Stellung im Kompetenzquadrat, der auch jeweils eine eigene Farbe zugeordnet wird.

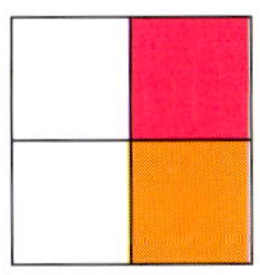

Kompetenzen, die in einer Aufgabe nicht den Schwerpunkt bilden, werden farbig nicht hinterlegt.

Die Lernsituationen sind in der Regel in Form von Dialogen ausgestaltet, die zu einer variationsreichen Unterrichtsführung einladen. In den Dialogen wird ein Problem geschildert, das mithilfe eines mathematischen Verfahrens gelöst werden kann. Die Lernenden sind somit gefordert, sich die geschilderte Situation zu erschließen und daraus den Lösungsweg abzuleiten. Es ist offensichtlich, dass hier auch die Lesekompetenz gefördert wird.

Die Förderung des prozesshaften Denkens wird in dem Arbeitsbuch (Bestell-Nr. 52204), das zu diesem Lehrbuch entwickelt wurde, aufgenommen und fortgeführt. Es werden dort Wege zur Entwicklung von Lösungsstrategien aufgezeigt und den Schülerinnen und Schülern zugänglich gemacht. Lehrbuch und Arbeitsbuch zusammen leisten somit einen Beitrag zum selbstgesteuerten Lernen.

Die Verfasser

Teil A: Anforderungssituationen

Anforderungssituation 1: Dreisatz und Verteilungsrechnung 11

Situation 1: Lohn für die Aushilfskräfte 12
Situation 2: Wert des Warenbestandes im Jeans-Shop 13
Situation 3: Stromverbrauch in den Abteilungen 13
Situation 4: Fehler bei der Berechnung der Einzelpreise 14
Situation 5: Rechnung für die Eisdiele 14
Situation 6: Voraussichtlicher Jahresstromverbrauch 14
Situation 7: Schnitzel für das Betriebsfest 15
Situation 8: Der Absatz von T-Shirts lahmt 15
Situation 9: Der Jeans-Shop braucht eine neue Dekoration 15
Situation 10: Neuer Teppichboden für den Jeans-Shop 16
Situation 11: Lohnt sich ein Wechsel? 16
Situation 12: Sonderangebotsflyer 16
Situation 13: Termin für den Verteiler 17
Situation 14: Jahresinventur in der Lebensmittelabteilung 17
Situation 15: Früherer Arbeitsbeginn 17
Situation 16: Umpacken von Kartoffeln 17
Situation 17: Wer hat nicht mitgemacht? 18
Situation 18: Fliese Tera oder Fliese Cedi? 18
Situation 19: In der Fahrradabteilung ist der Teufel los! 18
Situation 20: Kostenumlage Anzeigenblatt 19
Situation 21: An den Reinigungskosten werden alle beteiligt 19
Situation 22: Autokosten sind umzulegen 20
Situation 23: Die Kosten übernehme ich nicht! 21
Situation 24: Gewinnverteilung in einer OHG 21
Situation 25: Gewinnverteilung in einer KG 22
Situation 26: Shop in the Shop – die Chance 22

Anforderungssituation 2: Prozent- und Überschlagsrechnung 24

Situation 1: Wechselgeld 25
Situation 2: Die Abrechnung stimmt nicht 25
Situation 3: Kassenbestand 26
Situation 4: Miriam hilft Alexa beim Kassenbericht 26
Situation 5: Brombeeren im Sonderangebot 27
Situation 6: Gemüsesonderstand – Rechennotstand 27
Situation 7: Am Gemüsesonderstand – Bruchrechnen ist schwer! 28
Situation 8: Am Gemüsesonderstand – Muss das so lange dauern? 28
Situation 9: Rechnung mit Überschlag 28
Situation 10: 36/38 inches – passt das wohl? 28
Situation 11: Die Jeans hat einen Webfehler 29
Situation 12: Jeans-Shop gegen Internet 29
Situation 13: Quittung mit Umsatzsteuerausweis 30
Situation 14: Bargeld oder Karte? 30
Situation 15: Die Umsatzsteuer muss herausgerechnet werden 30
Situation 16: Prozente, Prozente! 30

Anforderungssituation 3: Warenhandelskalkulation und Preisgestaltung ... 31

Situation 1: Die Rechnung stimmt nicht ... 32
Situation 2: Seniorenhandy – Bezugspreis kalkulieren ... 32
Situation 3: Staffelangebote auswerten ... 33
Situation 4: Bitte Rechnung prüfen ... 33
Situation 5: Verkaufspreis Blu-Ray-Brenner ... 33
Situation 6: Verkaufskalkulation in der Lebensmittelabteilung ... 34
Situation 7: Die Lebensmittelabteilung führt die Kundenkarte ein ... 34
Situation 8: Der MP3-Player ist zu teuer ... 34
Situation 9: Maximaler Bezugspreis ... 35
Situation 10: Unterschiedliche Handlungskosten ... 35
Situation 11: Lieferantenauswahl ... 36
Situation 12: Bezugspreis + Umsatzsteuer = Überweisungsbetrag ... 36
Situation 13: Der Listenpreis ist ein wenig zu hoch ... 36
Situation 14: Tennisschläger für das Jugendtraining ... 37
Situation 15: Erweiterung im Sportsortiment ... 37
Situation 16: Tennisbälle für die Turniersaison ... 37
Situation 17: Kalkulationsschema ... 38

Anforderungssituation 4: Sparen und Kredit ... 39

Situation 1: Alexa braucht ein neues Smartphone ... 40
Situation 2: Paul möchte sich ein Motorrad kaufen ... 40
Situation 3: Sparen für einen Scooter ... 41
Situation 4: Oder doch vielleicht ein Dispo-Kredit? ... 41
Situation 5: Scooter – aber sofort ... 42
Situation 6: Finanzierung mittels Ballonkredit ... 43
Situation 7: Entscheidung ... 43
Situation 8: Vorsorge treffen – Rücklagen bilden ... 43
Situation 9: Eigene Wohnung ... 43
Situation 10: Ein Wohnschlafzimmer muss finanziert werden ... 44

Anforderungssituation 5: Beschreibende Statistik/Stochastik ... 46

Situation 1: Umsatzzahlen von Handys ... 47
Situation 2: Umsatzquoten ... 47
Situation 3: Ist poddy rentabel? ... 47
Situation 4: Mindere Qualität? ... 47
Situation 5: Preise für LCD Fernseher ... 48
Situation 6: Umsatz und Gewinn der Tankstelle grafisch aufbereitet ... 48
Situation 7: Was bedeutet die Grafik der Umsätze? ... 48
Situation 8: Kosten für ein Pedelec ... 49
Situation 9: Gestaltung des Büffettisches ... 49
Situation 10: Makelloses Geschirr ... 49
Situation 11: Fehlerhafte T-Shirts ... 49
Situation 12: Wer gewinnt? ... 50
Situation 13: Mega Kugeln ... 50
Situation 14: Marmelade wohlsortiert ... 50
Situation 15: Die richtige Aufstellung ... 50
Situation 16: Farbe an die Wände ... 50

Anforderungssituation 6: Funktionen und Gleichungen ... 51

Situation 1: Preisvergleich ... 53
Situation 2: Sonderverkauf T-Shirt ... 53
Situation 3: Entwicklung des Lagerbestandes ... 53
Situation 4: Bausatz für eine Kinderschaukel ... 54
Situation 5: Neue Entlohnungsformen ... 54
Situation 6: Abschreibung ... 54
Situation 7: Günstige Autovermietung ... 54
Situation 8: Strompreise ... 55
Situation 9: Telefonkosten ... 55
Situation 10: Reinigungskosten ... 55
Situation 11: Reifenqualität ... 55
Situation 12: Am Wochenende ... 56
Situation 13: Ein Kunde beschwert sich ... 56
Situation 14: Diesel oder Benziner ... 56
Situation 15: Handy-Tarife ... 57
Situation 16: Badeanzug im Meerjungfrauendesign ... 57
Situation 17: Aktionstage im GLOBE – Kinderschminken ... 57
Situation 18: Aktionstage im GLOBE – Eventfrisuren ... 58
Situation 19: Sortimentserweiterung in der Sportabteilung ... 58
Situation 20: Outdoorbekleidung ... 58

Teil B: Orientieren, Informieren, Üben

Algebraische Grundlagen ... 61

1 Grundrechenarten Addition, Subtraktion, Multiplikation und Division ... 61

1.1 Addition ... 61
1.2 Subtraktion ... 63
1.3 Multiplikation ... 64
1.4 Division ... 66
1.5 Runden von Zahlen ... 68
1.6 Punkt-vor-Strich-Regel und Klammerregel ... 69
1.7 Übungen ... 70

2 Bruchrechnen ... 72

2.1 Kürzen und Erweitern ... 73
2.2 Umwandlung von gemischten Brüchen in unechte Brüche und umgekehrt ... 75
2.3 Addition, Subtraktion, Multiplikation und Division von Brüchen ... 76
2.4 Umwandlung der Bruchschreibweise in die Dezimalschreibweise und umgekehrt ... 80
2.5 Informationen zur Umwandlung von Maßeinheiten ... 82
2.6 Übungen ... 84

3 Termumformungen ... 87

3.1 Rechenregeln ... 87
3.2 Ausmultiplizieren von Klammern ... 88
3.3 Übungen ... 89

Dreisatz ... 91

1 **Arten des Dreisatzes** ... 91

2 **Einfacher Dreisatz** ... 91

2.1 Einfacher Dreisatz mit proportionalem Verhältnis ... 91
2.2 Einfacher Dreisatz mit anti-proportionalem Verhältnis ... 93

3 **Zusammengesetzter Dreisatz** ... 94

4 **Übungen** ... 96

Verteilungsrechnen ... 97

1 **Verteilung ohne Nebenbedingung** ... 97

2 **Verteilung mit Nebenbedingung** ... 98

2.1 Sonderzahlungen und Sondervergütung ... 98
2.2 Mehrere Verteilungsschlüssel ... 99

3 **Übungen** ... 100

Handelsmaße und ausländische Maßeinheiten ... 104

1 **Umrechnungsgrößen** ... 104

2 **Die Umrechnungsmethode** ... 104

3 **Übungen** ... 105

Prozentrechnung ... 107

1 **Prozentwert, Grundwert, Prozentsatz** ... 107

1.2 Begriffe ... 107
1.2 Prozentwert ... 108
1.3 Grundwert ... 108
1.4 Prozentsatz ... 108

2 **Vermehrter Grundwert** ... 109

3 **Verminderter Grundwert** ... 110

4 **Übungen** ... 111

Handelskalkulation ... 113

1 **Vorwärtskalkulation** ... 113

1.1 Berechnung des Bezugspreises ... 114
1.2 Berechnung des Selbstkostenpreises ... 115
1.3 Berechnung des Barverkaufspreises ... 115
1.4 Berechnung des Zielverkaufspreises ... 116
1.5 Berechnung des Listenverkaufspreises ... 117
1.6 Kalkulation des Ladenverkaufspreises im Einzelhandel ... 118

2 **Rückwärtskalkulation** ... 119

2.1 Berechnung des Einstandspreises ... 120
2.2 Berechnung des Listeneinkaufspreises ... 121

3	**Differenzkalkulation**	122
4	**Kalkulationszuschlag, Kalkulationsfaktor, Handelsspanne**	123
4.1	Kalkulationszuschlag	123
4.2	Kalkulationsfaktor	124
4.3	Handelsspanne	124
5	**Übungen**	125
Zinsrechnung		127
1	**Zinsrechnung als Prozentrechnung mit Zeitbezug**	127
2	**Effektivzinsmethode**	128
2.1	Zinsen	128
2.2	Kapital	128
2.3	Tage	129
2.4	Zinssatz	129
3	**Kaufmännische Zinsrechnung**	129
4	**Summarische Zinsrechnung**	130
5	**Kontokorrentrechnung**	132
6	**Abrechnung eines Kredits**	133
7	**Leasing und Ballonkredit**	134
8	**Übungen**	136
Gleichungen		139
1	**Gleichungen mit einer Unbekannten**	139
2	**Übungen**	140
Gleichungssysteme		142
1	**Gleichungssysteme mit 2 Gleichungen und 2 Unbekannten**	142
2	**Übungen**	145
Lineare Funktionen		147
1	**Eigenschaften und Darstellung linearer Funktionen**	147
1.1	Grundbegriffe	147
1.2	Zeichnen des Grafen einer Funktion	148
1.3	Bestimmung einer Funktionsgleichung	152
1.4	Bestimmung der Achsenschnittpunkte	153
1.5	Übungen	154
2	**Anwendung linearer Funktionen auf ökonomische Fragestellungen**	156
2.1	Schnittpunkt zweier Geraden	156
2.2	Kritische Menge	158
2.3	Break-even-Analyse (Gewinnschwelle)	159

3 Übungen 161

Quadratische Gleichungen und Funktionen 163

1 Eigenschaften und Darstellung von quadratischen Funktionen 163

2 Nullstellenberechnung 164

3 Übungen 165

4 Ökonomische Anwendungen 166

5 Übungen 169

Beschreibende Statistik und Stochastik 171

1 Datenerhebung 171

2 Aufbereitung und grafische Darstellung von Daten 172

2.1 Datenaufbereitung 172
2.2 Grafische Darstellung von Daten 174

3 Statistische Kennziffern 175
3.1 Mittelwert 176
3.2 Median (Zentralwert) 176
3.3 Modalwert (Modus) 177
3.4 Spannweite 177
3.5 Verhältniszahlen 177

4 Übungen 178

5 Rechnen mit Wahrscheinlichkeiten 180

5.1 Zufallsexperiment, Ergebnis und Wahrscheinlichkeit 180
5.2 Baumdiagramm 181
5.3 Vierfeldertafel 182

6 Zufallsgrößen und Erwartungswert 183

7 Kombinatorik 185

7.1 Permutation ohne Wiederholung 185
7.2 Variation ohne Wiederholung 186
7.3 Kombination ohne Wiederholung 186
7.4 Kombination mit Wiederholung 186
7.5 Variation mit Wiederholung 187

8 Übungen 187

Sachwortverzeichnis 189

Bildquellenverzeichnis 191

Teil A: Anforderungssituationen

Zur Orientierung

Alexa, Miriam, Cem und Paul arbeiten im Großkaufhaus GLOBE. Sie haben dort während ihres Schulbesuchs ein Praktikum gemacht. In den nachfolgenden Kapiteln werden Sie Arbeitssituationen nachvollziehen können, in denen sich die Vier unter anderem mithilfe der Mathematik bewähren mussten.

Das Großkaufhaus Globe verfügt über die Abteilungen

- AB1: Lebensmittel (mit Partyservice), Leitung Frau Feldmeyer
- AB2: Medientechnik (Radio/Phono/Television/Multimedia), Leitung Frau Semaris
- AB3: Sport und Freizeit, Leitung Herr Werner
- AB4: Fahrräder (mit Werkstattservice), Leitung Herr Seelmann
- AB5: Bekleidung (Jeans-Shop), Leitung Frau Jordan
- AB6: freie Tankstelle und
- AB7: Verwaltung (Buchhaltung, Personalbüro und Hausverwaltung), Leitung Herr Geschäftsführer Köster

A

Anforderungssituation 1: Dreisatz und Verteilungsrechnung

Die Absolventinnen und Absolventen vergleichen aufgrund der von ihnen erstellten Gewinn- und Verlustverteilungen die verschiedenen Unternehmensformen zur Entscheidungsfindung für die Wahl der Rechtsform eines zu gründenden Unternehmens.

Zielformulierungen

Die Schülerinnen und Schüler modellieren:
Sie übersetzen teilstrukturierte Unternehmenssituationen in ein mathematisches Modell (ZF1).

Die Schülerinnen und Schüler lösen Probleme mathematisch:
Sie verwenden *Dreisatz* (proportional, antiproportional, zusammengesetzt) und *Verteilungsrechnung* (verschiedene Unternehmensformen und Verteilungsschlüssel) sachgerecht (ZF2).

Die Schülerinnen und Schüler argumentieren und kommunizieren:
Sie prüfen unter Einbeziehung der Vorgehensweise die Ergebnisse bezüglich der Wahl der Rechtsform (ZF3) und stellen diese entscheidungsgerecht dar (ZF 4).

Zuordnung der Zielformulierungen zu den Kompetenzbereichen

Wissen	Fertigkeiten	Sozialkompetenz	Selbstständigkeit
ZF 3	ZF 1		ZF 2, ZF 3, ZF 4

Lernsituationen

Zu Beginn ihrer Tätigkeit als Praktikanten in dem Kaufhaus GLOBE werden Alexa, Miriam, Cem und Paul mit Arbeiten beauftragt, die nicht unmittelbar zu Kundenkontakten führen oder Warenkenntnisse voraussetzen.

Situation 1: Lohn für die Aushilfskräfte

→ B 1.1.1 Alexa ist in der Fahrradabteilung eingesetzt. Aushilfskräfte haben Fahrräder montiert. Der Abteilungsleiter, Herr Seelmann, kommt zu Alexa: „Hier sind die Stundenzettel der Aushilfskräfte. Bitte berechnen Sie die Beträge, die wir auszahlen müssen. Es wurde ein Stundenlohn von 9,20 € vereinbart." Alexa: „Alles klar, ich mache mich sofort an die Arbeit." Herr Seelmann: „Ach, ja. Da scheinen mir auch einige Fehler in der letzten Spalte bei der Zeitberechnung zu sein. Kontrollieren Sie diese bitte auch noch und beachten Sie die Pausen." Alexa: „Wird gemacht ..."

Name: Dimitri Tomanski	**Frühstückspause:** 09:10 – 09:30 Uhr	**Mittagspause:** 12:10 – 12:50 Uhr	**Kaffeepause:** 15:00 – 15:15 Uhr
Datum	**Anfang**	**Ende**	**Zeit**
11.03.	07:30 Uhr	16:45 Uhr	8 h
12.03.	07:00 Uhr	16:10 Uhr	9 h 10 min
13.03.	07:45 Uhr	17:20 Uhr	8 h 35 min
14.03.	07:00 Uhr	16:40 Uhr	9 h 5 min
15.03.	07:20 Uhr	16:55 Uhr	8 h 20 min
Gesamt			44 h 10 min

Name: Tobias Walter	**Frühstückspause:** 09:10 – 09:30 Uhr	**Mittagspause:** 12:10 – 12:50 Uhr	**Kaffeepause:** 15:00 – 15:15 Uhr
Datum	**Anfang**	**Ende**	**Zeit**
11.03.	06:50 Uhr	16:00 Uhr	9 h 10 min
12.03.	07:00 Uhr	16:25 Uhr	8 h 10 min
13.03.	07:00 Uhr	16:55 Uhr	9 h
14.03.	07:20 Uhr	17:05 Uhr	8 h 35 min
15.03.	07:50 Uhr	17:35 Uhr	8 h 30 min
Gesamt			43 h 25 min

Name: Juri Maier	**Frühstückspause:** 09:10 – 09:30 Uhr	**Mittagspause:** 12:10 – 12:50 Uhr	**Kaffeepause:** 15:00 – 15:15 Uhr
Datum	**Anfang**	**Ende**	**Zeit**
11.03.	06:15 Uhr	16:30 Uhr	9 h
12.03.	06:40 Uhr	16:30 Uhr	8 h 45 min
13.03.	07:05 Uhr	16:45 Uhr	8 h 40 min

Name: Juri Maier	Frühstückspause: 09:10 – 09:30 Uhr	Mittagspause: 12:10 – 12:50 Uhr	Kaffeepause: 15:00 – 15:15 Uhr
14.03.	07:10 Uhr	17:00 Uhr	8 h 25 min
15.03.	06:45 Uhr	16:10 Uhr	8 h 30 min
Gesamt			45 h 10 min

Situation 2: Wert des Warenbestandes im Jeans-Shop

Im Jeans-Shop wurde Inventur gemacht. Alexa: „So, da habe ich die Liste des Warenbestandes. Dann beginne ich gleich mal damit, den Wert des Bestandes auszurechnen …“ → B 1.1.3

Warengruppe	Bezeichnung	Anzahl	Einstandspreise in €
105	Jeans Daytonag	12	12,50
106	Damen Sporthosen	22	8,55
207	Fußballschuhe	42	24,56
208	Jogging-Schuhe	55	17,52
308	Sportjacken	42	33,54
309	Trainingsanzüge	64	41,25
401	Badmintonschläger	10	12,85
403	Tischtennisschläger	12	8,44
404	Tennisschläger	9	62,58

Situation 3: Stromverbrauch in den Abteilungen

Cem ist in der Buchhaltung tätig. Herr Köster kommt ins Büro: „Ich habe einen Auftrag für Sie. Bitte berechnen Sie den Stromverbrauch für die einzelnen Abteilungen.“ Cem: „Kein Problem. Das rechne ich ganz schnell aus.“ → B 1.1.2

Abteilung	Alter Zählerstand	Neuer Zählerstand
AB1: Lebensmittel	2562	6664
AB2: Medientechnik	2577	4655
AB3: Sport/Freizeit	8748	9855
AB4: Fahrräder	256	5654
AB5: Jeans-Shop	847	4784
AB6: Tankstelle	584	965
AB7: Verwaltung	568	755

Situation 4: Fehler bei der Berechnung der Einzelpreise

→ B 1.1.4 Miriam soll heute in der Lebensmittelabteilung Preise auszeichnen. Miriam: „Ja, das kann ja eigentlich nicht so schwer sein. Hier habe ich eine Liste von der Abteilungsleiterin mit den gelieferten Waren und den Preisen. ... Aber nein. Das sind ja nur die Preise für die gesamte Palette! Oje ... und ausgerechnet heute habe ich keinen Taschenrechner dabei!“

Als Miriam beim Auszeichnen der Preise ist, kommt die Abteilungsleiterin vorbei: „Miriam, was haben Sie denn da gemacht? Bei solchen Preisen kauft niemand mehr bei uns ein!“ Miriam: „Das habe ich aber alles so im Kopf ausgerechnet ...“

Ware	Anzahl	Preis pro Palette in €	Preis pro Stück in €
Milch	2 Schock	96,00	8,00
Portionsdöschen Kaffeesahne	1 Gros	72,00	6,00
H-Milch 3,5 %	8 Dutzend	95,04	7,92
H-Milch 1,5 %	7 Dutzend	94,08	13,44
Sahne 32 %	1 Gros	64,80	4,50

Situation 5: Rechnung für die Eisdiele*

→ B 1.1 Frau Feldmeyer, die Abteilungsleiterin: „Cem, bitte kümmern Sie sich um die Bestellung der Eisdiele, nehmen Sie dann den Rechnungsblock zur Hand und schreiben Sie gleich eine Rechnung fertig. Frau Picolli wird die Bestellung in einer halben Stunde abholen. Ach ja, die Liste mit der Bestellung brauchen Sie ja auch.“ Cem: „Alles klar Chefin. Wird gemacht. Können Sie mir aber noch die aktuellen Preise nennen? Die Eisdiele bekommt bestimmt einen Mengenrabatt, oder?“ Frau Feldmeyer diktiert: „Schreiben Sie sich die Preise, die ich mit Frau Picolli ausgemacht habe, mal eben auf. Erdbeeren je Schale 1,39 €, Himbeeren je Schale 2,25 €. Kiwis kosten pro Stück 0,30 €, fünf Stück 1,20 €. Zitronen liegen bei 0,40 €, drei Stück kosten 1,00 €. Für ein kg Weintrauben nehmen wir 3,45 €, für ein kg Bananen 2,10 €.“ Cem: „Prima, alles notiert. Dann lege ich gleich los, sodass ich rechtzeitig fertig bin, wenn Frau Picolli kommt!“

Bestellung für die Eisdiele „Picolli“

15 Schalen Erdbeeren

8 kg Bananen

25 Kiwis

6 kg Weintrauben

20 Schalen Himbeeren

30 Zitronen

Situation 6: Voraussichtlicher Jahresstromverbrauch

→ B 2.2 Herr Köster: „Alexa. Ich habe eine Aufgabe für Sie. Wir haben nun für den Zeitraum von 290 Tagen 156 335 kWh Strom verbraucht. Ich möchte wissen, wie der voraussichtliche Stromverbrauch für das laufende Geschäftsjahr aussehen kann. Ich werde nämlich gleich mit unserem Stromanbieter telefonieren und da benötige ich den Wert."

Situation 7: Schnitzel für das Betriebsfest*

→ B 2.2

Die Verwaltung plant ein Grillfest. Paul soll sich um die Schnitzel für das Abteilungsfest kümmern. Er fragt seine Kollegin Ulrike: „Wie viele Schnitzel muss ich wohl besorgen?" Kollegin: „Im letzten Jahr kamen 25 Angestellte. Ich kann mich noch erinnern, dass sie 30 Schnitzel verputzten. Ich war nämlich für den Einkauf zuständig" Paul: „Okay, in diesem Jahr haben sich 32 Kolleginnen und Kollegen angemeldet."

Situation 8: Der Absatz von T-Shirts lahmt

→ B 2.2.1

Im Jeans-Shop diskutieren Paul und Alexa mit Frau Jordan, der Abteilungsleiterin, warum der Absatz von T-Shirts rückläufig ist. Frau Jordan: „Es gibt kein Geschäft, das günstiger als wir erstklassige T-Shirts anbietet. Fünf T-Shirts zum Preise von 24,95 € – fast geschenkt." Alexa: „Auch wenn das ein Superpreis ist, 24,95 € ist schon eine Menge Geld." Paul: „Bei diesem Preis nimmt man nicht so eben ein, zwei T-Shirts mit." Frau Jordan überlegt laut: „Meint ihr, dass wir zwei T-Shirts statt fünf als eine Verkaufseinheit nehmen sollten? Zu welchem Preis können wir ein Zweier-Pack verkaufen?"

Situation 9: Der Jeans-Shop braucht eine neue Dekoration

→ B 2.2.2

Die neue Jeans-Kollektion ist sehr rustikal. Frau Jordan: „Da müssen wir eine Verkaufsnische gestalten, die auch ein wenig rustikal gestaltet ist." Alexa: „Die Etageren und Regale, so meine ich, sollten vor einer rustikalen Holzwand stehen." Frau Jordan: „Gute Idee, das bespreche ich mit den Haushandwerkern". Der Haushandwerker kommt hinzu: „Mit 30 ungehobelten Brettern, 15 cm breit, lässt sich das machen." Paul wird zum Baumarkt geschickt. Dort gibt es aber nur Bretter mit einer Breite von 18 cm. Er ruft Frau Jordan an: „Was soll ich machen? Es gibt hier nur Bretter mit einer Breite von 18 cm." Frau Jordan: „Dann kaufst du eben weniger Bretter."

Situation 10: Neuer Teppichboden für den Jeans-Shop*

→ B 2.3

Herr Köster: „Alexa, bitte tun Sie mir einen Gefallen. Ich bin gerade so in Eile." Alexa: „Gerne. Was soll ich machen?" Herr Köster: „Der Jeans-Shop soll kommende Woche mit neuem Teppich ausgelegt werden. Nun habe ich gerade einen Anruf des Herstellers bekommen. Er sagte mir, dass er die bestellten Teppichrollen mit 12 m Länge und 5 m Breite nicht mehr vorrätig hat. Lieferbar sind Rollen mit 4 m Breite und 20 m Länge. Ursprünglich hatten wir acht Rollen bestellt. Hier ist die Telefonnummer des Herstellers. Bitte kümmern Sie sich um die Bestellung." Alexa: „Ich rechne erst einmal aus, wie viele Rollen wir brauchen und rufe dann den Hersteller an." Herr Köster: „Sehr gut. Vielen Dank. Ich muss gleich los zu einem wichtigen Termin. Bis morgen."

Situation 11: Lohnt sich ein Wechsel?

→ B 2.2

Miriam bearbeitet ein Angebot für die Reinigung der Geschäftsräume. Bislang hat das Kaufhaus GLOBE pro Reinigungsstunde 52,00 € zuzüglich 35,00 € Anfahrt bezahlt. Sie fragt eine Kollegin: „Sag mal, Ulrike? Weißt du, wie lange eine Reinigungsmaschine für die Reinigung der Geschäftsräume braucht? Ich habe nur den Stundenpreis vorliegen?" Kollegin: „Ich weiß, dass die Maschine 1 500 m² in 90 Minuten schafft, dann kannst du das ja auf die gesamten Geschäftsräume hochrechnen." Miriam: „Stimmt. Wir haben eine Fläche von 10 500 m². Uns liegt ein Angebot einer neuen Reinigungsfirma mit einem Fixpreis von 560,00 € vor. Da rechne ich gleich mal nach …"

Situation 12: Sonderangebotsflyer*

→ B 2.2

Es ist 16:25 Uhr. Paul muss für die Buchhaltung einige Kopien machen. Es geht recht flott, weil der Kopierer 450 Kopien pro Viertelstunde schafft. Paul freut sich schon auf den baldigen Feierabend um 17:00 Uhr. Er hat sich mit seiner Freundin zu 17:00 Uhr am Personaleingang verabredet. Grad als er fertig ist, kommt Herr Köster mit raschem Schritt auf Paul zu: „Ich hätte gerne von diesem Sonderangebotsflyer 1 500 Kopien. Noch heute!" Paul stöhnt innerlich auf und ruft seine Freundin an: „Du, ich schaff das nicht bis 17:00 Uhr. Wartest du bitte ein paar Minuten?" Freundin: „Und wie viele Minuten muss ich warten?"

Situation 13: Termin für den Verteiler

→ B 2.2

Paul bringt Herrn Köster die Kopien. Herr Köster: „Danke Paul, dass Sie mir einige Minuten von Ihrem Feierabend geopfert haben. Aber rufen Sie bitte noch Herrn Trepper an, unseren Verteiler. Ich möchte, dass die 1 500 Angebotsflyer morgen bis 15:00 Uhr im Stadtviertel in allen Briefkästen stecken. Bestellen Sie Herrn Trepper rechtzeitig.“ Paul überlegt, zu welchem Termin er den Verteiler bestellen soll. Beim letzten Mal hatte Herr Trepper für 800 Flyer drei Stunden und 20 Minuten benötigt.

Situation 14: Jahresinventur in der Lebensmittelabteilung*

→ B 2.3

In der Lebensmittelabteilung steht die Jahresinventur an. Wie in den letzten Jahren sollen dabei Schülerinnen und Schüler des Berufskollegs helfen, die Waren zu zählen. Die Abteilungsleiterin, Frau Feldmeyer, bespricht mit Miriam die anstehenden Arbeiten: „In diesem Jahr wird es eng. Im vergangenen Jahr haben wir zehn Schüler vom Berufskolleg eingesetzt, die an drei Tagen jeweils sechs Stunden bei der Inventur geholfen haben. In diesem Jahr stehen uns nur zwei Tage zur Verfügung. Und mehr als acht Stunden am Tag kann man den jungen Leuten nicht zumuten.“ Miriam: „Gut, ich rechne aus, wie viele Schülerinnen und Schüler wir in diesem Jahr einsetzen müssen.“

Situation 15: Früherer Arbeitsbeginn

→ B 2.2

Die Lebensmittelabteilung übernimmt ein Catering für mehrere Kantinen, die mit belegten Brötchen beliefert werden. Täglich beginnen acht Mitarbeiterinnen um 06:00 Uhr, die gewünschten Mengen bis 08:30 Uhr herzustellen. Zwei Angestellte fallen für eine Weile wegen einer Erkrankung aus. Die Abteilungsleiterin berät sich mit Cem: „Was meinen Sie? Soll ich zwei Aushilfen einstellen oder sollen die übrigen Küchenangestellten früher kommen? Cem: „Rechnen wir doch mal aus, wann diese dann mit der Arbeit beginnen müssten …“

Situation 16: Umpacken von Kartoffeln

→ B 2.2

Frau Feldmeyer ruft Cem zu sich: „Cem, die Kartoffeln wurden falsch geliefert. Unsere Kunden kaufen keine 12,5-Kilo-Säcke, sondern möchten die Kartoffeln lieber in 5-Kilo-Tüten. Bitte veranlassen Sie das Umpacken der Kartoffeln zu jeweils 5 kg und rechnen Sie die Anzahl der 5-Kilo-Tüten und den Preis für diese aus.“ Cem: „Okay, mache ich. Wie viele Säcke wurden denn geliefert und was sollten diese kosten?“ Frau Feldmeyer: „Wir haben 24 Säcke bekommen und der Verkaufspreis dafür läge bei je 8,75 €.“ Cem: „Ich kümmere mich darum.“

Situation 17: Wer hat nicht mitgemacht?

→ B 2.3

Frau Feldmeyer, die Abteilungsleiterin Lebensmittel, feiert ihren 50. Geburtstag. Sie hat ihre Abteilung eingeladen. Alexa fragt ab, wer an der Feier teilnimmt. 18 Kolleginnen und Kollegen wollen kommen. Man ist sich einig, dass diejenigen, die an dem Fest teilnehmen, sich an dem Geschenk beteiligen. Alexa erwartet ihre Kolleginnen am Eingang des Festlokals und kassiert bei jedem 5,60 €. Am nächsten Tag wendet sie sich an diejenigen Kolleginnen und Kollegen, die auf dem Fest waren: „Das war ja eine tolle Party, nicht wahr? Aber ich muss noch 1,60 € nachkassieren. Ich bin mit dem Geld nicht ausgekommen." „Wie viele sind denn nicht gekommen?", wird dann meistens gefragt.

Situation 18: Fliese Tera oder Fliese Cedi?

→ B 2.3

Die sanitären Anlagen in der Verwaltung müssen dringend renoviert werden. Paul und Alexa schauen sich gemeinsam das Angebot des Fliesenlegers an, das zwei verschiedene, aber gleichwertige Fliesen enthält:

Angebot A: Fliese Tera 30 · 20 cm, Preis pro Stück 0,80 €, Arbeitslohn 250,00 €.
Angebot B: Fliese Cedi 20 · 20 cm, Preis pro Stück 0,45 €, Arbeitslohn 260,00 €.

Bei Verwendung der Fliese Tera werden 100 Stück benötigt. Bei der Diskussion meint Paul: „Ich meine, wir sparen Geld, wenn wir die Fliese Tera nehmen?" Alexa: „Meinst du? Ich hätte mich für Cedi entschieden."

Situation 19: In der Fahrradabteilung ist der Teufel los!

→ B 2.3

Herr Seelmann, Abteilungsleiter der Fahrradabteilung, ist ganz aufgeregt. Gerade hat der Tourismusverband angefragt, ob sie 45 Fahrräder komplett ausgestattet mit Licht und Gepäckträgern binnen drei Tagen liefern können. Er ruft seine Mannschaft zusammen: „Toller Auftrag, den wir da erhalten haben. Das Problem besteht darin, dass wir die Räder erst noch montieren müssen – bis morgen Abend." Miriam und Paul melden sich: „Wir haben einige Erfahrung in der Montage. Wir haben seinerzeit zu Dritt in vier Stunden neun Räder montiert. Wir holen noch unsere Aushilfsmonteure Dimitri, Tobias und Juri dazu. Wir haben jetzt 12:00 Uhr. Wenn wir gegen 14:00 Uhr alle benötigten Teile aus dem Lager geholt haben, könnten wir bis morgen Abend fertig sein." Herr Seelmann: „Ist das nicht zu optimistisch?"

Situation 20: Kostenumlage Anzeigenblatt*

→ B 3.1

Im Kaufhaus GLOBE müssen die einzelnen Abteilungen dafür Sorge tragen, dass sie wirtschaftlich arbeiten. Es ist allen klar, dass eine Abteilung geschlossen wird, wenn sie unwirtschaftlich arbeitet, also mehr Kosten verursacht als Erträge erzielt. Die anfallenden Kosten werden nach verschiedenen Schlüsseln auf die Abteilungen umgelegt.

GLOBE gibt wöchentlich ein Anzeigenblatt heraus, das im erweiterten Stadtgebiet verteilt wird. Die Kosten einer Ausgabe liegen bei 12300,00 €. Herr Köster: „Alexa, ich bitte Sie, die Kosten für das Anzeigenblatt auf die Abteilungen umzurechnen. Der Schlüssel für die Kostenumlage ist der Platz, den die Anzeigen einer Abteilung in Anspruch nehmen."
Die aktuelle Kundenzeitung umfasst 12 Seiten. Alexa blättert durch das Anzeigenblatt und ermittelt, wie viel Platz die Anzeigen der einzelnen Abteilungen in Anspruch genommen haben:

Abteilung	Seitenzahl
AB1: Lebensmittel (mit Partyservice),	2
AB2: Medientechnik (Radio/Phono/Television/Multimedia)	3
AB3: Sport und Freizeit,	3
AB4: Fahrräder (mit Werkstattservice),	2
AB5: Bekleidung (Jeans-Shop),	1
AB6: Freie Tankstelle	1

Herr Köster: „Die Kostenaufstellung muss natürlich für die Abteilungsleiter transparent sein."

Situation 21: An den Reinigungskosten werden alle beteiligt

→ B 3.1

Herr Köster kommt mit einem Stapel Papiere in die Buchhaltung. Er schaut in die Runde, wem er die Arbeit geben kann und wendet sich dann an Alexa: „Alexa, für Sie habe ich heute eine schöne Arbeit. Die Kosten für die Reinigung müssen auf die Abteilungen umgelegt werden. Hier haben Sie die Abrechnungsbelege. Als Verteilungsschlüssel nehmen Sie die Anzahl der Quadratmeter, die eine Abteilung belegt. Diese Zahlen können Sie der letzten Abrechnung entnehmen."

Abteilung	Quadratmeter
AB1: Lebensmittel (mit Partyservice)	2400
AB2: Medientechnik (Radio/Phono/Television/Multimedia)	1950
AB3: Sport und Freizeit	1800
AB4: Fahrräder (mit Werkstattservice)	2100
AB5: Bekleidung (Jeans-Shop),	1600

Abteilung	Quadratmeter
AB6: Freie Tankstelle	400
AB7: Verwaltung	250

Alexa nimmt die Wochenabrechnungen des Reinigungsunternehmens zur Hand:
04.03.–09.03 952,00 €
11.03.–16.03. 934,15 €
18.03.–23.03 1012,69 €
25.03.–30.03. 987,70 €
Alexa: „Das bekomme ich geregelt, Herr Köster".

Situation 22: Autokosten sind umzulegen*

→ B 3.2 Bei GLOBE werden drei Lieferwagen eingesetzt. Herr Köster: „Ich brauche eine Aufstellung über die Kosten, die unsere drei Lieferwagen im vergangenen Jahr verursacht haben, bezogen auf die einzelnen Abteilungen. Die erforderlichen Zahlen kann Ihnen die Buchhaltung liefern." Alexa wendet sich an die Buchhalterin: „Ich muss die Kfz-Kosten pro Abteilung ermitteln. Können Sie mich mit den entsprechenden Zahlen versorgen?" „Aber sicher", antwortet die Buchhalterin, „die jährlichen festen Kosten wie zum Beispiel Kfz-Steuer und Versicherungen betrugen 2380,00 €. Die Kraftstoff- und die Wartungskosten beliefen sich auf 21154,40 €. Es gilt die Vereinbarung, dass die festen Kosten von allen Abteilungen zu gleichen Teilen getragen werden. Die Kraftstoff- und Wartungskosten werden nach der Inanspruchnahme umgelegt. Das Fahrtenbuch habe ich bereits ausgewertet und die Kilometer pro Abteilung in einer Tabelle ermittelt.

Abteilung	Kilometer
AB1: Lebensmittel (mit Partyservice)	8500
AB2: Medientechnik (Radio/Phono/Television/Multimedia)	12450
AB3: Sport und Freizeit	12900
AB4: Fahrräder (mit Werkstattservice)	12450
AB5: Bekleidung (Jeans-Shop)	256
AB6: Freie Tankstelle	4950
AB7: Verwaltung	1380

Alexa: „Herzlichen Dank für die Unterstützung." Buchhalterin: „Alexa, wenn du noch Fragen hast, kannst du mich gern ansprechen."

Situation 23: Die Kosten übernehme ich nicht!

→ B 3.1

Bei GLOBE werden die Kosten für die Service-Handwerker auf die Abteilungen umgelegt. Grundlage für die Kostenverteilung ist die Anzahl der Stunden, die die Handwerker für die einzelnen Abteilungen gearbeitet haben. Im Jeans-Shop werden die Handwerker immer dann angefordert, wenn Schränke und Fächer umzubauen sind. Im letzten Quartal hatten die Handwerker mehr als in den übrigen Zeiten im Jeans-Shop gearbeitet, weil die Klimaanlage dort ausgefallen war. Die Abteilungsleiterin Frau Jordan hatte notiert, dass die Handwerker 18 Stunden mit der Reparatur beschäftigt waren. Für Umbauarbeiten wurden die Handwerker im Umfang von 16 Stunden benötigt.
Am 3. April erhält Frau Jordan die Quartalsabrechnung für Handwerkerleistungen. Dort heißt es:

Handwerksservice insgesamt:	6 600,00 €
Anzahl der geleisteten Arbeitsstunden insgesamt:	420 Stunden
Einsatz im Jeans-Shop:	34 Stunden
Kostenanteil Jeans-Shop	534,29 €

Frau Isfort ist mit dieser Abrechnung nicht einverstanden. Sie wendet sich an den Geschäftsführer: „Herr Köster, wenn die Klimaanlage nicht funktioniert, ist das kein Verschulden des Jeans-Shops. Deshalb können Sie die Kosten für die 18-stündige Reparatur nicht meiner Abteilung anlasten." Herr Köster: „Frau Jordan, das sehe ich ein. Ich ändere das." Er wendet sich an Alexa, die zurzeit in der Buchhaltung arbeitet: „Alexa, die Kosten für die 18 Stunden werden als Sonderkosten der Verwaltung belastet. Erstellen Sie bitte eine neue Abrechnung. Die Stundenzahlen der übrigen Abteilungen liegen Ihnen ja noch vor." Alexa: „Wird gemacht."

AB1	AB2	AB3	AB4	AB5	Ab6	Ab7
45	60	63	75	34	24	119

Situation 24: Gewinnverteilung in einer OHG*

→ B 3.2

Paul ist in der Buchhaltung eingesetzt. Er hilft bei der Jahresabrechnung der Tankstelle. Im abgelaufenen Quartal wurde an der Tankstelle ein Überschuss von 60 000,00 € erwirtschaftet. Herr Köster: „Diesen Betrag müssen wir auf die drei Eigentümer der Tankstellen aufteilen." Paul: „Ach, gehört die Tankstelle nicht der GLOBE?" Herr Köster erwidert: „Nein, Miteigentümer sind Westall-Öl und die Keller KG." Paul: „Die Verteilung ist doch einfach.

Jeder bekommt 20 000,00 €." Herr Köster: „Nein, so einfach ist das nicht. Die Eigentümergesellschaft ist eine OHG, eine Offene Handelsgesellschaft. Wir haben 300 000,00 €, Westall-Öl hat 200 000,00 € und die Keller KG hat 100 000,00 € Einlagen geleistet. Wir bekommen außerdem eine Vergütung von 12 000,00 € pro Quartal für die Verwaltung der Gesellschaft. Du kannst im Handelsgesetzbuch nachsehen, wie die Gewinnverteilung bei einer OHG ist und dann die Berechnung durchführen."

Situation 25: Gewinnverteilung in einer KG*

→ B 3.2 Fortsetzung der Lernsituation 24: Bei der Berechnung der Gewinnanteile fragt Paul Herrn Köster: „Kann ich mich bei der Berechnung der Gewinnanteile an der vorherigen Abrechnung orientieren?" Herr Köster antwortet: „Nein, das geht nicht, weil wir gerade die Unternehmensform der Tankstellenbetreibergesellschaft geändert haben. Früher war die Gesellschaft eine Kommanditgesellschaft. Da wurde anders gerechnet. Westall-Öl und GLOBE waren die Komplementäre, die Keller KG der Kommanditist. Auf das eingelegte Kapital bekam jeder eine Verzinsung von 4 %. Wir bekamen 12 000,00 € als Vergütung für die Verwaltung. Der Rest des Gewinns wurde im Verhältnis 6 : 4 : 1 zwischen GLOBE, Westall-Öl und Keller KG aufgeteilt. Du kannst ja mal ausrechnen, wie groß dann unser Gewinnanteil gewesen wäre."

Situation 26: Shop in the Shop – die Chance

→ B 3.2 Alexa, Miriam, Paul und Cem haben die Abschlussprüfung zum Einzelhandelskaufmann mit „sehr gut" bestanden. Sie erhalten von der Geschäftsleitung das Angebot, einen eigenen Laden zu führen. Shop in the Shop. Sie sollen dort Jeans und T-Shirts für das junge Publikum verkaufen. Nach der Besprechung mit der Geschäftsleitung sitzen sie zusammen und beraten, ob sie das Angebot annehmen sollen.

Cem: „Für mich stellt sich die Frage, ob es sich für uns lohnt. Was bringt es ein?"
Miriam: „Das lässt sich doch sicher errechnen. "
Alexa: „Klar, wir müssen die Daten auswerten, die uns der Geschäftsführer mitgegeben hat."

Umsatzliste 3. Quartal

Menge	Artikelbezeichnung	Einstandspreis	Verkaufspreis
285	Jeans Ryder	24,88	89,95
237	Jeans Donam	19,58	79,95
134	T-Shirts	6,25	29,90
196	Sweatshirts	7,56	34,95
102	Gürtel	8,95	25,95
53	Bermudas	14,85	23,99

Zu erwartende Kosten:
Monatliche Miete: 1 000,00 €
Strom, Heizung, Steuern, Versicherung pro Monat: 850,00 €
Monatliche Lohnkosten: 7 000,00 €
Alexa fährt fort: „Wir müssen auch bedenken, dass die Geschäftsleitung verlangt, dass wir 25 000,00 € als Kaution hinterlegen müssen."
Paul: „Ich kaufe das neue Auto erst später. Ich kann 8 000,00 € aufbringen."
Cem: „Ich habe einiges gespart. 4 000,00 € kann ich beisteuern."
Miriam: „3 000,00 € habe ich wohl auf dem Sparkonto."
Alexa: „Ich kann 9 000,00 € in die Firma einschießen."
Alexa: „Gut, die Finanzierung ist geregelt. Jetzt müssen wir klären, ob wir eine Kommanditgesellschaft oder eine Offene Handelsgesellschaft führen wollen."
Paul: „Kann mir jemand den Unterschied erklären?"
Cem: „Bei der OHG sind alle Gesellschafter gleichberechtigt. Jeder erhält 4 % von seiner Kapitaleinlage. Der Rest wird nach Köpfen verteilt. Bei der KG muss einer als Vollhafter sein, zum Beispiel Alexa. Sie bekäme zum Beispiel 2 000,00 € vom Gewinn vorweg als Vergütung für die Geschäftsführung. Laut Gesetz erhalten alle 4 % auf ihre Kapitaleinlage. Wenn noch etwas vom Gewinn übrig geblieben ist, wird es nach einem Schlüssel verteilt, den wir festlegen müssen. Alexa und ich wollen 40 Stunden pro Woche im Geschäft sein, Paul will seine Arbeitszeit auf 35 Stunden beschränken und Miriam möchte 20 Stunden arbeiten. Wir könnten den Restgewinn nach dem Arbeitseinsatz verteilen."
Paul: „Cem, das war eine lange Rede. Rechne doch mal aus, wie viel jeder bei einem Gewinn von 8 000,00 € pro Quartal bekommt."

A

Anforderungssituation 2: Prozent- und Überschlagsrechnung

Die Absolventinnen und Absolventen gehen mit rationalen Zahlen im Servicebereich Kasse um, prüfen ihre Ergebnisse und stellen diese kundengerecht dar.

Zielformulierungen

Die Schülerinnen und Schüler modellieren:
Sie übersetzen die Situationen im Servicebereich in mathematische Modelle (ZF 1).

Die Schülerinnen und Schüler lösen Probleme mathematisch:
Sie nutzen im Rahmen des Kassierens und der Kassenabrechnung *rationale Zahlen* (ZF 2).

Sie wenden die *Prozentrechnung* unter Berücksichtigung der Umsatzsteuer sowie zur Beurteilung verschiedener Zahlungsarten ihrer Kunden an (ZF 3).

Sie nutzen die *Prozentrechnung mit vermehrtem Grundwert* unter Berücksichtigung der Umsatzsteuer (ZF 4).

Sie wenden Überschlagsrechnungen an und runden Zahlen dem Sachverhalt entsprechend sinnvoll (ZF 5).

Die Schülerinnen und Schüler verwenden mathematische Darstellungen:
Sie stellen rationale Zahlen in unterschiedlichen Formen dar (ZF 6).

Sie wandeln in Sachzusammenhängen Größen um (ZF 7) und nutzen Rechengesetze, auch zum vorteilhaften Rechnen (ZF 8).

Die Schülerinnen und Schüler argumentieren und kommunizieren:
Sie prüfen unter Einbeziehung der Vorgehensweise die Ergebnisse bezüglich der Sachsituationen und stellen die Ergebnisse adressatengerecht dar (ZF 9).

Zuordnung der Zielformulierungen zu den Kompetenzbereichen

Wissen	Fertigkeiten	Sozialkompetenz	Selbstständigkeit
ZF 2, ZF 5, ZF 6	ZF 3, ZD 4, ZF 7, ZF 8	ZF 9	ZF 1

Lernsituationen

Situation 1: Wechselgeld*

→ B 1.1

Der Rechnungsbetrag beläuft sich auf 7,39 €. Der Kunde reicht einen 10-Euro-Schein. Cem gibt zurück: 1 x 1 Cent, 1 x 10 Cent, 2 x 50 Cent und 1 x 1 Euro. Der Kunde stutzt. Cem fragt: „Stimmt was nicht?“

Situation 2: Die Abrechnung stimmt nicht

→ B 1.1

Cem muss in der Buchhaltung seine Tageskasse abrechnen und legt den nachstehenden Kassenbericht vor:

Münzen	Anzahl	Wert	Banknoten	Anzahl	Wert
1 Cent	8	0,08	5,00 €	26	130,00
2 Cent	15	0,30	10,00 €	24	240,00
5 Cent	22	1,10	20,00 €	8	160,00
10 Cent	31	3,10	50,00 €	14	700,00
20 Cent	9	18,00	100,00 €	6	600,00
50 Cent	12	6,00	200,00 €	0	0
1,00 €	14	14,00	500,00 €	0	0
2,00 €	11	22,00	Zwischensumme		1 830,00
Zwischensumme		28,59	⟶		28,59
Kassenbeginn	20.08. 12:45		Kassenbestand		1 878,33
Kassenende	20.08. 17:30		Kassenanfangsbestand		
Unterschrift Kassierer/in			Umsatz Bargeld		
Unterschrift Buchhaltung			Umsatz Bankkarten		
Datum/Uhrzeit			Umsatz Kreditkarten		

Cem ist verzweifelt. Er wendet sich an die Buchhalterin: „Ich habe schon mehrmals nachgezählt. Irgendetwas stimmt da nicht.“

Buchhalterin: „Cem, so klappt das nicht!“

Situation 3: Kassenbestand

→ B 1.1

Cem hat drei Stunden an der Kasse gearbeitet. Nun muss der den Kassenbestand ermitteln. Er hat den Inhalt der Kassenschublade auf dem großen Zähltisch ausgebreitet. Die Münzen hat er nach Werten geordnet gestapelt und die Geldscheine sortiert. Er zählt und notiert:

15 + 42 + 75 + 1,70 + 4,40 + 9,50 + 26 + 28 in Münzen
125 + 140 + 520 + 450 + 600 + 400 in Scheinen
Die Buchhalterin fragt: „Cem, wie hoch ist der Kassenbestand?" „Ich weiß noch nicht genau", antwortet Cem: „Kannst du mal nachzählen?" Die Buchhalterin entgegnet: „Nein, Cem, so geht das nicht. Das ist viel zu unübersichtlich und fehleranfällig!"

Situation 4: Miriam hilft Alexa beim Kassenbericht*

→ B 1.1

Alexa hat fast Dienstschluss. Sie hat am Nachmittag die Kasse 2 geführt. Zu Beginn hatte sie 240,00 € als Wechselgeld in der Kasse. Sie lässt die Summen ausdrucken:

Bargeldzahlung: 524,36 €
Bankkarte: 685,25 €
Kreditkarte: 358,22 €

Münzen	Anzahl	Wert	Banknoten	Anzahl	Wert
1 Cent	6		5,00 €	26	
2 Cent	15		10,00 €	24	
5 Cent	12		20,00 €	8	
10 Cent	25		50,00 €	2	
20 Cent	12		100,00 €	1	
50 Cent	15		200,00 €	0	
1,00 €	11		500,00 €	0	
2,00 €	5		Zwischensumme		
Zwischensumme			→		
Kassenbeginn			Kassenbestand		
Kassenende			Kassenanfangsbestand		

Münzen	Anzahl	Wert	Banknoten	Anzahl	Wert
Unterschrift Kassierer/in			Umsatz Bargeld		
Unterschrift Buchhaltung			Umsatz Bankkarten		
Datum/Uhrzeit			Umsatz Kreditkarten		

Miriam hilft Alexa bei der Kassenaufnahme: „Hast du keinen Taschenrechner?“
Alexa: „Nein, leider nicht! Und dann müssen wir noch den Umsatz berechnen.“

Situation 5: Brombeeren im Sonderangebot

→ B 1.2

Heute gab es in der Lebensmittelabteilung Brombeeren im Sonderangebot. Eine Kundin hat 4,6 kg Brombeeren gekauft. Alexa fragt die Kundin beim Abwiegen: „So viele Brombeeren! Was machen Sie damit?“ Kundin: „Daraus mache ich einen ganz leckeren Saft nach dem Rezept meiner Oma“. „Wie, nur aus Brombeeren?“, fragt Alexa. „Nein“, entgegnet die Kundin: „es kommen noch zerkleinerte Äpfel und Zucker hinzu, und zwar 1/5 des Brombeergewichts an Äpfeln und 1/10 des Gewichts an Zucker. Das Ganze muss dann 1/3 Stunden im Dampftopf kochen. Nach dem Abkühlen kann man dann den Saft in Flaschen füllen. Im Topf bleibt $\frac{1}{4}$ des Gesamtgewichts an Mus zurück. Daraus kann man, so sagt meine Oma, einen Brotaufstrich machen. Was ich jetzt aber nicht weiß – und da müssen Sie mir helfen – wie viele 3/4 Literflaschen ich für den Saft brauche und wie viele Minuten das Obst kochen muss.“

Situation 6: Gemüsesonderstand – Rechennotstand*

→ B 1.2

Die Lebensmittelabteilung hat einen Sonderstand für Obst- und Gemüse vor dem Eingangsbereich aufgebaut. Die Computerkasse ist leider ausgefallen. Die Abteilungsleiterin Frau Feldmeyer weist Miriam und Cem an, die Verkaufsabrechnung sauber und übersichtlich per Hand zu erstellen. Eine Kundin wendet sich an Miriam: „ Ich hätte gern eine Schale Erdbeeren, 3 Pfund Äpfel, 5 Bananen, 1 Kopfsalat und 2 1/2 Pfund Tomaten.“ „Moment“, sagt Cem, „ich muss das alles notieren, da unsere Computerkasse kaputt ist. 1 Schale Erdbeeren macht 1,55 €, 3 Pfund Äpfel zu 1,90 € pro Kilo, die Bananen, die muss ich erst abwiegen, die machen 2,13 €. Der Salat ist besonders schön. Er ist heute im Angebot, 75 Cent, und die Tomaten kosten heute 1,25 € pro 500 g. Ich muss sie eben auswiegen. Oh, das sind 2 ¾ Pfund. Darf es ein wenig mehr sein?“ Die Kundin ist einverstanden. Cem: „So, das macht dann insgesamt …“

Situation 7: Am Gemüsesonderstand – Bruchrechnen ist schwer!

→ B 1.2 Miriam hat eine Kundin bedient:

¼ Kilo Pilze	Kilopreis: 7,20
1½ Pfund Möhren	Kilopreis: 1,60
3/4 Pfund Bohnen	Kilopreis: 2,10
2 Pfund Kartoffeln	5-Kilopreis: 6,30

„Und was muss ich nun zahlen?“, fragt die Kundin.

Situation 8: Am Gemüsesonderstand – Muss das so lange dauern?

→ B 1.3 Der Gemüsesonderstand schließt um 13:00 Uhr. Ab 12:00 Uhr startet die Rabattaktion: 33 % Nachlass auf alle Salate sowie Rosenkohl und Weißkohl.

Cem hat einen Kunden bedient

Cem notiert	normaler Preis	reduzierter Preis
Endiviensalat –	2,70	1,80
Feldsalat	1,80	....
Rosenkohl	3,60	....
Weißkohl	4,20	....

Der Kunde wird schon ungeduldig, da das Ausrechnen so lange dauert. „Das kann doch schneller gehen. Sie brauchen doch nur einmal den Preisnachlass berechnen!“

Cem schaut fragend zu Miriam hinüber. Sie nickt. Als der Kunde gegangen ist, zeigt sie ihm den Rechenweg.

Situation 9: Rechnung mit Überschlag

→ B 1.1 Wenige Minuten vor 13:00 Uhr kommt eine Kundin zum Obststand: „Ich benötige noch ein wenig Obst. Ich habe leider nur noch 5,00 €. Ich hätte gern 2 Kilo Äpfel und 2 Kilo Birnen.

Miriam überlegt laut: Apfel kosten pro Kilo 1,80 €, Birnen 2,70 €. Bei 33 % Spätkaufrabatt kann ich Ihnen 2 Kilo Äpfel und 1 1/2 Kilo Birnen anbieten.“ Die Kundin nickt erfreut, reicht den 5 Euroschein hinüber, nimmt die Ware und eilt zum Parkplatz. Cem schaut Miriam erstaunt an: „Wie machst du das? Hast du der Kundin nicht fast einen Euro geschenkt?“

Situation 10: 36/38 inches – passt das wohl?

→ B 3.1 Cem bedient im Jeans-Shop eine Dame. „Ach, mein Mann hat keine Zeit zum Anprobieren. Er hat eine normale Figur. Der Buchumfang liegt bei 90 cm. Die Schrittlänge 97. Ich habe hier eine Jeans mit den Maßen 36/38. Passt die wohl?“

Situation 11: Die Jeans hat einen Webfehler*

→ B 5.1

Cem bedient im Jeans-Shop. Ein Kunde hat die passende Hose gefunden. Preis: 89,95 €.
Der Kunde prüft die Hose: „Oh, da ist ja ein Webfehler. Da bin ich nicht bereit, den vollen Preis zu bezahlen."
Cem rückversichert sich bei Frau Jordan. Frau Jordan: „Biete ihm einen Nachlass von 25 %, du kannst aber bis 33 % gehen."
Cem wendet sich an den Kunden: „Ich kann Ihnen eine Preisnachlass von 25 % einräumen.
Kunde: „Rechnen wir nicht lange, machen wir einen runden Preis: 65,00 €."
Cem zögert: „Na gut, dann 65,00 €."
Nachher fragt sich Cem: „Habe ich einen zu hohen Nachlass eingeräumt?"

Situation 12: Jeans-Shop gegen Internet

→ B 4.2

Alexa ist im Jeans-Shop eingesetzt. Sie beobachtet eine Kundin, die sie noch von der Schule her kennt. Es ist Lena. Sie war in der Parallelklasse. Lena probiert mehrere Jeans an und notiert sich irgendetwas. Alexa geht auf Lena zu: „Hi, Lena, schön Dich hier zu sehen." Lena: „Ach, Alexa, du bist es. Ich probiere Jeans an, um zu gucken, welches Jeans-Maß meiner Schrittlänge von ca. 82 cm entspricht." Alexa: „Das kann man genau berechnen. Die Längenangabe bei Jeans ist in Inch."
Lena: „Meinst du, dass eine Jeans mit der Länge 32 Inch passen wird?" Alex: „Ja, ich denke schon. Wir haben da ein paar schöne Jeans im Angebot. 59,95 €. Tolles Design!"
Lena: „Ja, die sehen gut aus. Die sind mir aber zu teuer. Schau her, ich habe hier ein Angebot aus dem Internet:

5-Pocket-Jeans in zwei Farben

In angesagter, bequemer Schnittform mit Knie-Patch, Abnähern und anatomisch geformtem Beinverlauf, aus 100 % Baumwolle. Gewicht 13 ¾ Unzen. Lieferbar in den Längen 30, 32 und 34 Inch. Waschbar bis 40°C. Ohne Gürtel und Accessoires.

Alexa: „Die sieht gut aus. Was soll sie kosten?" Lena: „56,00 € zuzüglich Versand. Der Versand kostet ... mhm, hier steht bis 250 g 3,90 €, bis 500 g 5,20 €. Bis 1000 g 6,90 €. Wenn man jetzt noch wüsste, was so eine Jeans wiegt!" Alexa: „Das steht doch in der Anzeige. Wenn ich das recht sehe, ist unsere Jeans preiswerter." Lena: „Bist du dir da sicher?"

Situation 13: Quittung mit Umsatzsteuerausweis*

→ B 5.2

Ein Kunde, der einen Partyservice betreibt, hat für insgesamt 428,00 € eingekauft. Er bekommt einen Rabatt in Höhe von 20 Prozent. Er bittet Paul, über den zu zahlenden Betrag eine Quittung auszustellen. „Ach ja“, sagt der Kunde, als er die Quittung bekommt, „die Umsatzsteuer muss extra ausgewiesen werden. Bei Lebensmitteln beträgt sie 7 %.“

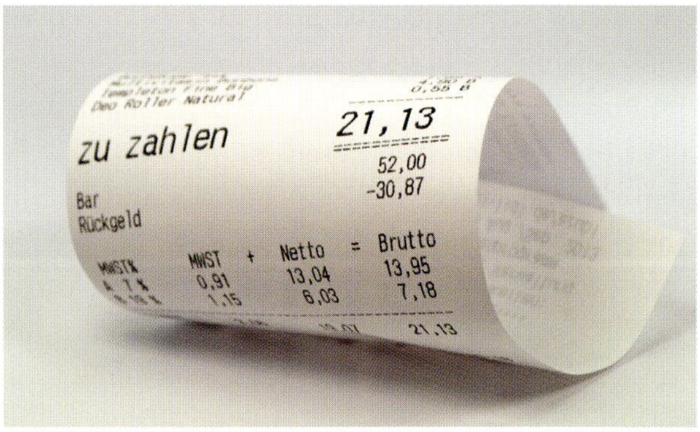

Situation 14: Bargeld oder Karte?*

→ B 5

Besprechung mit dem Geschäftsführer über das Thema: Kasse und Kunde. Zum Ende der Besprechung fragt Alexa: „Wenn ein Kunde fragt, ob wir lieber Bargeld haben möchten oder lieber Zahlung per Kreditkarte oder Bankkarte, was sollen wir antworten?“ Der Geschäftsführer lacht: „Wenn alle Kunden per Karte bezahlen, dann entfällt für Euch eine Menge Arbeit. Bei Zahlung per Bankkarte berechnet uns die Bank 0,5 % Gebühren, bei einer Kreditkarte liegt die Gebühr bei 3 %. Bei Bargeld müssen wir pro 500,00 € Umsatz mit Bearbeitungskosten von etwa 3,50 € rechnen. Na, was meint Ihr, ist für den Betrieb die günstigste Zahlungsweise, wenn wir pro Tag einen Umsatz machen von etwa 30 000,00 €?“

Situation 15: Die Umsatzsteuer muss herausgerechnet werden

→ B 5.2

Die Abteilungsleiter haben die Monatsabrechnung über die Reinigungskosten erhalten. Sie sind ein wenig ungehalten, da ihnen etwa 20 % mehr Kosten auferlegt worden sind. Herr Köster schaut sich die Abrechnung an, die Alexa angefertigt hat (s. Situation 21, Anforderungssituation 1 Seite ...). Herr Köster: „Mmh, ich glaube, da wurde die Umsatzsteuer mit in die Verteilung einbezogen. Das ist nicht richtig. Ich lasse das korrigieren.“ Nach der Sitzung spricht Herr Köster Alexa an: „Alexa, in der Reinigungskosten-Umlage darf die Umsatzsteuer nicht enthalten sein. Fertigen Sie bitte eine neue Kostenaufstellung an.“

Situation 16: Prozente, Prozente!*

→ B 5.2

Cem ist heute zum Kassieren eingeteilt. Eine Kundin hat Kleidung im Gesamtwert von 240,00 € gekauft. Auf Bekleidung wird in dieser Woche ein Preisnachlass von 20 % eingeräumt. Außerdem hat die Kundin eine Kundenkarte, die 3 % Skonto ihr einbringt. Cem zieht 23 % vom Preis ab. Kundin. „Mit einem Preisnachlass von nur 23 % bin ich nicht einverstanden!“

A

Anforderungssituation 3: Warenhandelskalkulation und Preisgestaltung

Die Absolventinnen und Absolventen führen die Warenkalkulation zur Preisgestaltung des Unternehmens durch.

Zielformulierungen

Die Schülerinnen und Schüler modellieren:
Sie übersetzen die Situation der kalkulatorischen Preisgestaltung in ein mathematisches Modell (ZF 1).

Die Schülerinnen und Schüler lösen Probleme mathematisch:
Sie vergleichen mithilfe der *Bezugskalkulation* Angebote verschiedener Lieferanten (ZF 2).
Sie erweitern die Bezugskalkulation zur *Vorwärtskalkulation* zur für die Preisgestaltung aus Unternehmersicht (ZF 3).
Sie berücksichtigen Marktpreise und kalkulieren den Listeneinkaufspreis (ZF 4).
Sie erkennen die *Differenzkalkulation* als realistische Option (ZF 5).

Die Schülerinnen und Schüler verwenden mathematische Darstellungen:
Sie stellen das *Kalkulationsschema* auf (ZF 6).

Die Schülerinnen und Schüler argumentieren und kommunizieren:
Sie prüfen unter Einbeziehung der Vorgehensweise die Ergebnisse bezüglich der Wahl der Sachsituationen und stellen die Ergebnisse adressatengerecht dar.

Zuordnung der Zielformulierungen zu den Kompetenzbereichen

Wissen	Fertigkeiten	Sozialkompetenz	Selbstständigkeit
ZF 3, ZF 4, ZF 5	ZF 1, ZF 2, ZF 6	ZF 7	ZF 1, ZF 7

Lernsituationen

Situation 1: Die Rechnung stimmt nicht

→ B 6.1.1

Paul arbeitet in der Buchhaltung. Er hat die Aufgabe, die Eingangsrechnungen zu prüfen. GLOBE hatte bei UltraMedia drei Blu-Ray-Brenner gekauft. Listenpreis 65,32 €. Vereinbart waren 30 % Händlerrabatt und 3 % Skonto. Transport und Versicherung 7,50 €.

Einzelpreis	Anzahl	30 % Rabatt	Gesamtpreis
65,32 €	3	58,79 €	137,17 €
		Transport und Versicherung	7,50 €
		Zwischensumme	144,67 €
		19 % Umsatzsteuer	27,48 €
		Rechnungsbetrag	172,15 €

Herr Köster: „Ich habe das Gefühl, dass irgendwas an der Rechnung nicht stimmt. Für die Kalkulation brauchen wir den Bezugspreis. Außerdem muss ich wissen, welchen Betrag wir überweisen müssen. Machen Sie auch eine neue Aufstellung, damit die Kollegen von UltraMedia sehen können, wie wir den zu zahlenden Betrag ermittelt haben.“

Situation 2: Seniorenhandy – Bezugspreis kalkulieren*

→ B 6.1.1

Miriam und Alexa sind in der Multimedia-Abteilung eingesetzt. Miriam berichtet der Abteilungsleiterin Frau Semaris, dass gestern und heute 3 ältere Herren nach Seniorenhandys gefragt haben. Frau Semaris: „Ja, in diesem Marktsegment bieten wir zur Zeit kein Gerät an. Das muss sich ändern. Ich gebe Euch die Kataloge unserer Großhändler. Schaut Euch auch die Lieferungs- und Zahlungsbedingungen der Großhändler an. Es kommt nicht nur auf den Listenpreis an.“ Miriam und Alexa machen sich mit Feuereifer an die Arbeit. Sie notieren die Angebote gleichartiger Handys in einer Tabelle:

Anbieter	Stückzahl	Listenpreis	Funktionsrabatt	Skonto	Bezugskosten
UltraMedia	10	325,50 €	25 %	2 %	7,50 €
Veltron GmbH	12	381,00 €	20 %	2 %	9,80 €
Sabaton KG	15	464,25 €	15 %	1 %	10,00 €

Alexa: „Die Chefin sagte, dass es nicht nur auf den Listenpreis ankommt. Ich schätze, dass Sabaton das günstigste Angebot hat.“ Miriam: „Nicht schätzen, rechnen!“

Situation 3: Staffelangebote auswerten

→ B 6.1.1

Frau Semaris eröffnet die Abteilungsbesprechung mit den Worten: „Senioren-Handys sind der Renner des Monats. Die Mitbewerber ziehen wohl eine große Aktion auf. Da müssen wir etwas unternehmen. Ich habe von zwei Importeuren passende Angebote bekommen. Miriam und Alexa, nehmen Sie sich die Angebote vor. Ich denke, dass wir 30 Geräte einkaufen sollten. Ich bitte um eine übersichtliche Aufstellung!“

Miriam und Alexa nehmen die Angebotsschreiben und ziehen sich zurück. Die beiden schauen sich die Angebote an. Miriam: „Was meinst du, wer am günstigsten ist, EloMed oder Impex?“
Angebot der EloMed Import GmbH Cuxhaven

- Mobiltelefon S33ZI
- Listenpreis 27,50 €
- Mindestbestellmenge: 5
- Bei Abnahme von zehn Stück: 22 % Rabatt, bei Abnahme von 20 Stück 25 % Rabatt
- Bei Zahlung binnen zehn Tagen 2 % Skonto
- Fracht und Versicherung: 10,50 €

Angebot der Impex Ltd Hamburg

- Mobiltelefon GS55M22
- Listenpreis 26,30 €
- Mindestbestellmenge: 6
- Bei Abnahme von zwölf Stück: 23 % Rabatt, bei Abnahme von 18 Stück 26 % Rabatt
- Bei Zahlung binnen zehn Tagen 3 % Skonto
- Fracht und Versicherung: 20,00 €

Situation 4: Bitte Rechnung prüfen*

→ B 6.1.1

Herr Köster wendet sich an Paul: „Bitte prüfen Sie die Bezugskalkulation. Ihr Kollege hat 4261,35 € als Bezugspreis ermittelt. Die Daten entnehmen Sie bitte dem Angebotsschreiben.“

Paul liest das Angebotsschreiben: Listenpreis 6591,55 €, 33 % Rabatt, 3 % Skonto, 22,50 € Fracht und Versicherung. Er nimmt die Berechnung vor und gelangt zu einem anderen Ergebnis: „Wo liegt der Fehler?“, murmelt er.

Situation 5: Verkaufspreis Blu-Ray-Brenner*

→ B 6.1.3

UltraMedia hat drei Blu-Ray-Brenner geliefert. Miriam will sie in das Verkaufsregal stellen. Frau Semaris: „Halt, Miriam, nicht so schnell. Der Artikel muss noch mit seinem Verkaufspreis ausgezeichnet werden. Den Preis habe ich aber noch nicht festgelegt. Das können wir gleich gemeinsam machen.“ Sie erklärt Miriam, dass auf den Bezugspreis von 42,00 € pro Gerät die Handlungskosten aufgeschlagen werden. „Das ist dann der Selbstkostenpreis“, führt sie aus. „In dem vorliegenden Fall sind die Handlungskosten 45 % vom Bezugspreis. Auf den Selbstkostenpreis wird dann der Gewinn aufgeschlagen. Bei Multimedia-Geräten werden 7 % Gewinn berechnet. Das ergibt den Barverkaufspreis. Schließlich muss die Umsatzsteuer von 19 % berechnet und hinzuaddiert werden. So, Miriam, jetzt kennen Sie die Prozentsätze und können den Ladenverkaufspreis berechnen."

➔ B 6.1.5

Situation 6: Verkaufskalkulation in der Lebensmittelabteilung*

Paul ist zurzeit Chefkalkulator in der Lebensmittelabteilung. Aus Italien ist in den frühen Morgenstunden eine Sendung Tomaten, Käse und Wein eingetroffen. Frau Feldmeyer gibt ihm folgende Daten an: „Tomaten Handelsklasse A, 250 Kilogramm, Bezugspreis 212,50 €, Handlungskostensatz 55 %, Gewinnzuschlag: 8 %. 90 Kilogramm Käse, Bezugspreis 207,00 €, Handlungskostensatz 45 %, Gewinnzuschlag 5 %. 120 Flaschen Rotwein, Bezugspreis 306,00 €, Handlungskostensatz 40, Gewinnzuschlag 10 %. Bei Tomaten und Käse brauche ich die Kilo-Preise, bei Wein den Preis pro Flasche. Denken Sie daran, dass beim Wein die Umsatzsteuer 19 % beträgt."

➔ B 6.1.6

Situation 7: Die Lebensmittelabteilung führt die Kundenkarte ein

GLOBE möchte die Kundenkarte einführen. Zunächst soll eine Probephase in der Lebensmittelabteilung durchgeführt werden. Die Kunden erhalten dann 3 % Rabatt auf ihre Einkäufe in der Lebensmittelabteilung. Am Jahresende wird ihnen ein Warengutschein in der Höhe der angesammelten Rabattbeträge zusammen mit einem Stammkundengeschenk überreicht. Paul: „Wie soll der Rabatt in die Kalkulation eingerechnet werden?" Frau Feldmeyer: „Auf den Barverkaufspreis schlagen Sie den Rabatt auf. Das ergibt den Listenverkaufspreis. Anschließend folgt die Umsatzsteuer. Das ergibt dann unseren Ladenverkaufspreis. Ok?". Paul gibt einige Zahlen in sein Kalkulationsprogramm ein und sagt: „Wenn ich 1 Kilogramm Käse bei einem Bezugspreis von 10,00 € kalkuliere, dann komm ich auf einen Ladenverkaufspreis von 16,78 €." Frau Feldmeyer: „Hm, können Sie mir erklären, wie Sie zu dem Ergebnis gekommen sind?"

Situation 8: Der MP3-Player ist zu teuer*

➔ B 6.1.6

Miriam kommt mit einem Werbeprospekt des Mitbewerbers in die Abteilung Medientechnik. Sie weist Frau Semaris auf den Werbeprospekt hin: „Frau Semaris, hier wird der MP-3-Player um einiges günstiger angeboten." Frau Semaris: „Oh, der Preisunterschied ist doch erheblich. Da müssen wir irgendwie mithalten. Prüfen Sie bitte unsere Kalkulation!" Miriam holt sich die Unterlagen aus dem Ordner und rechnet die Verkaufskalkulation durch. Bezugspreis: 15,60 €, Handlungskostensatz 45 %, Gewinn 7 %, Umsatzsteuer 19 %. „Frau Semaris", sagt Miriam, „ich habe es kalkuliert. Unter heutigen Bedingungen komme ich auf 28,80 €." Frau Semaris: „Das reicht nicht, um mit dem Mitbewerber zumindest gleichziehen zu können. Gehen Sie mal von einem Verkaufspreis von 26,50 € aus und prüfen Sie, ob sich der Verkauf für uns dann noch lohnt."

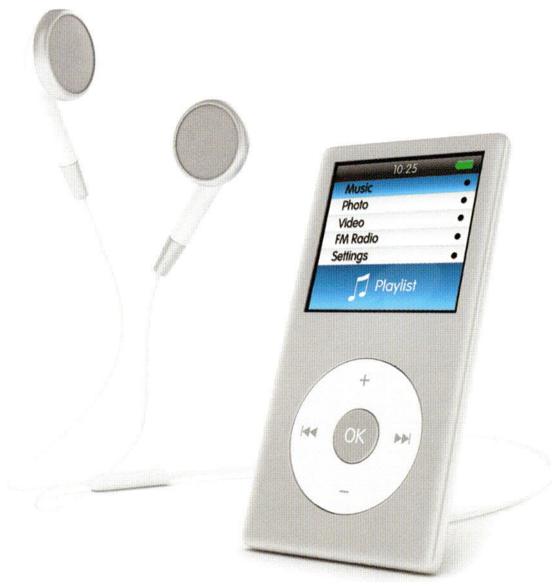

Situation 9: Maximaler Bezugspreis

→ B 6.2.1

Frau Semaris: „Die Geschäftsleitung ist damit einverstanden, dass wir bei MP3-Playern eine Sonderaktion durchführen. Das hilft aber auf die Dauer nicht weiter. Bei normaler Kalkulation darf unser Ladenverkaufspreis nicht über 25,00 € liegen. Wir müssen deshalb bei der nächsten Bestellung billiger einkaufen. Miriam, berechnen Sie bitte den Bezugspreis, den wir höchstens haben dürfen." Miriam: „Gelten die üblichen Zuschlagssätze?" Frau Semaris: „Ja, die legen wir zugrunde, natürlich ohne Kundenrabatt."

Situation 10: Unterschiedliche Handlungskosten

→ B 6.2.1

Miriam wendet sich an Frau Semaris: „Chefin, ich habe ja heute Morgen den Verkaufspreis für den Blu-Ray-Brenner berechnet. Da sollte ich einen Handlungskostensatz von 45 % anwenden. Ich sprach in der Mittagspause mit Paul. Er sagte, er habe eine Tiefkühlpizza kalkuliert. Da betrüge der Handlungskostensatz nur 25 % und die Umsatzsteuer nur 7 %." Frau Semaris: „Warum bei Pizzas nur 7 % Umsatzsteuer fällig sind, können Sie nachlesen. Warum bei Tiefkühlprodukten nur 25 % Handlungskosten kalkuliert werden, können Sie sich auch leicht erklären. Haben Sie schon mal gesehen, dass ein Verkäufer fast 30 Minuten lang einem potentiellen Käufer die Handhabung und Vorteile einer Tiefkühlpizza erklärt?" Miriam: „Nein, bei den Tiefkühlprodukten findet ja kaum Beratung statt." „Richtig", fährt Frau Semaris fort: „gerade heute habe ich von der Geschäftsleitung die Aufforderung bekommen, den Handlungskostensatz zu überprüfen. Im letzten Halbjahr sind meiner Abteilung 110000,00 € Kosten angefallen, Löhne, Energie, Versicherungen usw. Wir haben für 712000,00 € Waren verkauft, bewertet zu Bezugspreisen. Dann berechnen Sie doch mal, wie viel Prozent Handlungskostenaufschlag benötigt wird, um die Handlungskosten zu decken."

Situation 11: Lieferantenauswahl

→ B 6.2.2 Miriam: „Frau Semaris, wenn ich richtig gerechnet habe, liegt der Bezugspreis bei 13,50 €.“ Frau Semaris: „Dann rechnen Sie mal weiter, welchen Listenpreis wir bei unseren Lieferanten höchstens akzeptieren können. Und prüfen Sie, ob einer unserer Lieferanten zu dem gewünschten Preis liefern kann.“ Miriam stellt die Listenpreise und Konditionen in einer Tabelle zusammen.

Anbieter	Mindestabnahme	Listenpreis	Funktionsrabatt	Skonto	Bezugskosten
UltraMedia	18	308,00	25 %	2 %	15,50
Veltron GmbH	12	183,00	20 %	2 %	20,80
Sabaton KG	20	301,00	15 %	3 %	25,00

Miriam: „Da ist viel zu rechnen, Frau Semaris. Das dauert eine Weile.“

Situation 12: Überweisungsbetrag*

→ B 6.2.1

Herr Köster: „Paul, Ich habe hier ein kniffliges Problem. Es liegen mir zwei Zahlungsanweisungen vor. Eine beläuft sich auf 3812,94 €, die zweite auf 3783,08 €. Es steht aber nicht dabei, auf welche Rechnung sie sich beziehen. Wir haben zwei Rechnungen zu bezahlen. Die Rechnung von UltraMedia weist einen Endbetrag von 4389,90 € zuzüglich 19 % Umsatzsteuer auf. Die Konditionen von UltraMedia sind: 25 % Rabatt, 3 % Skonto. Fracht und Versicherung belaufen sich auf 10,50 €.

Der Rechnungsendbetrag der Veltron GmbH ist 4421,66 € zuzüglich 19 % Umsatzsteuer. Die Konditionen sind: Rabatt 27 %, Skonto 2 %, Fracht und Versicherung 15,80 €
Paul: „Das lässt sich berechnen, Herr Köster.“

Situation 13: Der Listenpreis ist ein wenig zu hoch

→ B 6.2.2

Herr Seelmann hat es eilig. Er bittet Alexa zu sich: „Alexa, der Touristikverband fragt an, ob wir 20 City-Räder zum Stückpreis von 220,00 € liefern können. Die Rad-Union und die Bikes & More bieten ein passendes Fahrrad an. Unsere Kalkulationssätze kennen Sie ja. Handlungskosten 45 %, Gewinn 7 %. Die Konditionen der Lieferanten entnehmen Sie den Katalogen. So, ich muss los. Ich bin in etwa einer Stunde zurück.“ Alexa nimmt die Kataloge zur Hand und notiert.

Anbieter	Mindestabnahme	Listenpreis	Funktionsrabatt	Skonto	Bezugskosten
Rad-Union	5	840,00	30 %	2 %	50,00
Bikes & More	4	650,00	25 %	2 %	36,00

Als Herr Seelmann zurückkommt, spricht Alexa ihn direkt an: „Herr Seelmann, das wird schwierig.“ Herr Seelmann: „Alexa, machen Sie mir eine übersichtliche Aufstellung. Ich muss in dieser Angelegenheit mit der Geschäftsleitung reden.“

Situation 14: Tennisschläger für das Jugendtraining

➔ B 6.2.2

Paul arbeitet zurzeit in der Abteilung Sport und Freizeit. Er hängt die gerade angelieferten Tennisschläger an die Präsentationswand, als Herr Werner ihn ruft: „Paul, Sie müssen mir mal helfen. Der Tennisverein TC 88 braucht für das Jugendtraining 15 Tennisschläger TR Boris. Im Internet wird der Schläger einschließlich Versand für 20,00 € angeboten. Unser Lieferant bietet den Schläger zum Listenpreis 18,90 € an. Er gewährt 25 % Rabatt und 2 % Skonto. Transport und Versicherung 25,00 €. Wir haben die Vorgabe 50 % Handlungskosten. Der Tennisverein bekommt stets 10 % Rabatt. Rechnen Sie mal durch, ob wir den Tennisverein beliefern können.“ Paul kalkuliert den Bezugspreis und den Nettoverkaufspreis. Paul: „Chef, ich glaube, das wird knapp.“ Herr Werner: „Erklären Sie mir bitte, wie Sie es gerechnet haben.“

Situation 15: Erweiterung im Sportsortiment*

➔ B 6.2

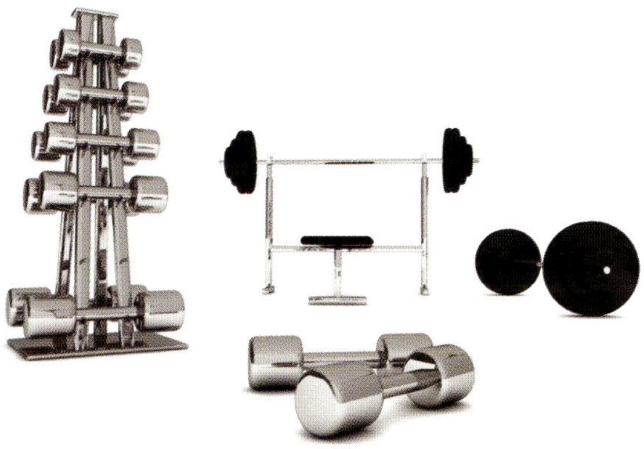

In der Sportabteilung findet eine Abteilungsbesprechung statt. Es wird über das Sortiment diskutiert. Paul schlägt vor, dass das Angebot um eine Hantelbank erweitert werden sollte. „Die Mitbewerber haben auch solche Bänke im Sortiment. Die ProFit-Bank bieten sie für nur 99,90 € an“, argumentiert Paul. Herr Werner: „Naja, das ist durchaus zu bedenken. Es stellt sich nur die Frage, ob man damit Geld verdienen kann. Außerdem nimmt eine solche Bank viel Platz in Anspruch. Nun gut, gehen Sie mal von einem Ladenverkaufspreis von 95,00 € aus. Wir sprechen dann heute Nachmittag darüber. Sie bedenken, dass der Handlungskostenzuschlag 50 % beträgt.“ Paul zieht sich mit dem Sportkatalog zurück und stellt die Konditionen des Lieferanten zusammen. Listenpreis 60,00 €, 35 % Rabatt, 3 % Skonto, Fracht und Versicherung 15,00 €. Am Nachmittag legt Paul dem Abteilungsleiter die Kalkulation vor. Herr Werner: „Na, Paul, was meinen Sie?“

Situation 16: Tennisbälle für die Turniersaison

➔ B 6.2

GLOBE hat eine Anfrage des Tennisvereins TC 88 erhalten. Der Verein fragt an, ob GLOBE 600 Turnier-Tennisbälle Fort zum Preise von 10,00 € pro 4er-Vakuumsdose liefern kann. Herr Werner: „Paul, starten Sie eine Abfrage bei den Großhändlern.“ Paul: „Kalkulieren wir hier auch mit 50 % Handlungskostenzuschlag?“ „Nein“, antwortet Herr Werner, „hier können wir auf 35 % heruntergehen. Wenn die Großhändler Mengenstaffeln haben, können Sie bis zu einer Bestellmenge von 740 Bällen gehen. Viele Spieler wollen in der Saison mit den offiziellen Turnierbällen trainieren.“ „Muss ich noch die für den Tennisverein üblichen Rabatte einkalkulieren?“ „Nein“, entgegnet Herr Werner, „der Verein hat uns ja den Preis vorgegeben.“

Paul findet zwei Anbieter, die zu günstigen Konditionen anbieten.
Xtrem-Sport: 4er-Vakuumdose zu 9,50 €; Mindestabnahme zehn Dosen; Rabatt 15 %, ab 25 Dosen 20 % Rabatt, ab 50 Dosen 30 %, ab 200 Dosen 35 %; Fracht und Versicherung 5 % vom Listenpreis.
WT-Sports: 4er-Vakuumdose zu 9,40 €; Mindestabnahme 50 Dosen; ab 51 Dosen 20 % Rabatt und Fracht 17,50 €, ab 101 Dosen 25 % Rabatt und Fracht 25,00 €, ab 201 Dosen 33 % Rabatt und frachtfrei.
Herr Werner wird schon ein wenig ungeduldig. Paul sagt schließlich: „Es gibt verschiedene Möglichkeiten. Ich mache Ihnen eine übersichtliche Aufstellung."

Situation 17: Kalkulationsschema

→ B 6 Herr Köster ruft Cem zu sich: „Cem, ich habe einen wichtigen Auftrag für Sie. Wie Sie wissen, kalkulieren die Abteilungen selber die Verkaufspreise. Damit das einheitlich erfolgt, bitte ich Sie, ein Kalkulationsschema für die Vorwärtskalkulation und ein Schema für die Rückwärtskalkulation zu entwickeln. Und wenn Sie die Schemata für ein Tabellenkalkulationsprogramm entwickeln, leisten Sie GLOBE einen großen Dienst." Cem: „Klar doch, Chef, wird gemacht!"

Anforderungssituation 4: Sparen und Kredit

Die Absolventinnen und Absolventen erstellen einen überschaubaren privaten Haushaltsplan, indem sie Einnahmen aus beruflicher Tätigkeit, Transferzahlungen und Geldanlagen den ggf. fremdfinanzierten Ausgaben zur Befriedigung von Bedürfnissen unter Berücksichtigung einer Geldkapitalbildung durch Sparen gegenüberstellen.

Zielformulierungen

Die Schülerinnen und Schüler modellieren:

Sie übersetzen die Situation der privaten Finanzplanung in ein mathematisches Modell (ZF 1).

Die Schülerinnen und Schüler lösen Probleme mathematisch:

Sie wenden die Zinsrechnung zur Entwicklung des persönlichen Sparguthabens an (ZF 2).

Sie werten unter Anleitung grundlegender Informationen über die Möglichkeiten der privaten Finanzierung (z. B. Ersparnisse, Ratenkauf, Darlehen, Dispositionskredit, Leasing) aus (ZF 3).

Die Schülerinnen und Schüler argumentieren und kommunizieren:

Sie prüfen unter Einbeziehung der Vorgehensweise die Ergebnisse bezüglich der eigenen Finanzsituationen und stellen sie bedarfsgerecht dar (ZF 4).

Zuordnung der Zielformulierungen zu den Kompetenzbereichen

Wissen	Fertigkeiten	Sozialkompetenz	Selbstständigkeit
ZF 2	ZF 3	ZF 4	ZF 1, ZF 4

Lernsituationen

Situation 1: Alexa braucht ein neues Smartphone

→ B 7.1/7.6

Alexa braucht ein neues Handy. Ein Smartphone neuester Bauart soll es sein: SunSung Graxtor S4. Sie lässt sich im Handyshop beraten. In der Mittagspause spricht sie mit Paul darüber. „Der Typ da hat mir einen Vertrag angeboten für monatlich 45,00 €. Da ist alles drin: Allnet Flat, SMS-Flat, Internet Flat. Die Vertragslaufzeit beträgt 24 Monate. Ist doch ein gutes Angebot?"
Paul: „Da bin ich mir nicht so sicher. Der Kaufpreis für das Handy liegt bei 500,00 €. Dann buchst du eine entsprechende Flatrate dazu. Die kostet im Monat 19,50 €."
Alexa: „Das Problem ist, dass ich keine 500,00 € habe."
Paul: „Du hast ein regelmäßiges Einkommen. Da ist deine Bank sicher bereit, dir einen Kredit über 500,00 € mit einer Laufzeit von 24 Monaten einzuräumen. Gehe mal davon aus, dass die Bank 5 % Zinsen verlangt. Ich glaube, dass du da eine Menge Geld sparst." Alexa: „Meinst du?"

Situation 2: Paul möchte sich ein Motorrad kaufen

→ B 1.1

Alexa, Cem, Miriam und Paul verbringen gemeinsam ihre Mittagspause. Gerade ist ihnen eröffnet worden, dass sie nach Abschluss ihrer schulischen Ausbildung zum 1. August einen Lehrvertrag bekommen. Paul: „Das Erste, was ich mir kaufen werde, ist ein Motorrad." Alexa: „Das ist doch sicher teuer! Wie willst du es bezahlen? Paul: „Na, natürlich auf Kredit, den ich dann monatlich abbezahle." Miriam: „Wie teuer ist denn ein solches Motorrad?" „Na, etwa 3 500,00 €", antwortet Paul. Miriam: „Mach doch mal eine Aufstellung, ob du auch den Kredit zurückzahlen kannst." Paul denkt nach und zählt auf: „Die Ausbildungsvergütung beträgt im ersten Lehrjahr 480,00 €. Die Handykosten liegen bei 45,00 €. Für die Clubbesuche an den Wochenenden und Kino muss ich etwa 200,00 € ansetzen. Meine Mutter erwartet 80,00 € Haushaltsgeld. Kleidung pro Monat im Durchschnitt 50,00 €. Für den Jahresurlaub spare ich monatlich 40,00 €. Im Internet wird ein „Schweizer Kredit" angeboten. Bei einer Kreditsumme von 3 500,00 € und einer Laufzeit von 40 Monaten beträgt die monatliche Rate 106,00 €. Für Steuern und Versicherung sind monatlich etwa 25,00 € fällig."

Während die vier Praktikanten über Motorräder diskutieren, geht die Mittagspause zu Ende. Paul wendet sich an Cem: „Cem, du bist doch gut in Tabellenkalkulation. Kannst du nicht einmal ein Arbeitsblatt entwickeln, mit dem man seine finanzielle Situation kontrollieren kann." Cem: „Kein Problem." Am nächsten Tag zeigt Cem eine Finanzplanungstabelle.

	A	B	C	D	E	F	G	H	I
1	Finanzplan								
2	Monat	August	Einnahmen	Telefon		Disko/Kino		Klamotten	
3	Datum	Vorgang		geplant	ausgegeben	geplant	ausgegeben	geplant	ausgegeben
4	01.08.	Lohn	480	45		200		50	
5	08.08.						36,5		
6	09.08.						42,5		
7	10.08.	Hemd							24,99

Paul. „Oh, das sieht ja schon gut aus, ist aber wohl noch nicht vollständig.“ Als Cem die Finanzplanungstabelle in der Mittagspause den beiden Damen zeigt, merkt Miriam an: „Kann man das nicht auch noch anders machen?“

Situation 3: Sparen für einen Scooter

➔ B 7.4

Fortsetzung Situation 2: Paul spricht mit seinem Vater Udo über den Kauf des Motorrades. Udo: „Dass du dir ein Motorrad kaufen möchtest, kann ich verstehen. Hätte ich an Deiner Stelle auch getan. Aber weißt du, das mit dem Kredit gefällt mir nicht. Du bringst dich sofort in eine Abhängigkeit. Außerdem musst du für die Maschine einen Führerschein haben. Der wird dich etwa 800,00 € kosten. Mein Vorschlag: Begnüge dich erst mit einem Scooter. Den Führerschein hast du ja schon. Ein guter gebrauchter Scooter kostet etwa 1 200,00 €. Ich gebe Dir 300,00 € dazu. Den Rest solltest du ansparen. Unsere Bank gibt 3 % Zinsen.“ „Mensch Papa, das dauert doch dann eine Ewigkeit, bis ich mir einen Scooter kaufen kann“, stöhnt Paul. Udo: „Nun übertreib mal nicht. Du kannst es dir leicht ausrechnen. Mit weniger als 75,00 € hast du in einem Jahr den Betrag angespart. Rechne es aus.“

Situation 4: Oder doch vielleicht ein Dispo-Kredit?

➔ B 7.5

In der Zeitung hat Paul ein verlockendes Angebot entdeckt. Eine gebrauchte Maschine, drei Jahre alt, für 1 200,00 €. Paul und Cem diskutieren die Finanzierungsmöglichkeiten. Cem: „Ist es denn nicht viel einfacher, wenn dein Vater für einige Monate sein Gehaltskonto überzieht. Er bekommt doch sicher einen Dispo-Kredit bei seiner Bank. Und du zahlst den Betrag bei deinem Vater zurück.“ Paul bespricht diese Idee mit seinem Vater. Udo: „Die Idee ist nicht schlecht. Da braucht es keinen Kreditvertrag, keine Bürgschaftserklärung, keinen Schufa-Eintrag. Ich muss mal durchrechnen, wie teuer die Kontoüberziehung wird. Normalerweise nehme ich keinen Dispo-Kredit in Anspruch. Das Gehalt wird zum 15. eines Monats ausgezahlt. Zwei Tage später hebe ich 2 000,00 € ab und zum Monatsende noch einmal 500,00 €. Am 16.08. hebe ich für Dich 1 200,00 € ab. Der monatliche Rückzahlungsbetrag beträgt 200,00 €. Der Zinssatz für einen Dispo-Kredit liegt bei 12 %. Für Guthaben gibt es 1 % Zinsen.

	A	B	C	D	E	F	G
1	Kontokorrentkonto Dispo-Kredit					Soll-Zinssatz	Haben-Zinssatz
2						12 %	1 %
3	Datum	Vorgang	S/H	Betrag	Tage	Soll-#	Haben-#
4	01.06.2014	Saldo-Vortrag	H	10,00 €	14	0	1
5	15.06.2014	Gehaltszahlung	H	2 500,00 €			
6		Saldo	H	2 510,00 €	1	0	25
7	16.06.2014	Privatdarlehen	S	– 1 200,00 €			
8		Saldo	H	1 310,00 €	1	0	13
9	17.06.2014	Abhebung	S	– 2 000,00 €			
10		Saldo	S	– 690,00 €	12	–83	0
11	29.06.2014	Abhebung	S	– 500,00 €			
12		Saldo	S	– 1 190,00 €	16	–190	0
13	15.07.2014	Gehaltszahlung	H	2 500,00 €			
14		Saldo	H	1 310,00 €	1	0	13
15	16.07.2014	Rückzahlung	H	150,00 €			
16		Saldo	H	1 460,00 €	1	0	15
17	17.07.2014	Abhebung	S	– 2 000,00 €			
18		Saldo	S	– 540,00 €	12	–65	0
19	29.07.2014	Abhebung	S	– 500,00 €			
20		Saldo	S	– 1 040,00 €	17	–177	0
21	15.08.2014	Gehaltszahlung	H	2 500,00 €			
22		Saldo	H	1 460,00 €	1	0	15
23	16.08.2014	Rückzahlung	H	150,00 €			
24		Saldo	H	1 610,00 €	1	0	16
25	17.08.2014	Abhebung	S	– 2 000,00 €			
26		Saldo	S	– 390,00 €	12	–47	0
27	29.08.2014	Abhebung	S	– 500,00 €			
28		Saldo	S	– 890,00 €	17	–151	0

Udo: „Paul, schau dir mal die Tabelle an und führe die Rechnung für ein Jahr aus. Dann kannst du abschätzen, wie teuer der Dispo-Kredit ist."

Situation 5: Scooter – aber sofort*

→ B 7.6 Fortsetzung Situation 3: Paul ist mit dem Vorschlag, den Kaufpreis anzusparen, nicht begeistert. Er stöbert im Internet. Dort wird eine Aprilia, SR 50 angeboten, zum Preis von 2 500,00 €. „Genau, das ist die richtige Maschine", jubelt Paul. Vater Udo: „Und wie willst du sie finanzieren?" „Ach Papa, schau dir mal die Finanzierungsseite an", entgegnet ihm Paul: „Etwa 100,00 € im Monat, das schaffe ich."

Ihr Kreditwunsch

Barzahlungspreis:	2 500,00 €
Anzahlung:	0,00 €
Kreditlaufzeit:	24 Monate
Nettodarlehensbetrag:	2 500,00 €

Zinssatz und Rate optimieren

Barzahlungspreis in € 2 500,00 ⓘ
Anzahlung in € 0 ⓘ
Laufzeit in Monaten 24 ⓘ
Neu berechnen

Ihr gewähltes Fahrzeug

Aprilia SR 50
2500,00 €
1 km
EZ 3/2013
Zurück zum Fahrzeug

Festzinsangebote ⓘ

Anbieter	Monatliche Rate ⓘ	Effektiver Jahreszins	Sollzins p.a. ⓘ	Bearbeitungsgebühr	Bruttodarlehensbetrag	Zur Bank
C&A money Ratenkredit	109,23 €	4,69 %	4,570 % gebunden	Keine	2 621,52 €	Onlineantrag Produktdetails
carcredit.de Santander	109,24 €	4,70 %	4,602 % gebunden	Keine	2 621,76 €	Onlineantrag Produktdetails
ADAC ADAC AutoKredit	109,29 €	4,75 %	4,650 % gebunden	Keine	2 622,96 €	Onlineantrag Produktdetails
swkbank Direktkredit	109,83 €	5,25 %	5,130 % gebunden	Keine	2 635,92 €	Onlineantrag Produktdetails
ING-DiBa Rahmenkredit	111,64 €	6,95 %	6,740 % veränderlich	Keine	2 679,36 €	Onlineantrag Produktdetails

Udo: „Die Maschine ist gut, ebenso der Preis. Aber frag doch mal bei unserer Bank nach, zu welchen Konditionen sie einen Kredit geben." Paul kommt zurück von der Bank: „Papa, wenn du bürgst, dann kann ich den Kredit zu einem Zinssatz von 3,15 % bekommen." Udo: „Und wie hoch ist dann die monatliche Rate?" „Wenn ich 100,00 € pro Monat zurückzahle, habe ich in weniger als 2 ½ Jahren den Kredit zurückbezahlt." Udo: „Das musst du mir mal vorrechnen!"

Situation 6: Finanzierung mittels Ballonkredit*

→ B 7.7

Fortsetzung Situation 5: Paul: „Papa, hier bietet ein Motorradhändler die Aprilia zum Barzahlungspreis von 2 480,00 € an. Interessant ist sein Finanzierungsangebot: 500,00 € Anzahlung und 24 Monatsraten zu 60,00 €, Gesamtaufwand 2 634,80 €." Udo: „Meinst du, dass das günstig ist? Und was ist nach den zwei Jahren?" „Die Schlussrate beträgt 700,00 €." Udo: „Den Anzahlungsbetrag leihe ich Dir. den zahlst du in zehn Monatsraten zuzüglich 2 % Zinsen an mich zurück. Und was meinst du, wie viel du monatlich sparen musst, um die Schlussrate bezahlen zu können. Die Bank vergütet 3 % Zinsen." Paul: „Ich glaube, mit 28,00 € pro Monat spare ich die 700,00 € in zwei Jahren zusammen." Udo: „Kommst du damit hin?"

Situation 7: Entscheidung

→ B 1.1

In der Mittagspause wird Paul gefragt: „Na Paul, hast du dich entschieden?" Paul: „Nein, aber mein Vater meint, ich sollte doch die neue Aprilia nehmen." Alexa: „Dann stell doch mal die Finanzierungskosten gegenüber. Anschließend berichtest du uns, zu welcher Entscheidung du gekommen bist. Wir sind gespannt."

Situation 8: Vorsorge treffen – Rücklagen bilden*

→ B 7.4

Vater Udo: „So, Paul, die Maschine läuft ja prima. Du musst aber eine Rücklage anlegen, damit du dir nicht für jede größere Reparatur dir Geld leihen musst. Ich meine, du solltest 30,00 € im Monat auf ein Sparkonto einzahlen. Am besten machst du einen Dauerauftrag, dass die Bank jeweils zum 15. eines Monats 30,00 € vom Girokonto auf das Sparkonto bucht. Die Bank vergütet 3 % Zinsen. Am Ende des Jahres hast du dann ein hübsches Sümmchen auf dem Konto." Paul: „Lohnt sich das überhaupt?" Udo: „Für einen Zeitraum von drei Monaten wohl nicht. Aber rechne das mal aus für die Zeit vom 15. Februar diesen Jahres bis zum 15. August des nächsten Jahres."

Situation 9: Eigene Wohnung*

→ B 1.1

Miriam hat einen neuen Freund. Ihre Eltern sind jedoch mit dem jungen Mann nicht einverstanden. Miriam klagt Alexa ihr Leid: „Jeden Abend gibt es Zoff zuhause. Nur wegen Sascha. Ich glaube, ich ziehe aus und nehme mir irgendwo in der Stadt eine kleine Wohnung."

Alexa: „Das solltest du dir genau überlegen. Eine andere Frage ist, ob du dir das bei deiner Ausbildungsvergütung von 680,00 € leisten kannst.“

Miriam: „Zur Zeit komme ich mit dem Geld gut klar. Ich brauche zuhause nichts abzugeben. Ich habe einen Sparvertrag. Da muss ich jeden Monat 45,00 € einzahlen.“

Alexa: „Da hast du ja schon einiges auf dem Sparkonto. Aber hast du dir mal überlegt, wie teuer eine kleine Wohnung ist?

Miriam: „In der Zeitung las ich eine Anzeige. Dort wurde eine Kleinraumwohnung mit Einbauküche für 300,00 € inklusive Nebenkosten angeboten.“

Alexa: „Dann musst du auch dich selber verköstigen. Jetzt isst du bei deinen Eltern. Selbst wenn du sparsam lebst, wirst du wohl 10,00 € pro Tag benötigen. Ab und zu brauchst du auch ein neues Outfit. Was gibst du denn im Monat für Blusen, Hosen und Schuhe aus?“

Miriam: „Na, im Durchschnitt werden das auch wohl etwa 50,00 € sein, und 30,00 € zahle ich fürs Handy.“

Alexa: „Dann stelle doch mal einen Haushaltsplan auf, in dem du die Einnahmen und Ausgaben gegenüberstellst. Wenn du dir eine Übersicht verschafft hast, können wir weiter überlegen.“

→ B 2.3/7.6

Situation 10: Ein Wohnschlafzimmer muss finanziert werden

Am Montag begrüßt Miriam Alexa: „Ich habe es klar bekommen. Mein Vater sagt, ich solle auf eigenen Beinen stehen. Er meint, er könne mein Zimmer an eine Arbeitskollegin für 200,00 € vermieten. Die Miete bekomme ich. Für die Kleinraumwohnung habe ich den Mietvertrag schon unterschrieben. Mein Vater hat auch mit unterschrieben. Jetzt muss ich das Wohnschlafzimmer einrichten. Meine bisherigen Möbel kann ich ja nicht mitnehmen. Ich will am Samstag zum Möbelhaus fahren. Sei so lieb und komm mit mir mit.“

Dank der Beratung durch Alexa sowie zähen Verhandelns war bereits nach wenigen Stunden die Möbelauswahl mit Schlafsofa, Tisch, Schrank usw. getroffen.

Verkaufsberater: „ Miriam, ich kann Ihnen ein guten Preis machen. Alles zusammen für 5 600,00 €.“

Miriam: „Oh, das schaffe ich nicht.“

Verkaufsberater: „Na klar, kann ich verstehen. Ich kann Ihnen auch ein Finanzierungsangebot machen. Sie zahlen 600,00 € an. Über den Rest bekommen Sie einen Kredit, den Sie in 36 Monatsraten mit monatlich 160,00 € zurückzahlen. Die Möbel liefern wir Ihnen frei Haus und stellen sie auch auf. Na, ist das nicht ein tolles Angebot?“

Miriam will schon unterschreiben.

Alexa hält sie zurück: „Lass uns mal ins Cafe gehen. Wir besprechen noch einmal die Finanzierung." Bei einer Tasse Cappuccino fragt Alexa: „Hast du dir mal überlegt, wie viel Zinsen du hier bezahlst?

Miriam: „Du hast recht, Alexa. Ich habe auf dem Sparkonto 2 100,00 €. Da kann ich wohl 1 000,00 € herunternehmen und habe dann noch immer Rücklage für den Führerschein. In der Firma kann ich einen Vorschuss in Höhe von 600,00 € bekommen. Damit kann ich die Anzahlung leisten."

Alexa: „Dann musst du nur noch 4 000,00 € finanzieren. Wenn du den Kredit vom Möbelhaus nimmst, zahlst du überschlägig mehr als 130,00 € im Monat." Miriam: „Wie kommst du den darauf?" Alexa: „Das kannst du selber ausrechnen. Bei der Bank oder Sparkasse liegt der Zinssatz bei 5 %." Miriam: „Und das soll günstiger sein?" Alexa: „Ich glaube, dass die monatliche Belastung unter 125,00 € liegt. Das kannst du mit dem Taschenrechner nachprüfen."

A

Anforderungssituation 5: Beschreibende Statistik/Stochastik

Die Absolventinnen und Absolventen nutzen grundlegende statistische Daten der Warenwirtschaft. Sie interpretieren diese zur Sortimentsgestaltung unter Verwendung statistischer Kenngrößen und stellen die Ergebnisse übersichtlich dar.

Zielformulierungen

Die Schülerinnen und Schüler verwenden mathematische Darstellungen:

Sie sammeln systematisch Daten aus beruflichen Zusammenhängen, erfassen diese in Tabellen und stellen sie grafisch unter Verwendung geeigneter Hilfsmittel dar (ZF 1).

Die Schülerinnen und Schüler lösen Probleme mathematisch:

Sie führen in konkreten Situationen kombinatorische Überlegungen durch, um die Anzahl der jeweiligen Möglichkeiten zu bestimmen (ZF 2).
Sie berücksichtigen Aspekte wie z. B. *absolute und relative Häufigkeit, Mittelwert, Median und Spannweite* und beschreiben sie im Sachzusammenhang (ZF 3).

Die Schülerinnen und Schüler argumentieren mathematisch:

Sie beschreiben und erklären *grafische Darstellungen und Tabellen* von statistischen Erhebungen (ZF 4).

Sie werten grafische Darstellungen und Tabellen aus statistischen Erhebungen aus (ZF 5).

Sie interpretieren Daten unter Verwendung von Kenngrößen wie z.B. *Mittelwert und Median* (ZF 6).
Sie beschreiben Zufallserscheinungen in alltäglichen Situationen (ZF 7).

Sie bestimmen Wahrscheinlichkeiten bei Zufallsexperimenten (ZF 8).

Die Schülerinnen und Schüler kommunizieren:

Sie dokumentieren ihre Ergebnisse und erläutern sie in Bezug auf die Sachsituation (ZF 9).

Zuordnung der Zielformulierung zu den Kompetenzbereichen

Wissen	Fertigkeiten	Sozialkompetenz	Selbstständigkeit
ZF 3, ZF 8	ZF 1, ZF 2, ZF 3, ZF 4, ZF 5, ZF 7	ZF 9	ZF 6, ZF 9

Lernsituationen

Situation 1: Umsatzzahlen von Handys

→ B 12.3

Frau Semaris ist mit der Planung der Einkäufe für das nächste Geschäftsjahr befasst. Sie wendet sich an Miriam: „Das Handy-Geschäft ist schwierig zu planen. Holen Sie Paul dazu und werten Sie bitte die Umsatzzahlen der letzten Monate aus. Welche Schlüsse kann man daraus ziehen?“

	akion	sonsang	poddy
Januar	5800	6100	4800
Februar	6500	5900	3900
März	5800	4800	5200
April	6400	5200	4800
Mai	6400	4900	3700
Juni	7100	6000	5900
Juli	4300	6800	5900
August	2800	3600	3200
September	3500	3900	4200
Oktober	2900	5200	4500
November	6600	5800	5400
Dezember	6800	7000	5200

Situation 2: Umsatzquoten*

→ B 12.3

Fau Semaris: „Ich benötige die Umsatzquoten je Quartal. Vermutlich hat das Vorweihnachtsgeschäft die höchsten Umsatzquoten gebracht. Prüfen Sie bitte, ob ich mit meiner Vermutung richtig liege.“

Situation 3: Ist poddy rentabel?*

→ B 12.3

Der Gewinn für *akion* betrug 17500,00 €, für *sonsang* 19600,00 € und für *poddy* 15800,00 €. Frau Semaris: „Paul prüfen Sie bitte, ob die Umsatzrentabilität für poddy am höchsten ist.“

Situation 4: Mindere Qualität?*

→ B 12.2

Herr Schmitz aus der Gemüseabteilung behauptet: „Letzte Woche haben wir von 150 kg Golden Delicious 10 kg aufgrund von Mängeln aussortieren müssen, diese Woche waren es bei 200 kg gelieferten Äpfeln sogar 12 kg, die nicht verkauft werden konnten! Der Großhändler bietet immer schlechtere Ware an.“ Frau Feldmeyer wendet sich an Miriam: „Bevor wir uns beim Großhändler beschweren, müssen wir diese Behauptung auf ihre Richtigkeit prüfen.“

Situation 5: Preise für LCD Fernseher*

→ B 12.3 Im Rahmen einer Kundenbefragung erhielt man auf die Frage „Wie teuer darf ein LCD Fernseher sein?“ folgendes Ergebnis:

Preis in €	400,00	500,00	600,00	800,00	1 600,00
Anzahl der Kunden	10	20	25	20	25

In der Abteilungsbesprechung vertritt Cem die Auffassung, dass die beste Preislage für ein Gerät bei durchschnittlich 850,00 € liegt. Alexa behauptet: „Nein, besser ist es, den Preis auf 600,00 € festzulegen.“

Frau Semaris wendet sich an Paul: „Paul, welcher Preisvorstellung würden Sie folgen. Begründen Sie bitte Ihre Auffassung.“

Situation 6: Umsatz und Gewinn der Tankstelle grafisch aufbereitet

→ B 12.2 Paul kommt mit einem Zettel in den Sozialraum. Er geht auf Alexa zu: „Gut, dass ich dich hier finde. Ich habe ein großes Problem. Ich soll für den Geschäftsführer die Umsätze und Gewinne der freien Tankstelle für das 1. Quartal grafisch aufbereiten.“ Alexa: „Ja, und wo ist das Problem?“ Paul: „Ich habe keinen Computer zur Verfügung. Herr Köster sagte mir, ich solle die Grafik halt mit Stift, Zirkel und Lineal erstellen.“ Alexa: „Ja, und wo ist das Problem?“

Monat	Umsatz	Gewinn
Januar	15 000,00 €	1 200,00 €
Februar	18 000,00 €	1 500,00 €
März	15 000,00 €	900,00 €
Gesamt	48 000,00 €	3 600,00 €

Situation 7: Was bedeutet die Grafik der Umsätze?*

→ B 12.2 Herr Köster, der Geschäftsführer von GLOBE, hat die aufbereitete Grafik für den letzten Quartalsumsatz in den Bereichen Medien, Lebensmittel, Sport und Bekleidung erhalten: Er ruft Paul zu sich. „Ich habe hier die Prozentangaben. Die exakten Zahlen hat man nicht ausgewiesen. Die benötige ich aber.“ Paul schaut sich die Grafik an: „Soll ich die exakten Umsatzzahlen der Abteilungen ausrechnen?“

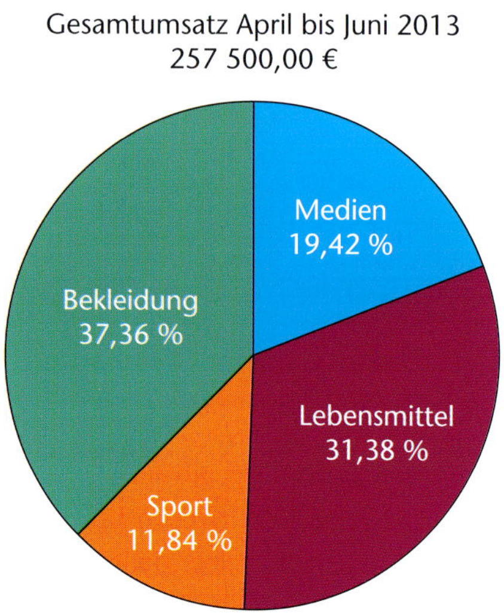

Situation 8: Kosten für ein Pedelec*

→ B 12.6

In der Fahrradabteilung werden auch Pedelecs verkauft. Die Erfahrungen haben gezeigt, dass während der Garantiezeit 4 % der Räder mit geringen Mängeln in die Werkstatt müssen, 2 % der Garantiefälle erfordern einen höheren Rparaturaufwand und die restlichen 94 % fahren einwandfrei. Das Unternehmen möchte nun wissen, wie hoch der durchschnittliche Selbstkostenpreis eines Pedelecs ist unter Berücksichtigung der Reparaturkosten. Dazu liegen aus der Fahrradabteilung folgende Daten vor:

Selbstkostenpreis je Pedelec 995,00 €, Kosten für geringe Reparaturen 75,00 € und Kosten für umfangreichere Reparaturen 255,00 €.

Man diskutiert, in welchem Umfang die Kosten für die Garantiefälle auf den Selbstkostenpreis umgelegt werden sollen. Miriam: „Das ist doch ganz einfach: ein Rad kostet dann 1 325,00 €!" Cem widerspricht: „Nein, 1 003,10 €." Herr Seelmann wendet sich an Alexa: „Was meinen Sie und sagen Sie mir auch die Begründung für Ihre Meinung."

Situation 9: Gestaltung des Büffettisches*

→ B 12.7

Für eine Betriebsfeier wurde der Partyservice der Lebensmittelabteilung engagiert. Für das Büffet werden vier verschiedene kalte Platten (Fisch, Aufschnitt, Käse, Gemüse) vorbereitet. Frau Feldmeyer weiß nicht, in welcher Reihenfolge sie diese auf dem Tisch anrichten soll. Miriam rechnet schnell aus, wie viele Möglichkeiten der Anordnung es gibt.

Situation 10: Makelloses Geschirr*

→ B 12.5

Im Rahmen einer Bonus-Sonderaktion bietet GLOBE einen Tafelservice an. 2 % des Geschirrs weist Farbabweichungen auf, 3 % haben leichte Fehler im Dekor. Paul möchte seiner Schwester ein Service zum Umzug in die neue Wohnung schenken. Er überlegt, wie groß die Wahrscheinlichkeit ist, dass er ein fehlerfreies Service erhält. Er wendet sich an Miriam. Miriam: „Das kannst du doch leicht ausrechnen. Stichwort Baumdiagramm."

Situation 11: Fehlerhafte T-Shirts

→ B 12.5

Miriam ist in der Abteilung Bekleidung eingesetzt. Beim Auspacken einer Lieferung von Sweatshirts findet sie folgende Tabelle:

Farbe	Nähte	
	einwandfrei	teilweise schief
einwandfrei	0,95	0,025
mit Flecken	0,015	0,01

Sie wendet sich an Frau Jordan: „Können Sie mir die Bedeutung dieser Tabelle erklären?"

Situation 12: Wer gewinnt?*

→ B 12.6 Im Rahmen der Aktionswoche bietet GLOBE verschiedene Spielmöglichkeiten an. Dazu gehört auch ein Glücksrad. Der Einsatz beträgt pro Spiel 1,00 €. In der Frühstückspause gibt es eine Diskussion über die Gewinnchancen. Paul: „Die Spieler haben keine guten Gewinnchancen. Man verliert eher, als dass man etwas gewinnt."

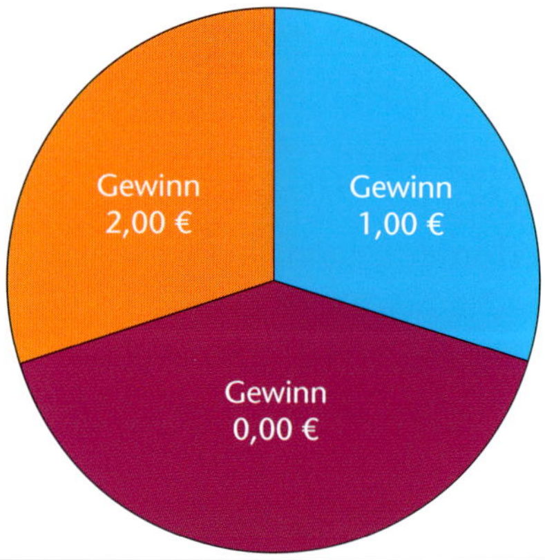

Cem: „Nein, das glaube ich nicht. Schau dir doch mal die Verteilung an: 3:3:4

Miriam: „Und was bedeutet das?".

Situation 13: Mega-Kugeln

→ B 12.6 Eine weitere Attraktion der Aktionswoche ist die Ziehung von „Mega-Kugeln". In einer nicht einsehbaren Trommel liegen 40 weiße und 60 schwarze Kugeln. Nach jeder Ziehung wird die gezogene Farbe wieder ersetzt. Man erhält einen Hauptgewinn, wenn man zweimal hintereinander die gleiche Farbe zieht (weiß oder schwarz).
Cem: „Ich vermute, dass die Gewinnwahrscheinlichkeit bei ungefähr 30 % liegt." Alexa und Paul sind der Meinung, dass man das mittels einer Rechnung prüfen kann.

Situation 14: Marmelade wohlsortiert

→ B 12.7 Im Rahmen der Aktionswoche möchte die Lebensmittelabteilung auf ihr umfangreiches Marmeladensortiment aufmerksam machen. In einem Fragebogen heißt es:
Wir führen Erdbeer-, Aprikosen-, Kirsch- und Ananasmarmelade. Die Gläser sollen in ein Regalfach neu einsortiert werden. Wie viele Möglichkeiten gibt es für die Reihenfolge des Einsortierens? Für die richtige Antwort erhalten Sie ein kostenloses Probesortiment.
Wählen Sie aus:
4 Möglichkeiten   8 Möglichkeiten   15 Möglichkeiten   24 Möglichkeiten

Eine Kundin kommt auf Alexa zu. „Können Sie mir sagen, wie man das berechnet?" Alexa: Ja, nach der Aktionswoche will ich das gerne tun. Jetzt darf ich nur den Tipp geben: Fakultät!"

Situation 15: Die richtige Aufstellung*

→ B 12.7 Während der Aktionswoche möchte Frau Feldmeyer die Kundschaft auf das umfangreiche Gemüsesortiment hinweisen. Am Eingang sollen Miriam, Alexa, Cem und Paul sowie Ilsa und Jan die Kundinnen und Kunden mit Gemüseproben begrüßen. Alexa fragt: „Frau Feldmeyer, wie sollen wir uns aufstellen?" Frau Feldmeyer: „Ganz einfach. Sie stellen sich in einer Reihe nebeneinander auf, immer abwechselnd Mann – Frau oder auch Frau – Mann." Alexa: „Das ist einfach gesagt. Was meinen Sie, wie viele Kombinationsmöglichkeiten wir haben?"

Situation 16: Farbe an die Wände*

→ B 12.7 Miriam ist in eine kleine Wohnung gezogen: Wohnbereich mit Küchenzeile, Schlafzimmer, Bad und Diele. Sie möchte die Wände der Räume neu streichen. Sie hat vier Farben zur Auswahl und steht nun vor dem Problem, ob sie alle Räume in der gleichen Farbe streicht oder alle in unterschiedlichen Farben oder nur zwei oder drei verschiedene Farben wählt. Paul meint: „Da hast du unendlich viele Möglichkeiten!" Stimmt das?

Anforderungssituation 6: Funktionen und Gleichungen

A

Die Absolventinnen und Absolventen beschreiben Beziehungen und Veränderungen zwischen ökonomischen Größen im Rahmen der Kosten-, Erlös- und Gewinnanalyse. Sie wenden Lösungsverfahren der Gleichungslehre an und stellen die Ergebnisse adressatengerecht dar.

Zielformulierungen

Die Schülerinnen und Schüler gehen mit symbolischen und formalen Elementen um:

Sie erkennen bei der Kosten-, Erlös- und Gewinnentwicklung im Zusammenhang mit der Zu- bzw. Abnahme der Mengeneinheiten der betrachteten Güter einen *funktionalen Zusammenhang* (ZF 1) und stellen diesen in *tabellarischer und grafischer Form* sowie als Term dar (ZF 2).

Die Schülerinnen und Schüler kommunizieren:

Sie beschreiben *funktionale Zusammenhänge* und ihre Darstellungen in Alltagssituationen (z. B. Gesprächszeit-Handykosten; Arbeitszeit und zustehender Lohn) (ZF 3).

Die Schülerinnen und Schüler verwenden mathematische Darstellungen:

Sie nutzen *Funktionen* als Mittel zur Berechnung konkreter Erlöse, Kosten und Gewinne (ZF 4), bestimmen in ökonomisch sinnvollem Zusammenhang den *y-Achsenabschnitt* und die *Nullstelle(n)* (ZF 5) und stellen Beziehungen sowohl zwischen den *Funktionstermen* und den zugehörigen *Graphen* als auch der *Funktionen* untereinander her (ZF 6).

Die Schülerinnen und Schüler lösen Probleme mathematisch:

Sie vergegenwärtigen sich z. B. durch den Vergleich von Handytarifen oder der Simulation einer Erlös-/Kosten-/Gewinnabwägung bzgl. eines Gutes aus der eigenen Erfahrungswelt die Bedeutung *linearer/quadratischer Funktionen* (ZF 7).

Sie erstellen aus ökonomischen Größen *Gleichungen*, durch welche sie gesuchte Größen bestimmen (ZF 8).

Sie entwickeln aus vorgegebenen Eigenschaften einer *linearen Erlös-, Kosten- oder Gewinnfunktion ein lineares Gleichungssystem* und lösen dieses (ZF 9).

Die Schülerinnen und Schüler modellieren:

Sie wenden *lineare und quadratische Funktionen* beim *Modellieren* ökonomischer *Funktionen* (Preisabsatzfunktion, Erlösfunktion, Kostenfunktion, Gewinnfunktion, etc.) bei der Beschreibung und Bearbeitung von wirtschaftlichen Problemen an (ZF 10).

Die Schülerinnen und Schüler argumentieren mathematisch:

Sie untersuchen und vergleichen *lineare und quadratische Zusammenhänge* zur Beschreibung wirtschaftlicher Zusammenhänge (ZF 11).

Sie untersuchen Fragen der Lösbarkeit und Lösungsvielfalt von *linearen und quadratischen* ökonomischen *Gleichungen* sowie *linearen Gleichungssystemen* (ZF 12), ziehen Rückschlüsse daraus hinsichtlich der wirtschaftlichen Bedeutung und formulieren diese (ZF 13).

Zuordnung der Zielformulierung zu den Kompetenzbereichen

Wissen	Fertigkeiten	Sozialkompetenz	Selbstständigkeit
ZF 1	ZF 2, ZF 4, ZF 5, ZF 6, ZF 8, ZF 9, ZF 12	ZF 11, ZF 12	ZF 3, ZF 7, ZF 9, ZF 10

Lernsituationen

Situation 1: Preisvergleich*

Im Kosmetikbereich stellen Miriam und Alexa einen Stand mit zwei Kombipackungen der Marke Niveria zusammen. → B 8.6

- Fly: Eine 200 ml Flasche Shampoo und ein Kamm für 7,00 €
- Rail: Eine 250 ml Flasche Shampoo und eine Spülung für 10,00 €

Alexa: „Das ist ja merkwürdig. Die Shampoo-Flaschen sind ja unterschiedlich groß."
Miriam: „Ist möglicherweise das Shampoo in der 200 ml Flasche günstiger als das in der 250 ml Flasche?"
Alexa: „Dann lass mal schauen. Der Kamm kostet einzeln 3,00 € und die Spülung kostet einzeln 5,00 €."
Alexa: Wir können den Preis pro ml doch schnell ausrechnen und vergleichen.

Situation 2: Sonderverkauf T-Shirt

→ B 8.6

Alexa und Miriam helfen heute auf einer T-Shirt-Sonderverkaufsfläche aus. GLOBE verkauft T-Shirts normalerweise mit einem Aufschlag von 200 % auf den Bezugspreis. Da der Stand heute seinen letzten Tag hat, werden jetzt alle T-Shirts im Sonderangebot zum halben Preis angeboten.
Miriam: „Na, dann müssen wir heute also zwei Teile verkaufen, um so viel zu verdienen wie vorher mit einem Teil?"
Alexa lacht: „Schnell gedacht, falsch gedacht!".

Situation 3: Entwicklung des Lagerbestandes*

Herr Werner wendet sich an Paul: „Paul, ich muss morgen in der Abteilungsleiterbesprechung die Entwicklung unserer Lagerbestände bei Tennisschlägern erläutern. Dazu benötige ich eine Grafik. Die Zahlen entnehmen Sie der Liste. Auf der x-Achse tragen Sie bitte die Wochen ab. Der Anfangsbestand betrug 200 Stück." → B 10.6

Woche	1	2	3	4	5	6	7	8
Lagerabgang in Stück	15	10	25	11	19	17	16	15

Paul: „Ja klar, das mache ich gern."

Situation 4: Bausatz für eine Kinderschaukel

→ B 10.6 GLOBE möchte einem Kinderheim eine Schaukel spenden. Herr Werner hat den Auftrag, den Aufbau zu organisieren. Die Schaukel soll aus Kanthölzern gebaut werden mit einer Höhe von 230 cm. Die Schaukelstange soll auf Standbalken aufliegen, die ein umgekehrtes V darstellen. Der Abstand zwischen den Enden der Standbalken soll ebenfalls 230 cm betragen. Herr Werner wendet sich an Paul: „Wie lang müssen die Standbalken sein? Müssen die nicht wegen der Schrägstellung länger als 230 cm sein? Gibt es da nicht einen Satz von Pythagoras?"
Paul verdeutlicht sich zunächst mit einer Skizze den Sachverhalt: „Ja, den braucht man, um die Länge der Standbalken zu berechnen."

Situation 5: Neue Entlohnungsformen

→ B 10.6 In der Firma GLOBE werden neue Entlohnungsformen diskutiert. Die Mitarbeiter sollen mehr an den Umsätzen beteiligt werden. Herr Werner erläutert Paul die möglichen Alternativen: „Die Geschäftsleitung hat mir zwei Modelle vorgeschlagen.
Modell A: Fixgehalt in Höhe von 1 000,00 € monatlich und 5 % Umsatzbeteiligung.
Modell B: Umsatzbeteiligung in Höhe von 10 % ohne Fixgehalt.
Ich weiß nicht, was ich davon halten soll."
Paul: „Na, das ist doch nicht schwierig. Man kann doch ausrechnen, wie hoch der Umsatz sein muss, damit sich das Modell B lohnt."

Situation 6: Abschreibung

→ B 10.6 Die Gesellschafterversammlung für den Tankstellenbetrieb steht bevor. Auf ihr soll der Neubau einer Hausmeisterwohnung besprochen werden. Herr Köster wendet sich an Miriam: „Hinsichtlich der steuerlichen Absetzbarkeit interessiert mich die Abschreibung der Wohnung. Für Neubauten gilt generell die lineare Abschreibung, d. h. 50 Jahre lang jeweils zwei Prozent der Herstellungskosten. Miriam, können Sie mir für die ersten zehn Jahre eine grafische und tabellarische Darstellung machen?"
Miriam: „Das ist ja ganz einfach, der Architekt hat uns Herstellungskosten in Höhe von 125 000,00 € genannt. In Verbindung mit der jährlichen Abschreibung kann ich dann die Werte ausrechnen und eine Gerade im Koordinatensystem zeichnen."

Situation 7: Günstige Autovermietung*

→ B 10.6 Die Abteilungsleiterin der Lebensmittelabteilung Frau Feldmeyer kommt auf Alexa zu: „Alexa, ich suche nach einer günstigen Autovermietung für den nächsten Samstag. Für unseren Lieferservice habe ich zwei Angebote für einen Lieferwagen eingeholt. Schnelli bietet einen Wagen für 100,00 € am Tag bei einem Kilometerpreis von 50 Cent an.
Eurox nimmt 200,00 € am Tag und pro km 20 Cent."
Miriam: „Ich habe hier noch ein Angebot: Mietpreis pro Stunde 20,00 € und Kilometerpreis 30 Cent."
Alexa: „Aber wie sollen wir das vergleichen?"
Miriam: „Frau Feldmeyer, wie viele Stunden wäre der Wagen denn voraussichtlich im Einsatz?"
Frau Feldmeyer: „Sie können mit sechs Stunden kalkulieren."
Alexa: „Gut, dann wollen wir das mal durchrechnen."

Situation 8: Strompreise

→ B 10.6

Dem Geschäftsführer des Kaufhauses GLOBE bereiten die hohen Stromkosten große Kopfschmerzen. Die aufwendige Beleuchtung, die Kühlungen im Lebensmittelbereich sowie die Klimaanlage für das komplette Gebäude benötigen viel Strom. Für das nächste Jahr wird der Stromverbrauch bei 480000 KWh liegen. Zwei Angebote wurden eingeholt. Herr Köster bittet Paul, sie auszuwerten.
Festpreis-Angebot: Der monatliche Bereitstellungspreis beträgt 2000,00 €; der Preis pro KWh 0,12 €.
Flexpreis-Angebot: 3000,00 € Bereitstellungspreis; aktuell 0,11 € pro KWh. Es besteht das Risiko, dass in sechs Monaten der Preis pro KWh um 10 % angehoben wird.

Situation 9: Telefonkosten*

→ B 10.6

Auch beim Telefonvertrag möchte Herr Köster die Kosten minimieren. Herr Köster: „Paul, ich bin ganz begeistert von Ihrer Aufstellung über die Stromanbieter. Ich habe unseren Telefonvertrag kontrolliert und möchte Sie bitten, auch darüber eine Gegenüberstellung zu machen. Hier sind die Angebote der Telefonanbieter für unsere Telefonanlage mit 40 Amtsleitungen:
Voce: monatlicher Grundbetrag 290,00 €, Preis pro Einheit 2 Cent.
Teko: monatlicher Grundbetrag 200,00 €, Preis pro Einheit 5 Cent."
Paul: Ich habe da kürzlich von einer „all in one Flat" von Basis gehört. Die soll 489,00 € kosten. Die nehme ich dann mit in den Vergleich auf".

Situation 10: Reinigungskosten

→ B 10.6

Frau Feldmeyer beklagt sich, dass die Reinigungsfirma die Preise drastisch erhöhen will. Deshalb hat sie mehrere Angebote eingeholt und bittet Alexa, ihr für die nächste Abteilungsleiterbesprechung eine übersichtliche Auswertung zu erstellen.
Alexa vergleicht folgende Angebote:
Firma Blinki: Komplettangebot zum Tagespreis von 400,00 €,
Firma Prompt: Abrechnung zum Stundensatz von 25,00 € pro Reinigungskraft für ein Team von drei Personen.

Situation 11: Reifenqualität

→ B 10.6

In der Fahrradabteilung wird über die Sortimentsgestaltung diskutiert. Herr Seelmann: „Unser Reifenlieferant bietet Mountainbike-Reifen in zwei Qualitäten an. Die Verkaufspreise liegen für den Standardreifen bei 29,50 €, für den Premiumreifen bei 49,90 €. Die Einkaufspreise betragen 18,10 € und 30,60 €. Erfahrungsgemäß entscheidet sich nur etwa 1/3 der Kunden für den teureren Reifen. Alexa, ich bitte Sie, herauszufinden, bei welchem Reifentyp wir mit einem höheren (absoluten) Gewinn rechnen können."

Situation 12: Am Wochenende*

➔ B 9.6 Cem und Paul genießen gerade ihre Mittagspause in der Personalkantine.

Paul: „Hey, Cem, hast du nicht Lust, in unserem Fan-Club BV09 mitzumachen?“ Cem: „Ich weiß nicht, ob ich mir das leisten kann.“ Paul: „Ist nicht so teuer. Der Mitgliedsbeitrag ist 40,00 € im Monat. Das ist für Busfahrten, Fan-Zeitung usw. Dann kannst du auswählen, wo du im Stadion sitzen willst. Wir haben drei Preisklassen: 15,00 €, 25,00 € und 40,00 € pro Spiel. Jeden Monat gehen wir zu 4 Spielen.“ Cem: „Klingt cool.“ Er überlegt: Mein Job bringt im Monat 440,00 €. Für das Auto zahle ich monatlich 180,00 €, meine Mutter bekommt von mir 80,00 € Haushaltsgeld. Für das, was man sonst noch benötigt, muss ich 60,00 € einrechnen. Cem: „Ist klar, ich mach mit! Welche Preisklasse ich nehme, muss ich mir noch überlegen.“

Situation 13: Ein Kunde beschwert sich*

➔ B 9.6 Es gibt Ärger in der Lebensmittelabteilung. Cem hat das Telefongespräch angenommen, in dem sich der Inhaber einer Konditorei über eine Preiserhöhung beschwerte. Cem berichtet Frau Feldmeyer von dem Gespräch: „Der Konditor sagte, er habe heute 25,80 € für 17 Ananas und 18 Bananen bezahlt. Beim letzten Mal waren es 21,30 € für 12 Ananas und 23 Bananen.“
Frau Feldmeyer: „Cem, wir haben die Preise nicht erhöht. Rufen Sie den Konditor an und rechnen Sie ihm die Einzelpreise vor.“

Situation 14: Diesel oder Benziner

➔ B 10.6 Bei GLOBE steht die Beschaffung eines neuen Geschäftswagens an. Herr Köster: „Paul, es geht hier nur noch um die Frage Dieselmotor oder Benzinmotor. Ich habe hier eine Grafik, die schon ein paar Jahre alt ist. Aus ihr kann man ersehen, bei welcher Kilometerleistung pro Jahr ein Diesel oder ein Benziner günstiger ist.

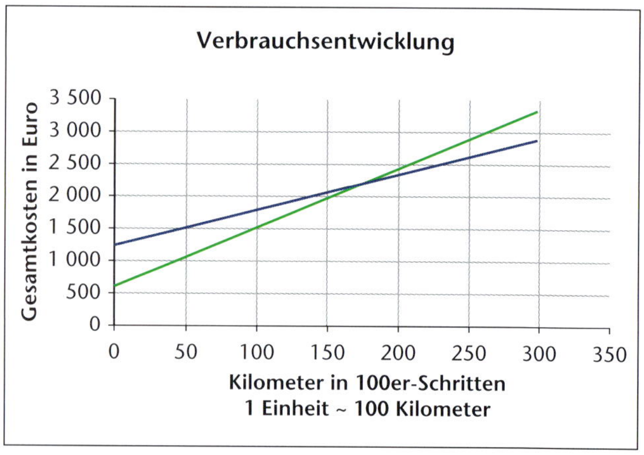

Prüfen Sie bitte anhand der aktuellen Zahlen, ob die Aussage der Grafik noch richtig ist und erstellen Sie mir eine neue, die ich für die Gesellschafterversammlung benötige.“

Paul ermittelt folgende Daten:
- Benzinmotor: Normverbrauch 7 Liter/100 km
- Dieselmotor: Normverbrauch 5 Liter/100 km
- Benzinpreis: 1,70 € pro Liter
- Dieselpreis: 1,50 € pro Liter
- Steuer und Versicherung:
  - Benziner: 510,00 €
  - Diesel: 1050,00 €

Situation 15: Handy-Tarife*

→ B 10.6

Cem und Paul treffen sich in der Abteilung Medientechnik. Paul: „Hi Cem, na, auch auf der Suche?" Cem: „Ja, guck mal, das Handy in der Vitrine dort finde ich toll." Paul: „Das neue XLM, ja, das hätte ich auch gerne, aber mein Vertrag läuft noch ein Jahr." Cem: „Ja, bei den Verträgen schaue ich auch gerade. Ich hab mir schon ein paar Angebote angesehen, weiß aber noch nicht so recht, für welches ich mich entscheiden soll. Es werden zwei Tarife angeboten. Bei dem einen Tarif kostet jede Einheit 49 Cent. Bei dem anderen Tarif wird eine Grundgebühr von 9,99 € pro Monat verlangt. Dafür kostet eine Einheit nur 29 Cent. Was meinst du, welchen Tarif soll ich nehmen?"

Situation 16: Badeanzug im Meerjungfrauendesign

→ B 11.6

In der Sportabteilung soll nach dem ‚Shop in the Shop' Prinzip ein spezieller Badeanzug im Meerjungfrauendesign angeboten werden. Es handelt sich dabei um ein Kinderkostüm mit Schwimmflosse, das individuell nach Beinlänge und Hüftumfang angepasst wird.
Aktuell einzige Anbieterin eines solchen Badeanzugs ist ein kleines Unternehmen in Australien. Das Kaufhaus konnte einen exklusiven Vermarktungsvertrag abschließen.
In diesem monopolistischen Markt wird von einem Höchstpreis von 147,00 € ausgegangen. Die monatliche Sättigungsmenge wird Marktforschungen zufolge bei 50 Stück liegen. Der Einkaufspreis pro Badeanzug beläuft sich auf 40,00 €. Als monatliche Fixkosten sind 300,00 € zu veranschlagen.
Alexa wird gebeten, die wirtschaftliche Situation für den Geschäftsführer detailliert aufzuschlüsseln. Eine entscheidende Frage ist neben einer grafischen Darstellung auch, mit welchem Preis der höchste Gewinn zu erzielen ist.

Situation 17: Aktionstage im GLOBE – Kinderschminken

→ B 11.6

Das GLOBE-Kaufhaus veranstaltet eine Event-Woche. Eine besondere Attraktion ist das Kinderschminken, das in der näheren Umgebung noch nie angeboten wurde. Für diese Veranstaltung wurde Frau Shal, eine erfahrene Kosmetikerin, gewonnen. Frau Shal überlegt, welchen Preis sie ansetzen soll. Aufgrund ihrer Erfahrung in anderen Städten weiß sie, dass sich bei einem Preis von 5,00 € bis zu 100 Kinder am Tag schminken lassen. Bei einem Preis von 9,00 € sind es nur noch 50 Kinder pro Tag.
Die Fixkosten pro Woche belaufen sich auf 250,00 €. Frau Shal arbeitet fünf Tage in der Woche. Die Materialkosten pro Schminkvorgang sind mit 1,00 € abgegolten.

Welche Preisstrategie sollte Frau Shal verfolgen? Zu bedenken ist dabei, dass die Schminkaktion in der Zeit von 13.00 bis 19:00 Uhr stattfindet und Frau Shal fünf Minuten braucht, um ein Kind zu schminken.

Situation 18: Aktionstage im GLOBE – Eventfrisuren

→ B 11.6 Als weitere Attraktion der fünf Aktionstage konnte GLOBE eine Spezialistin für Eventfrisuren gewinnen. In einer Besprechung, an der auch Miriam und Alexa teilnehmen, dreht sich die Diskussion um die Preisgestaltung. Frau Spiro, die Haarstylistin, erläutert: „Im letzten Jahr habe ich zuerst 39,00 € pro Styling genommen und 60 Kundinnen gehabt. Dann habe ich die Preise angehoben auf 69,00 €. Dann kamen nur noch 20 Kundinnen. Das war dann auch nicht mehr so toll. Ich muss bei der Preisgestaltung berücksichtigen, dass ich pro Tag 90,00 € fixe Kosten habe. Die Kosten pro Kundin belaufen sich auf 4,00 €. Da die Kundinnen morgens noch nicht an Eventfrisuren denken, kann ich nur nachmittags arbeiten. So kann ich pro Tag maximal 14 Kundinnen frisieren. Miriam und Alexa, macht euch doch mal Gedanken über die Preisgestaltung."

Situation 19: Sortimentserweiterung in der Sportabteilung*

→ B 11.6 In der Sportabteilung spricht der Vertreter einer Firma vor, die Nahrungsergänzungsmittel zum besseren Muskelaufbau herstellt. Nach seiner Aussage ist die Nachfrage bei den jungen Leuten sehr groß. Er bietet GLOBE den Alleinvertrieb an. Herr Werner stellt einige Fragen zum Produkt sowie zur Preisgestaltung. Der Vertreter erklärt: „Wir haben in anderen Städten in diversen Kaufhäusern unsere Erfahrungen gesammelt. Bei einem Preis von 26,00 € wurde keine Dose verkauft. Bei 24,00 € pro Dose gab es einen Verkauf pro Woche. Bei einem Preis von 22,00 € waren es zwei Verkäufe. Bei 18,00 € wurden 4 Dosen verkauft. Die Dose stelle ich Ihnen für 2,00 € ins Regal. Die Kosten für Beratung, Werbung usw. liegen bei 25,00 € pro Woche."

Paul und Cem sind einer Meinung: „Das Produkt wird ein Renner!" Herr Werner: „Ja, das glaube ich auch. Aber zu welchem Preis sollten wir es anbieten?"

Situation 20: Outdoorbekleidung

→ B 11.6

Herr Köster und Herr Werner überlegen, ob sie das Sortiment der Sportabteilung um Outdoorbekleidung der schwedischen Firma Södervik erweitern sollen. Nach Auskünften von Marktexperten verkauft sie sich sehr gut. Aus den vorliegenden Verkaufszahlen in anderen Städten ergibt sich folgende Preisabsatzfunktion (pro Monat):

$p(x) = -2x + 240$

Auf der Kostenseite stehen variable Produktions- und Versandkosten in Höhe von 25,00 € pro Stück. Die wöchentlichen Fixkosten sind mit 500,00 € anzusetzen.

Herr Köster: „Kollege Werner, was halten Sie von dem Angebot. Lohnt sich die Erweiterung?“ Herr Werner: „Alexa soll es mal durchrechnen.“

Teil B:

Orientieren, Informieren, Üben

Algebraische Grundlagen

B

Für fast alle Rechnungen benötigt man die vier Grundrechenarten: Addieren, Subtrahieren, Multiplizieren und Dividieren.

1 Grundrechenarten Addition, Subtraktion, Multiplikation und Division

1.1 Addition

Addieren bedeutet **zusammenzählen**. Das zum Addieren gehörige Rechenzeichen ist das Pluszeichen: „+“. Die einzelnen Werte, die addiert werden, heißen **Summanden**. Das Ergebnis der Addition nennt man **Summe**.

Summand + Summand = Summe

Rechenfehler lassen sich vermeiden, wenn man beim schriftlichen Addieren darauf achtet, dass gleiche Stellenwerte möglichst genau in Spalten untereinander geschrieben werden. Das bedeutet, dass man Einer unter Einer, Zehner unter Zehner, Hunderter unter Hunderter, Komma unter Komma usw. schreibt.

	Tausender	Hunderter	Zehner	Einer	Komma	Zehntel	Hundertstel
	2	7	1	8	,	3	8
+			3	7	,	5	9
+		8	2	5	,	4	4
Ergebnis							

Man beginnt zunächst die Spalte ganz rechts zu addieren, also 4 + 9 + 8 = 21. In die Zeile darunter kommt das Ergebnis. Ist das Ergebnis größer als 9, wird die Zehnerziffer in die nächste Spalte übertragen. In dem Beispiel oben schreibt man in die Ergebniszeile die 1 und als Übertrag eine 2 zur Zehntelspalte.

	Tausender	Hunderter	Zehner	Einer	Komma	Zehntel	Hundertstel
	2	7	1	8	,	3	8
+			3	7	,	5	9
+		8	2	5	,	4	4
Übertrag					,	2	
Ergebnis					,		1

Nun nimmt man sich die Spalte links daneben vor und zählt ebenfalls die Werte der Spalte sowie den Übertrag zusammen: 2 + 4 + 5 + 3 = 14. Die 4 kommt in die Ergebniszeile, die 1 als Übertrag zur Einerspalte. So geht man auch mit allen weiteren Spalten vor. Man beginnt mit der Spalte ganz rechts und endet bei der Spalte ganz links.

	Tausender	Hunderter	Zehner	Einer	Komma	Zehntel	Hundertstel
	2	7	1	8	,	3	8
+			3	7	,	5	9
+		8	2	5	,	4	4
Übertrag	**1**		**2**	**1**	,	**2**	
Ergebnis	**3**	**5**	**8**	**1**	,	**4**	**1**

Das Ergebnis lautet: 3 581,41.

Beispiel:
Peter jobbt in einer Tankstelle. Sein Chef hat ihn beauftragt, die Kassenstreifen zu addieren.
Peter: „Oje, da habe ich ja ganz schön viel zu tun: 67,49 €, 87,95 €, 102,31 €, 13,45 €, 34,78 €, 105,96 €. Hoffentlich verrechne ich mich nicht! Ich nehme erst einmal einen Block zur Hand …“

67,49 + 87,95 + 102,31 + 13,45 + 34,78 + 105,96	Peter schreibt zunächst alle Werte untereinander. Er achtet darauf, dass die Zehner, Hunderter usw. genau in einer Spalte untereinander stehen. Dann zieht er unter die Werte einen Strich und kann mit der Addition beginnen.

TIPPS

Man zählt zuerst die Ziffern zusammen, die volle 10 ergeben! Z. B. bei den Hundertsteln: 9 + 1 ; 5 + 5 ; verbleiben

8 + 6 = 14. Insgesamt ergibt sich also: 10 + 10 + 14 = 34.

67,49 + 87,95 + 102,31 + 13,45 + 34,78 + 105,96 2 3 3 3 411,94	Peter beginnt zunächst mit der Spalte ganz rechts und arbeitet sich dann weiter nach links vor. Die Summe der Kassenstreifen beträgt 411,94 €.

Rechenerleichterungen durch Umstellen oder Zerlegen von Summanden

Wenn man mehrere Zahlen schriftlich oder im Kopf addiert, kann man sich die Rechnung erleichtern, indem man die Reihenfolge der Summanden geschickt vertauscht. Beispiel: 52,50 + 33,20 + 16,50 = 52,50 + 16,50 + 33,20 = 69,00 + 33,20 = 102,20.
Man kann die einzelnen Summanden auch zerlegen:
50,00 + 10,00 + 30,00 + 2,00 + 6,00 + 3,00 + 0,50 + 0,50 + 0,20 =
90,00 + 11,00 + 1,20 = 102,20
Letzteres eignet sich besonders beim Überschlagen des Ergebnisses im Kopf!

Überschlagen von Ergebnissen

Oft möchte man beim Einkaufen vor dem Bezahlen ein ungefähres Ergebnis haben. Dann wird eine Überschlagsrechnung durchgeführt. Die Zahlen werden so gerundet, dass man leicht im Kopf rechnen kann.

Beispiel:
15,99 € + 39,90 € + 17,10 € ≈
16,00 € + 40,00 € + 17,00 € = 73,00 €.
Das hätte auch Peters Chef im Beispiel oben zur Überprüfung des Ergebnisses machen können:
67,49 € + 87,95 € + 102,31 € + 13,45 € + 34,78 € + 105,96 €
≈ 67,00 € + 88,00 € + 102,00 € + 13,00 € + 35,00 € + 106,00 € = 411,00 €
Hier wurde jeweils auf volle Euro gerundet. Hinweise zum Runden findest du im Abschnitt 1.1.5.

1.2 Subtraktion

Subtrahieren bedeutet **abziehen**. Das zum Subtrahieren gehörige Rechenzeichen ist das Minuszeichen: „–“. Das Ergebnis der Subtraktion nennt man **Differenz.**

Minuend – Subtrahend = Differenz

Subtraktion von zwei Werten

Auch beim Subtrahieren schreibt man wieder Hunderter, Zehner, Einer usw. in Spalten genau unter einander auf und geht von rechts nach links vor. Falls die Ziffer der Zahl, von der abgezogen wird, kleiner ist als die Ziffer der Zahl, die abgezogen wird, so muss diese Ziffer zur nächsten Zehnereinheit ergänzt werden. Die ergänzten Zehner werden als Übertrag in die Spalte links daneben übertragen.

139,17 – 48,21	Hunderter, Zehner, Einer, Komma, Zehntel und Hundertstel stehen genau untereinander.
139,17 – 48,21 6	Von 1 bis 7 fehlen 6.
139,17 – 48,21 1 96	Da 1 kleiner als 2 ist, wird 1 zur nächsten Zehnereinheit ergänzt, also zu 11. Von 2 bis 11 fehlen 9. Die ergänzte Zehnereinheit wird in die linke Spalte daneben übertragen.
139,17 – 48,21 1 1 90,96	Bei den folgenden Spalten geht man genauso vor.

Subtraktion von mehreren Werten

Wenn mehrere Werte zu subtrahieren sind, ist es am einfachsten, alle Beträge, die abgezogen werden sollen, zunächst zu addieren. Das Ergebnis kann dann subtrahiert werden.

289,36 – 11,42 – 49,50 – 61,11	Alle drei Werte, die subtrahiert werden sollen, werden zunächst addiert: 11,42 + 49,50 + 61,11 1 1 1 122,03
289,36 – 122,03 167,33	Anschließend zieht man das Ergebnis der Addition von 289,36 ab.

Beispiel:

Ann-Katrin bekommt im Monat 60,00 € Taschengeld von ihren Eltern, beim Zeitungen austragen verdient sie sich noch 80,00 € monatlich dazu. Gegen Ende des Monats checkt sie ihre Finanzen: „Silvia, ich weiß nicht, ob ich heute mit ins Kino komme. Das kostet ja auch wieder 7,00 € Eintritt und wenn man dann noch etwas trinkt …“ Silvia: „Ich dachte, du verdienst dir etwas beim Zeitungen austragen dazu?“ Ann-Katrin: „Ja, schon, aber in diesem Monat habe ich schon so viel ausgegeben: Eine neue Jeans für 49,99 €, der Diskoabend letzte Woche hat mich auch 15,00 € gekostet und dann waren wir doch auch letztens Pizza essen, wieder 17,50 €. Und mein Handy habe ich auch wieder für 50,00 € aufgeladen. Ich weiß nicht, ob ich noch genug Geld übrig habe.“

49,99 + 15,00 + 17,50 + 50,00 1 2 1 132,49	Zunächst werden alle Ausgaben addiert.
140,00 – 132,49 1 1 1 7,51	Nun werden die Ausgaben von Ann-Katrins Einnahmen, nämlich 60,00 € + 80,00 € = 140,00 €, abgezogen. Ann-Katrin hätte zwar noch Geld für den Eintritt ins Kino, Getränke und Popcorn kann sie sich aber nicht mehr erlauben.

1.3 Multiplikation

Multiplizieren steht für **malnehmen**. Das zum Multiplizieren gehörige Rechenzeichen ist das Malzeichen: „·“. Die Beträge, die man miteinander multipliziert, sind die **Faktoren**. Das Ergebnis der Multiplikation wird **Produkt** genannt.

Faktor · Faktor = Produkt

Multiplikation von ganzen Zahlen

Beim Multiplizieren geht man wie folgt vor:

347 · 62 20820	Der zweite Faktor setzt sich aus 6 Zehnern und zwei Einern zusammen. Zunächst werden die Zehner nacheinander mit allen Stellen des ersten Faktors von rechts nach links multipliziert. Ist das Ergebnis der Multiplikation mit einer Ziffer größer als 9, werden nur die Einer aufgeschrieben. Die Zehner werden als Übertrag zu den Einern der Multiplikation mit der nächsten Stelle addiert. Hier ergibt sich also: 6 · 7 = 42, d.h. die 2 hinschreiben und die 4 merken. Nächste Ziffer: 6 · 4 = 24, hinzu kommt der Übertrag 24 + 4 = 28, d.h. die 8 hinschreiben und die 2 merken. Schließlich 6 · 3 = 18, 18 + 2 = **20.**
347 · 62 20820 694	Genauso geht man bei der zweiten und jeder weiteren Stelle des zweiten Faktors vor.
347 · 62 20820 + 694 11 21514	Wurden allen Stellen des zweiten Faktors mit dem ersten Faktor multipliziert, so addiert man die Ergebnisse wie im Abschnitt „Addition“ erklärt wurde.

TIPPS

- **Tipp für das schriftliche Multiplizieren:** Wähle beim schriftlichen Multiplizieren zweier Zahlen die Zahl als zweiten Faktor, bei der gleiche Ziffern vorkommen, die weniger Stellen als die andere hat oder bei der Nullen als Ziffern auftreten.
- **Tipp für das Multiplizieren mit mehreren Faktoren**: Wenn du mehrere Faktoren multiplizierst, kannst du dir das Rechnen erleichtern, indem du die Faktoren geschickt vertauschst.

  Beispiel: 2 · 27 · 50 = 2 · 50 · 27 = 100 · 27 = 2700
- **Tipps zum Kopfrechnen**: Durch Zerlegen kannst du die Multiplikation vereinfachen.

  Beispiel: 26 · 7 = 20 · 7 + 6 · 7 = 140 + 42 = 182

  Bei größeren Zahlen ist es oftmals sinnvoll, das Ergebnis zu überschlagen. Dazu rundest du die Faktoren.

  Beispiel: 412 · 38 = 15656 Überschlagen: 400 · 40 = 16000

Multiplikation von Dezimalzahlen

Werden Zahlen miteinander multipliziert, die ein Komma enthalten, so ist darauf zu achten, dass die Lösung genauso viele Nachkommastellen besitzt wie die beiden Faktoren zusammen:

```
45,19 · 11,765
  45190
   4519
   31633
    27114
     22595
    112111
 531,66035
```

Das Ergebnis muss also 5 Stellen hinter dem Komma besitzen, weil der erste Faktor 2 und der zweite Faktor 3 Nachkommastellen besitzt: 2 + 3 = 5.

Hinweis: Die Zahl 27,950140 besitzt 5 Stellen hinter dem Komma. Die letzte Null zählt nicht, da man beliebig viele Nullen an das Ende der Dezimalstellen einer Zahl hängen kann, z.B. 5,120000 = 5,12.

Beispiel:

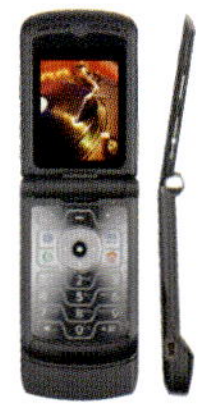

Nora bezahlt bei ihrem Handyanbieter monatlich eine Grundgebühr von 23,50 €. Tina hat ihr erzählt, dass sie im Jahr 208,80 € für die Handygrundgebühr ausgibt. Nun ist Nora neugierig, wie viel sie im Jahr für die Grundgebühr bezahlt.

Richtig: 23,50 · 12 23500 4700 1 282,00 Falsch: 23,50 · 12 23500 47000 705,00	Statt die Grundgebühr zwölfmal zu addieren, also 23,50 € + 23,50 € + … zu rechnen, kann man eine Multiplikation durchführen: 23,50 · 12. Der zweite Faktor setzt sich zusammen aus 1 Zehner und 2 Einern. Zunächst multipliziert man die 10 von rechts nach links mit allen Stellen des ersten Faktors, dann das gleiche bei der 2. Die Ergebnisse werden addiert. Wichtig ist, dass man darauf achtet, dass die Stellen, die zusammengehören, immer genau untereinander stehen. So kann man Rechenfehler, wie links am Beispiel gezeigt, vermeiden. Am Schluss muss noch das Komma an die richtige Stelle gesetzt werden.

1.4 Division

Dividieren bedeutet **teilen**. Das zum Dividieren gehörige Rechenzeichen ist das Geteiltzeichen: „:“. Die zu teilende Zahl heißt **Dividend**, den Teiler bezeichnet man als **Divisor**. Das Ergebnis der Division heißt **Quotient**.

Dividend : Divisor = Quotient

Beim Dividieren wird berechnet, wie oft der Divisor im Dividenden steckt. 44 : 11 = 4, denn 4 · 11 = 44.

354 : 24 = 1 24 114	Man geht schrittweise vor und überlegt sich zunächst folgendes: Wie oft steckt der Teiler in den ersten Stellen des Dividenden? 24 steckt 1mal in 35. Das Ergebnis, in diesem Fall eine 1, schreibt man hinter das Gleichheitszeichen. Diese Zahl multipliziert man nun mit dem Teiler, also 1 mit 24. Das Ergebnis wird unter die ersten Stellen des Dividenden, hier also unter die 35, geschrieben und anschließend von der 35 abgezogen. Zum erhaltenen Ergebnis schreibt man die nächste Ziffer des Dividenden dazu. Falls keine Ziffern des Dividenden mehr vorhanden sind, setzt man beliebig viele Nullen als weitere Ziffern ein. Wichtig: Hinter das bisherige Ergebnis setzt man jetzt ein Komma.

354 : 24 = 14,75 – 24 114 – 96 180 – 168 120 – 120 0	Man geht auch im Weiteren so vor, wie oben beschrieben, bis die Division aufgeht.

TIPPS

Mache die Probe, indem du das Ergebnis mit dem Divisor multiplizierst. Wenn du richtig gerechnet hast, musst du den Dividenden erhalten.

Manchmal ist eine Überschlagsrechnung sinnvoll. Runde dazu zunächst auf Zahlen, die man leicht dividieren kann.

Beispiel: 7 296 : 19 = 384 Überschlagen: 7 300 : 20 = 365

Geht die Division nicht auf, muss diese ggf. bei mehreren Stellen hinter dem Komma abgebrochen und gerundet werden (Informationen zum Runden siehe im Abschnitt 1.5):

178 : 13 = 13,6923… ≈ 13,69
–13
48
–39
90
–78
120
–117
30
–26
40
–39
1 usw.

Beispiel:
Nachdem Tina nun erfahren hat, wie viel Euro Nora im Jahr für die Handygrundgebühr ausgibt, möchte Nora wissen, wie hoch Tinas monatliche Grundgebühr ist.

208,80 : 12 = 1 12 8	12 passt einmal in 20. Die Differenz von 20 und 12 beträgt 8. Zur 8 holt man die nächste Stelle des Dividenden herunter, also die 8.
208,80 : 12 = 17 12 88 84 48	Nun muss man berechnen, wie oft 12 in 88 steckt, nämlich 7mal. 7 · 12 = 84. Die Differenz zwischen 88 und 84 beträgt 4. Nun kommt zur 4 die nächste Stelle des Dividenden, nämlich die 8, dazu.

208,80 : 12 = 17,4 12 88 84 48 48 0	Nicht vergessen! In das Ergebnis muss nun ein Komma eingetragen werden, weil man beim Herunterholen der nächsten Ziffer, der 8, das Komma überschritten hat. 12 steckt 4mal in 48. Die Differenz zwischen 48 und 48 ist 0. Die Division ist damit beendet. Noras monatliche Grundgebühr beträgt also 17,40 €.

1.5 Runden von Zahlen

Runden von ganzen Zahlen

Häufig ist die genaue Angabe einer Zahl nicht notwendig oder auch nicht sinnvoll, wie z. B. bei Bevölkerungszahlen. Dann wird auf Tausender, Hunderter, Zehner, Einer, Zehntel oder Hundertstel usw. gerundet. Man richtet sich jeweils nach der nächstfolgenden Ziffer. Bei einer **0, 1, 2, 3** oder **4** wird **abgerundet**, bei einer **5, 6, 7, 8,** oder **9** wird **aufgerundet.**

Abrunden	Unter **Abrunden** versteht man, dass die Stellen hinter der zu rundenden Stelle durch Nullen ersetzt werden.

Beispiel:
Die Einwohnerzahl einer Stadt soll in Tausendern angegeben werden. Die genaue Anzahl ist 14124. Dazu schaut man sich die Stelle rechts neben dem Tausender an, hier eine 1. Also wird abgerundet.

Lösung	Die Stadt hat rund 14000 Einwohner.
Aufrunden	Unter **Aufrunden** versteht man, dass zu der zu rundenden Stelle eine 1 addiert wird. Die Stellen hinter der zu rundenden Stelle werden durch Nullen ersetzt.

Beispiel:
Die genaue Einwohnerzahl der Stadt ist 14945.
Dazu die Stelle rechts neben dem Tausender ist jetzt eine 9. Also wird aufgerundet. Hier wird also aus der 4 eine 5, aus den Ziffern rechts daneben werden Nullen.

Lösung	Die Stadt hat rund 15000 Einwohner.

Runden von Dezimalzahlen

Oftmals ist es auch sinnvoll, Ergebnisse, die viele Nachkommastellen besitzen, zu runden, um diese leichter lesbar zu machen. Manchmal bekommt man auch Ergebnisse, bei denen die Stellen hinter dem Komma nie aufhören.
Man entscheidet sich zunächst, auf welche Stelle man runden will. Die Stelle rechts neben der zu rundenden Stelle ist entscheidend. Ist diese **0, 1, 2, 3** oder **4**, so wird **abgerundet**, ist diese eine **5, 6, 7, 8,** oder **9**, so wird **aufgerundet**.

Abrunden	Unter **Abrunden** versteht man, dass die Stellen hinter der zu rundenden Stelle weggelassen werden.
Beispiel: 14,12478 soll auf die zweite Stelle hinter dem Komma gerundet werden.	Dazu schaut man sich die dritte Stelle hinter dem Komma an: eine 4. Also wird abgerundet.

$14{,}12478 \approx 14{,}12.$	Statt des Gleichheitszeichens „=“ schreibt man ein Rundungszeichen „ ≈ “.

Aufrunden	Unter **Aufrunden** versteht man, dass zu der zu rundenden Stelle eine 1 addiert wird. Die Stellen hinter der zu rundenden Stelle werden weggelassen.
Beispiel: 14,12478 soll auf die dritte Stelle hinter dem Komma gerundet werden.	Dazu schaut man sich die vierte Stelle hinter dem Komma an: eine 7. Also wird aufgerundet.
$14{,}12478 \approx 14{,}125.$	Statt des Gleichheitszeichens „=“ schreibt man ein Rundungszeichen „ ≈ “.

1.6 Punkt-vor-Strich-Regel und Klammerregel

Normalerweise ist bei der Berechnung des Wertes eines Terms (ein Term ist ein Rechenausdruck.) die Reihenfolge beliebig, sofern es sich um Terme handelt, in denen nur + und – benutzt werden. Es gibt aber auch Ausnahmen. Sofern in einem Term verschiedene Rechenarten gemischt sind und Klammern vorkommen, sind folgende Regeln zu beachten:

Punkt-vor-Strich-Regel: Punktrechnung (· und :) geht vor Strichrechnung (+ und –)

Beispiel:

$6 + 5 \cdot 2 - 1 = 6 + 10 - 1 = 15$

Klammerregel: Das, was in Klammern steht, wird zuerst berechnet.

Beispiel:

$24 - (3 + 2) \cdot 4 = 24 - 5 \cdot 4 = 24 - 20 = 4$

Existieren mehrere Klammern, wird zunächst die innere, dann die äußere Klammer berechnet. Beispiel: $(6 \cdot (11 - 3)) - 18 = (6 \cdot 8) - 18 = 48 - 18 = 30$

Je nachdem, wie die Klammern in einem Term gesetzt sind, können ganz unterschiedliche Ergebnisse herauskommen:

$33 + 17 - 9 \cdot 3 + 2 \cdot 5 - 8 : 2 \quad = 50 - 27 + 10 - 4 = 29$

$33 + (17 - 9) \cdot (3 + 2) \cdot 5 - 8 : 2 \quad = 33 + 8 \cdot 5 \cdot 5 - 4 = 33 + 200 - 4 = 229$

$33 + (17 - 9) \cdot (3 + 2 \cdot (5 - 8) : 2) \quad = 33 + 8 \cdot (3 + 2 \cdot (-3) : 2) = 33 + 8 \cdot (3 - 6 : 2)$

$= 33 + 8 \cdot (3 - 3) = 33 + 8 \cdot 0 = 33$

So geht man vor:

$6 \quad 3 + (17 - 2 \cdot 8) + 19 : 2 - (6 + 5)$	Berechne zunächst immer die Klammern.
$= 6 - 3 + (17 - 16) + 19 : 2 - 11$ $= 6 - 3 + 1 + 19 : 2 - 11$	Achte darauf, dass du innerhalb der Klammern immer zuerst die Punktrechnungen ausführst. Dann sind die Strichrechnungen in den Klammern an der Reihe.
$= 6 - 3 + 1 + 9{,}5 - 11$ $= 2{,}5$	Sind alle Klammern ausgerechnet, werden anschließend erst alle verbleibenden Punktrechnungen, danach die übrigen Strichrechnungen vorgenommen.

Beispiel:

Tatjana möchte in ungefähr einem Jahr ihren Führerschein machen. Sie rechnet damit, dass der Führerschein 1000,00 € kostet. Tatjana unterhält sich darüber mit ihrer Freundin Ramona: „Ich bekomme monatlich 50,00 € Taschengeld von meinen Eltern. Wenn ich das Taschengeld spare und zusätzlich noch jeden Monat 25,00 € von dem Geld, das ich beim Kellnern verdiene, zurücklege, müsste ich es doch sicher schaffen, oder? … Meine Oma will mir 100,00 € dazugeben. Das rechne ich mal eben durch."

$$25 + 50 \cdot 12 + 100 = 25 + 600 + 100 = 725$$

Tatjana: „Super! Da kann ich ja noch ewig sparen! Das klappt leider nicht. Es dauert noch 18 Monate bis ich das Geld zusammen habe." Ramona: „Zeig 'mal her, was du gerechnet hast. Das kann ja nicht stimmen. Aha, du hättest eine Klammer setzen müssen. Da liegt der Fehler. Du legst monatlich 25 + 50 = 75,00 € zurück, multipliziert mit 12 ergibt das 900,00 €. Dazu die 100,00 € deiner Oma … Dem Führerschein steht also nichts mehr im Weg."

$$(25 + 50) \cdot 12 + 100 = 75 \cdot 12 + 100 = 900 + 100 = 1000$$

1.7 Übungen

Rechne schriftlich ohne Taschenrechner!

Aufgabe 1

a) $0{,}5 + 0{,}21 + 1{,}95 + 2{,}75 + 16{,}21$
b) $20{,}31 - 1{,}71 - 2{,}35 - 6{,}14$
c) $127 + 17 - 189 - 12 - 123 + 522 + 1035$
d) $1172{,}8 - 514{,}87 + 12472{,}9 - 7185{,}32 - 629{,}51 + 1{,}75$
e) $0{,}73 \cdot 29$
f) $53{,}6 \cdot 327$
g) $191{,}38 \cdot 21{,}012$
h) $1068{,}6 : 78$
i) $172{,}2 : 21$
j) $363{,}4 : 2{,}3$
k) $4 + 3 \cdot 29 - 11{,}5 \cdot 7 - 26 : 5 + 501{,}3$
l) $823 - (-8 + 112) : 13 + ((31 - 7) : 6) \cdot 2 - 205$
m) $2 + 17 \cdot 5 \cdot 11 : 10 - 189 + 421{,}5$
n) $(55 - 11) : 4 + (38 - 4 \cdot 4{,}25) \cdot 9 + 7 \cdot 2$

Aufgabe 2

Chef: „Peter, wir haben in den letzten Tagen mehrere Lieferungen bekommen. Ich möchte die Rechnungsbeträge in einer Summe an den Lieferanten überweisen. Kannst du die Summe ausrechnen, ich habe gerade so wenig Zeit?" Peter: „Kein Problem. Geben Sie mir die Rechnungen." Peter schaut sich die Rechnungen an und notiert die Werte auf einem Blatt Papier: 145,78 €, 65,89 €, 199,21 €, 298,56 €, 167,80 €. Wenig später sagt Peter zu seinem Chef: „So, ich bin fertig. Sie müssen 1470,25 € überweisen." Chef: „Das kann doch nicht sein, der Betrag kommt mir zu hoch vor. Überschlag' doch mal im Kopf! Da muss doch eine Summe unter 1000,00 € herauskommen!"

Aufgabe 3

Olga: „Du, Mama. Kannst du mir ein bisschen Geld leihen? Ich muss noch ein Geburtstagsgeschenk für Chantal kaufen." Mutter: „Verdienst du nicht genug im Süßwarengeschäft?" Olga: „Naja, ich war doch letztens mit Andrea shoppen – eine Hose für 45,90 €, ein T-Shirt für 29,80 €, eines für 17,80 € und ein paar Schuhe für 39,00 €." Mutter: „Dein Taschengeld wurde doch erst im letzten Monat auf 100,00 € erhöht und im Geschäft verdienst du doch auch 200,00 € im Monat." Olga: „Ja, ich weiß. Ich habe mir auch für 99,99 € eine neue Uhr gekauft und dann war doch noch mein Roller kaputt. Die Reparatur hat 62,50 € gekostet." Mutter: „Du musst einfach besser mit deinem Geld umgehen! Oma hat dir am Sonntag auch noch 15,00 € gegeben. Aber das nützt ja jetzt auch nichts. Du brauchst ein Geschenk. Wie viel Euro soll es denn kosten?" Olga: „Ich hatte an 20,00 € gedacht!?" Hat Olga wirklich kein Geld mehr für ein Geschenk übrig?

Aufgabe 4

Karoline, Pauline und Jessika möchten zusammen eine WG gründen, haben sich aber noch nicht für eine Wohnung entschieden. Pauline: „Also, mir hat die Wohnung in der Behringstraße am besten gefallen." Jessika: „Wie hoch soll die Miete denn sein? Wir hatten doch festgelegt, dass jeder maximal 150,00 € bezahlt." Karoline: „Das habe ich noch nicht ausgerechnet. Die Wohnung ist 69 m² groß und der Quadratmeterpreis liegt bei 5,80 €. Dazu kommen noch Nebenkosten in Höhe von 65,00 €. Und wie gefiel euch die Dachgeschosswohnung in der Lindenallee?" Pauline: „Auch nicht schlecht. Aber der Quadratmeterpreis ist bestimmt noch höher, oder?" Jessika: „Der Vermieter hat nur gesagt, dass die 58 m² große Wohnung 411,80 € kostet. Wie groß ist eigentlich die Wohnung, die wir uns zuletzt angesehen haben. Karoline: „Die Wohnung in der Deistergasse? Oh, danach haben wir gar nicht gefragt. Sie kam mir etwas zu klein für uns vor. Ich kann mich erinnern, dass die Kaltmiete bei 269,50 € liegt zuzüglich 75,00 € Nebenkosten." Jessika: „Schwierige Entscheidung! Vielleicht sollten wir uns doch für eine größere Wohnung entscheiden, vielleicht gehen wir uns irgendwann auf die Nerven." Welche Wohnung würdest du wählen?

Aufgabe 5

Die drei Mädchen haben sich doch für eine größere Wohnung entschieden. Jetzt müssen sie allerdings bei der Renovierung sparen. Im Baumarkt überlegen sie, was sie bezahlen müssen.

Jessika: „Okay, dann sind wir uns einig, dass wir in der ganzen Wohnung Laminat verlegen und zwar das zu 9,80 € pro m². Die Kosten für den Fußboden in Küche, Bad und Flur teilen wir untereinander auf. Auf diese Räume entfallen 27 m². Pauline: „Mein Zimmer ist 19 m² groß." Karoline: „Ich habe 21,5 m², Jessika hat 17,5 m²." Jessika: „Hoffentlich wird die Renovierung nicht so teuer. Auf meinem Konto herrscht

Ebbe und in meinem Portemonnaie sind auch nur noch 290,00 €. Ich müsste noch eine Packung Kleister zu 3,20 € und drei Rollen Tapete zu 5,85 € kaufen, ob das reicht?" Pauline: „Die Farbe kann ich ja erst einmal für Dich auslegen. Ich denke, wir nehmen noch einmal so fünf Eimer zu 14,80 € mit." Welche Kosten kommen jeweils auf die drei Mädchen zu?

Aufgabe 6

Die Clique von Markus, Swetlana und Sven hat beim Schützenfest gekellnert. Markus: „Super, der Chef ist so zufrieden mit uns, dass er uns zusammen eine Prämie von 130,00 € gibt." Sven: „Mensch, klasse. Und dann müssen wir noch das gesamte Trinkgeld unter uns aufteilen. Am Freitag waren es 27,56 €, am Samstag 47,32 € und am Sonntag 34,80 €." Swetlana: „Ich war am Sonntag nicht mehr dabei. Also lasst mich beim Trinkgeld für diesen Tag außer Acht. Markus, und dir schulde ich noch 15,90 € für die CD, das kannst du gleich abziehen." Markus: „Kein Thema."
Wie viel Euro bekommen Markus, Swetlana und Sven?

Aufgabe 7

Vor der nächsten Jahreshauptversammlung des Sportvereins machen sich der Kassenwart Ulrich und der Kassenprüfer Michael daran, die Belege und den Kassenbestand zu prüfen. Ulrich erläutert seine Rechnung: „Am Jahresanfang hatten wir 8 473,19 € in der Kasse. Dann kam sogleich eine Anschaffung auf uns zu. 5 785,30 € haben wir bezahlt. Hier ist die Quittung. 122 Mitglieder bezahlen bei uns 22,00 € Beitrag pro Jahr, 52 Jugendliche müssen lediglich 12,00 € jährlich bezahlen. Bei 25 Familien gilt der Familientarif, nämlich 12,00 + 22,00 Jahresbeitrag für die gesamte Familie. So, hier siehst du die Rechnungen für Wasser und Heizung: 521,75 € und 2 498,35 €. Michael: „Wie sieht es denn mit Spenden aus?" Ulrich: „Wir haben in diesem Jahr zwei Spenden für unseren Verein bekommen: 250,00 € und 180,00 €. Ach, ja. Es fehlen noch die monatlichen Abschläge für Strom. Die liegen bei 65,00 €. Ich komme auf einen aktuellen Kassenbestand von 2 684,79 €." Michael: „Das kann nicht sein! Du müsstest auf ca. 3 500,00 € kommen."

2 Bruchrechnen

Das Problem

Jessika, Pauline und Karoline wollen für die Einweihung ihrer gemeinsamen Wohnung Kuchen backen und überlegen, wie viel Milch, Butter, Quark, Mehl, Zucker und Öl sie einkaufen müssen.

Jessika: „Karoline, schreib 'mal auf. $\frac{3}{8}$ l Milch, $\frac{3}{4}$ Pfund Butter, $\frac{1}{2}$ Pfund Zucker und $\frac{3}{5}$ kg Mehl. Von diesem Rezept benötigen wir die doppelte Menge. Pauline, was ist mit dem Blechkuchen?"

Pauline: „Ich schlage vor, wir backen drei Bleche. Für ein Blech benötigen wir $\frac{1}{8}$ l Milch, $\frac{1}{5}$ l Öl, $\frac{1}{4}$ kg Zucker, $\frac{2}{5}$ Pfund Quark und $\frac{3}{5}$ kg Mehl. Alle anderen Zutaten haben wir noch im Schrank." Karoline: „Es wird am besten sein, wenn wir gleich ausrechnen, wie viel wir von jeder Zutat benötigen, sonst stehen wir später stundenlang im

Supermarkt herum, weil wir noch alles ausrechnen müssen. Milch bekommen wir in 1-l- und in 0,5-l-Tüten, Butter ist zu je 250 g verpackt, Zucker und Mehl sind in 1000-g-Tüten zu kaufen, Quark gibt es in 250-g- und in 500-g-Packungen, Öl in 1-l-Flaschen."
Schreibe den Einkaufszettel für Jessika, Pauline und Karoline.

Ein Bruch besteht aus einem **Zähler** und einem **Nenner**.

$\frac{1}{4}$ → Zähler (1), Nenner (4)

Am Nenner kann man erkennen, in wie viele Teile das Ganze zerlegt ist.
Der Zähler gibt an, um wie viele Teilstücke es sich handelt.

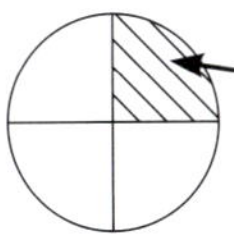

$\frac{1}{4}$: Eines von vier Teilstücken

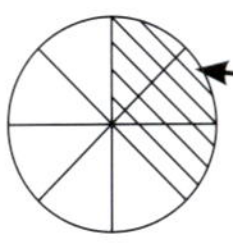

$\frac{3}{8}$: Drei von acht Teilstücken

2.1 Kürzen und Erweitern

Kürzen

Beim Kürzen eines Bruches dividiert man den Zähler und den Nenner durch dieselbe Zahl. Der Wert des Bruches ändert sich dabei nicht.

$\frac{14}{42} = \frac{14:7}{42:7} = \frac{2}{6} = \frac{2:2}{6:2} = \frac{1}{3}$	7 steckt sowohl in 14 als auch in 42. Zähler und Nenner werden daher durch 7 geteilt. Das Ergebnis $\frac{2}{6}$ kann anschließend noch mit 2 gekürzt werden, da 2 in 2 und 6 steckt. Alternativ hätte man den ursprünglichen Bruch auch gleich mit 14 kürzen können.

Beispiel:
Inga hat sich bereiterklärt, sich um die Lose für die Tombola zu kümmern, die traditionell beim Vereinsfest durchgeführt wird. Sie stellt die Lose am PC her und druckt diese dann aus. Das ist kostengünstig, hat aber den Nachteil, dass sie anschließend jedes Los ausschneiden muss. Insgesamt soll es 290 Lose geben, wobei Inga diese doppelt ausdrucken muss. Als sie schon eine Weile geschnippelt hat, ruft ihre Freundin Claudia an: „Na, wie schaut's aus, Inga? Wie weit bist du mit den Losen gekommen?" Inga: „Ach, ja. Die Arbeit ist ziemlich mühselig. Aber ich habe schon 464 Lose ausgeschnitten." Claudia: „Darunter kann ich mir gar nicht so viel vorstellen ... Dauert es noch lange? Ich dachte, wir könnten heute noch eine Runde joggen!?"

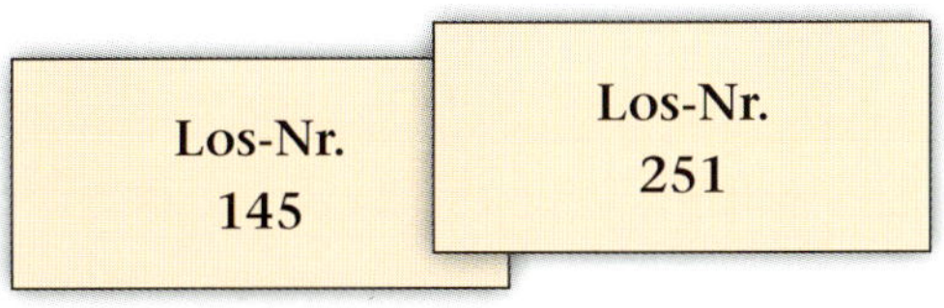

$\frac{464:4}{580:4} = \frac{116:29}{145:29} = \frac{4}{5}$	Zunächst einmal werden Zähler und Nenner mit der Zahl 4 gekürzt. Dazu werden Zähler und Nenner durch 4 dividiert. Nun ist zu prüfen, ob das Ergebnis noch weiter zu kürzen ist. In diesem Fall ist ein weiteres Kürzen mit der Zahl 29 möglich, weil diese sowohl in 116 als auch in 145 steckt. Inga hat in zwei Stunden $\frac{4}{5}$ der Arbeit erledigt. Mit dieser Aussage wird Ingas Freundin eher etwas anfangen können. Es verbleibt noch $\frac{1}{5}$ der Arbeit. Wenn sie für $\frac{4}{5}$ der Lose zwei Stunden = 120 Minuten benötigt hat, braucht sie für $\frac{1}{5}$ noch 120 : 4 = 30 Minuten. Sie wird also schon bald fertig sein und sich mit ihrer Freundin treffen können.
Tipp für das Finden eines Teilers	• Gerade Zahlen sind immer durch 2 teilbar. • Mehrstellige Zahlen mit 0 als letzter Ziffer sind durch 10 teilbar. • Zahlen, die als letzte Ziffer eine 0 oder eine 5 haben, können durch 5 dividiert werden. • Zahlen, deren Quersumme (Summe der einzelnen Stellen einer Zahl) durch 3 teilbar ist, können auch durch 3 dividiert werden.

Erweitern

Beim Erweitern werden sowohl Zähler als auch Nenner mit der gleichen Zahl multipliziert.

$\frac{4}{6} = \frac{4 \cdot 3}{6 \cdot 3} = \frac{12}{18}$	Der Bruch $\frac{4}{6}$ soll auf 18stel erweitert werden. Zuerst wird die Zahl berechnet, mit der erweitert werden muss: 18 : 6 = 3 Erweitert wird also mit 3. Dazu werden Zähler und Nenner mit 3 multipliziert.

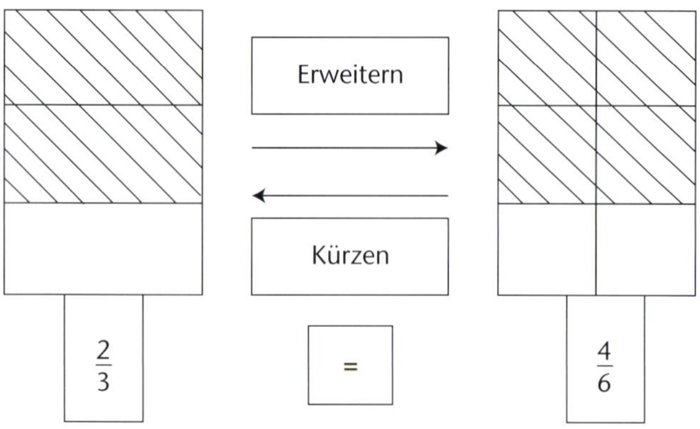

Beispiel:

Die Kuchen von Jessika, Karoline und Pauline kommen bei der Einweihungsparty ihrer Wohnung gut an. Vom Blechkuchen ist nur noch ein Blech mit insgesamt 13 von ursprünglich 16 Stückchen über. Da die Gäste keinen so großen Hunger mehr haben, teilt Jessika jedes Kuchenstück nochmals in 3 Stückchen.

$\frac{13}{16} = \frac{13 \cdot 3}{16 \cdot 3} = \frac{39}{48}$	Die Menge des Kuchens bleibt durch das Durchschneiden gleich. Genauso ändert sich der Wert des Bruches durch das Erweitern nicht. Lediglich die Einteilung wird feiner. Zähler und Nenner werden mit 3 multipliziert. Aus den 13 großen Stückchen entstehen 39 kleine Kuchenstückchen.

2.2 Umwandlung von gemischten Brüchen in unechte Brüche und umgekehrt

Ist der Zähler eines Bruches kleiner als der Nenner, wie zum Beispiel $\frac{2}{5}$, so heißt der Bruch **echter Bruch**. Ist der Zähler eines Bruches größer als der Nenner, wie zum Beispiel $\frac{5}{2}$, so heißt der Bruch **unechter Bruch**. Ein unechter Bruch lässt sich auch als gemischter Bruch, bestehend aus einer ganzen Zahl und einem echten Bruch, darstellen.

Umwandlung eines gemischten Bruches in einen unechten Bruch

$2\frac{3}{4}$	$2\frac{3}{4}$ ist eine gemischte Zahl. Sie besteht aus einer ganzen Zahl und einem Bruch. $2\frac{3}{4}$ entspricht 2 Ganzen + drei Vierteln.
$2\frac{3}{4} = \frac{2 \cdot 4 + 3}{4} = \frac{11}{4}$	Möchte man diese Zahl nun in einen unechten Bruch umwandeln, so multipliziert man die ganze Zahl mit dem Nenner (Zahl unter dem Bruchstrich) und addiert zum Ergebnis den Zähler (Zahl auf dem Bruchstrich) dazu. Also: $2 \cdot 4 + 3 = 8 + 3 = 11$. Das Ergebnis ist der neue Zähler, der Nenner wird beibehalten: $\frac{11}{4}$. $2\frac{3}{4}$ ist also gleichbedeutend mit $\frac{11}{4}$.

Beispiel:

Roman möchte mit seinen Freunden Urlaub im Süden machen und hat deswegen einen Ferienjob in einer Gärtnerei angenommen. Nun ist die erste Anzahlung für die Reise fällig und er überlegt, ob er seinen Chef bitten kann, ihm die bisher geleisteten Stunden bereits auszubezahlen. Er arbeitet pro Tag 7 Stunden in der Gärtnerei und hat nun schon 14 volle Tage und drei Stunden hinter sich, man könnte auch sagen $14\frac{3}{7}$ Tage. Um zu berechnen, wie viel Lohn ihm zusteht, berechnet er zunächst die bisher gearbeiteten Stunden.

$14\frac{3}{7} = \frac{14 \cdot 7 + 3}{7} = \frac{101}{7}$	Roman hat bereits 14 komplette Tage, d.h. $14 \cdot 7$ Stunden, gearbeitet. Dazu kommen noch 3 Stunden am heutigen Tag. Insgesamt war er bereits 101 Stunden in der Gärtnerei tätig.

Umwandlung eines unechten Bruches in einen gemischten Bruch

$\frac{27}{6} = 4\frac{3}{6} = 4\frac{1}{2}$	Man überlegt, wie oft der Nenner (hier: 6) in dem Zähler steckt (hier: 27). 6 steckt genau viermal in 27, denn $4 \cdot 6 = 24$. Es bleibt ein Rest von 3. Das Ergebnis schreibt man so auf: $\frac{27}{6} = 4\frac{3}{6}$ (Vier Ganze und drei Sechstel).

Beispiel:

Alexandra hat für 3 Wochen einen Ferienjob in einer Fabrik angenommen. In der Mittagspause schickt sie einem Freund eine SMS: „Hallo Walter! Habe dir ja, erzählt, dass ich einen Ferienjob bekommen habe. Arbeite nun sechs Stunden am Tag an einer Maschine. Gerade mache ich eine kurze Mittagspause. Inzwischen habe ich schon 39 Stunden hinter mir. Vielleicht sehen wir uns am Wochenende. Bis dann! Alex“
Walter fragt sich, seit wie vielen Tagen Alexandra schon arbeitet.

$\frac{39}{6} = 6\frac{3}{6} = 6\frac{1}{2}$	Alexandra arbeitet sechs Stunden täglich. Sie hat also $\frac{39}{6}$ Tage hinter sich. 6 steckt sechsmal in 39, Rest 3. Also entspricht $\frac{39}{6}$ 6 Ganzen und drei Sechsteln. Alexandra hat also bis jetzt $6\frac{1}{2}$ Tage gearbeitet.

2.3 Addition, Subtraktion, Multiplikation und Division von Brüchen

Addition und Subtraktion gleichnamiger Brüche

Brüche mit gleichem Nenner (gleichnamige Brüche) werden **addiert**, indem man die **Zähler addiert** und den **gemeinsamen Nenner** übernimmt.
Brüche mit gleichem Nenner (gleichnamige Brüche) werden **subtrahiert**, indem man die **Zähler voneinander abzieht** und den **gemeinsamen Nenner** übernimmt.

Addition gleichnamiger Brüche	
$\frac{3}{7} + \frac{9}{7} + \frac{11}{7} = \frac{3 + 9 + 11}{7} = \frac{23}{7} = 3\frac{2}{7}$	Die Zähler 3, 9 und 11 werden addiert. Der gemeinsame Nenner wird übernommen. Sofern es möglich ist, sollte das Ergebnis wie im Beispiel gekürzt und in einen gemischten Bruch verwandelt werden.
Subtraktion gleichnamiger Brüche	
$\frac{43}{9} - \frac{8}{9} - \frac{15}{9} = \frac{43 - 8 - 15}{9} = \frac{20}{9} = 2\frac{2}{9}$	Man subtrahiert die Nenner 8 und 15 von 43. Der gemeinsame Nenner wird übernommen. Falls möglich, kann das Ergebnis wie im Beispiel noch gekürzt und in einen gemischten Bruch verwandelt werden.
Addition und Subtraktion von gleichnamigen Brüchen in einem Rechenausdruck	
$\frac{27}{5} + \frac{13}{5} - \frac{9}{5} + \frac{2}{5} - \frac{24}{5} = \frac{27 + 13 - 9 + 2 - 24}{5}$ $= \frac{9}{5} = 1\frac{4}{5}$	Die Zähler werden zusammengezählt bzw. voneinander abgezogen. Der gemeinsame Nenner wird übernommen.

Beispiel:
Aleksej, Irina und Vera haben eine Familienpizza bestellt. Vera hat die Pizza in 16 gleichgroße Stücke geteilt. Aleksej bekommt $\frac{7}{16}$ der Pizza, Irina nimmt $\frac{4}{16}$ und Vera möchte $\frac{2}{16}$. Aleksej ist schon sehr bald satt und lässt $\frac{3}{16}$ über. Irina schafft nur $\frac{2}{16}$. Unerwartet bekommen Aleksej, Vera und Irina Besuch. „Super, Eugen. Wir haben noch Pizza über. Setz dich gleich zu uns." Eugen: „Hoffentlich reichen eure Reste. Ich habe einen Bärenhunger. Eine halbe Familienpizza könnte ich jetzt bestimmt verdrücken."

$\frac{7}{16} + \frac{4}{16} + \frac{2}{16} - \frac{3}{16} - \frac{2}{16}$ $= \frac{7 + 4 + 2 - 3 - 2}{16} = \frac{8}{16}$	Zunächst werden die Anteile, die Aleksej, Irina und Vera von der Pizza bekommen, addiert. Davon abgezogen werden die Anteile, die nicht gegessen werden. Insgesamt wurde $\frac{8}{16}$ der Pizza gegessen.
$\frac{16}{16} - \frac{8}{16} = \frac{8}{16} = \frac{1}{2}$	Von den insgesamt 16 Stückchen wurden 8 gegessen. Somit bleibt $\frac{8}{16}$, d.h. eine halbe Pizza, für Eugen übrig.

Addition und Subtraktion ungleichnamiger Brüche

Für das Addieren und Subtrahieren von Brüchen mit unterschiedlichen Nennern müssen diese zunächst einmal auf den gleichen Nenner gebracht werden.

Addition ungleichnamiger Brüche

$\frac{2}{4} + \frac{3}{10} + \frac{7}{5} =$ $\frac{2 \cdot 5}{4 \cdot 5} + \frac{3 \cdot 2}{10 \cdot 2} + \frac{7 \cdot 4}{5 \cdot 4} =$ $\frac{10}{20} + \frac{6}{20} + \frac{28}{20} =$ $\frac{10 + 6 + 28}{20} =$ $\frac{44}{20} = 2\,\frac{4}{20} = 2\,\frac{1}{5}$	Der **gemeinsame Nenner** ist zunächst zu ermitteln. Dieser muss ein Vielfaches der Nenner sein, die im Rechenausdruck vertreten sind. Ideal ist, wenn man den **Hauptnenner** findet. Dieser ist die kleinste Zahl, die sich durch alle Nenner teilen lässt. Im Beispiel werden zunächst die Brüche, die addiert werden sollen, so erweitert, dass sie den gemeinsamen Nenner 20 besitzen. Sind die Brüche gleichnamig, können sie problemlos addiert werden (siehe Addition von gleichnamigen Brüchen).

TIPPS

Wenn du nicht sofort auf einen Hauptnenner kommst, multipliziere die Nenner miteinander. Im Beispiel: $4 \cdot 10 \cdot 5 = 200$ · 200 wäre ein möglicher gemeinsamer Nenner, jedoch nicht das kleinste gemeinsame Vielfache, das im Beispiel oben gewählt wurde.

Vergiss beim Erweitern eines Bruches nicht, dass nicht nur der Nenner mit der Zahl multipliziert wird, mit der der Bruch erweitert wird, sondern auch der Zähler!

Subtraktion ungleichnamiger Brüche

$\frac{12}{3} - \frac{15}{9} - \frac{11}{6} =$ $\frac{12 \cdot 6}{3 \cdot 6} - \frac{15 \cdot 2}{9 \cdot 2} - \frac{11 \cdot 3}{6 \cdot 3} =$ $\frac{72}{18} - \frac{30}{18} - \frac{33}{18} =$ $\frac{72 - 30 - 33}{18} = \frac{9}{18} = \frac{1}{2}$	Auch bei der Subtraktion wird erst einmal ein gemeinsamer Nenner ermittelt. Das kleinste gemeinsame Vielfache von 3, 9 und 6 ist 18. Die Brüche werden daher so erweitert, dass sie den gemeinsamen Nenner 18 besitzen. Wenn die Brüche gleichnamig sind, können diese subtrahiert werden wie oben erläutert (siehe Subtraktion gleichnamiger Brüche)

Addition und Subtraktion von ungleichnamigen Brüchen in einem Rechenausdruck

$\frac{37}{2} - \frac{3}{7} + \frac{14}{3} - \frac{9}{2} =$ $\frac{37 \cdot 21}{2 \cdot 21} - \frac{3 \cdot 6}{7 \cdot 6} + \frac{14 \cdot 14}{3 \cdot 14} - \frac{9 \cdot 21}{2 \cdot 21} =$ $\frac{777}{42} - \frac{18}{42} + \frac{196}{42} - \frac{189}{42} =$ $\frac{777 - 18 + 196 - 189}{42} =$ $\frac{766}{42} - 18\frac{10}{42} - 18\frac{5}{21}$	Nachdem alle Nenner auf einen Hauptnenner (hier 42) gebracht wurden, werden die Zähler zusammengezählt bzw. voneinander abgezogen. Der gemeinsame Hauptnenner wird übernommen.

Beispiel:

Elenas Chef möchte anlässlich seines Geburtstages Torte ausgeben. Er beauftragt Elena, insgesamt zwei Torten aus der Konditorei nebenan zu besorgen. In der Konditorei gibt es jedoch keine zwei kompletten Torten mehr. Elena entscheidet sich dafür, Nuss-Sahne-Torte, Schwarzwälder-Kirsch-Torte und Käse-Sahne-Torte zu 2 Torten zusammenzustellen. Verkäuferin: „Die Nuss-Sahnetorte ist in 16 Stücke geschnitten. Es sind

noch 13 übrig. Die Schwarzwälder ist in 8 Stücke geteilt. Davon haben wir noch 7. Die Käse-Sahne-Torte bestand ursprünglich einmal aus 12 Stückchen. Es sind noch neun da." Elena überlegt kurz, sie soll ihrem Opa auch ein Stück Nuss-Sahne- und ein Stück Käse-Sahne-Torte mitbringen. Elena: „ Ich nehme 13 Stücke Nuss-Sahne-Torte, sechs Stücke Schwarzwälder-Kirsch und sieben Stückchen von der Käse-Sahne-Torte." Hat Elena richtig gerechnet?

$\frac{13}{16} + \frac{6}{8} + \frac{7}{12} - \frac{1}{16} - \frac{1}{12} =$ $\frac{13 \cdot 3}{16 \cdot 3} + \frac{6 \cdot 6}{8 \cdot 6} + \frac{7 \cdot 4}{12 \cdot 4} - \frac{1 \cdot 3}{16 \cdot 3} - \frac{1 \cdot 4}{12 \cdot 4} =$ $\frac{39}{48} + \frac{36}{48} + \frac{28}{48} - \frac{3}{48} - \frac{4}{48} =$ $\frac{39 + 36 + 28 - 3 - 4}{48} = \frac{96}{48} = 2$	Zunächst werden die Anteile der Nuss-Sahne-Torte, der Schwarzwälder-Kirsch-Torte und der Käse-Sahne-Torte, die Elena in der Konditorei kauft, addiert. Abzuziehen sind die zwei Stückchen Torte für Elenas Großvater. Die Brüche werden auf den Hauptnenner 48 gebracht. Anschließend werden die Zähler addiert bzw. subtrahiert. Der gemeinsame Nenner 48 wird übernommen. Nach dem Kürzen ist erkennbar, dass Elena richtig gerechnet hat.
Alternative Rechnung: $\frac{13}{16} + \frac{6}{8} + \frac{7}{12} - \frac{1}{16} - \frac{1}{12} =$ $\frac{13 - 1}{16} + \frac{6}{8} + \frac{7-1}{12} = \frac{12}{16} + \frac{6}{8} + \frac{6}{12} =$ $\frac{3}{4} + \frac{3}{4} + \frac{2}{4} = \frac{8}{4} = 2$	Einfacher ist, wenn man zunächst einmal die Brüche zusammenfasst, die den gleichen Nenner besitzen. Weiterhin kann man, falls es möglich ist, kürzen.

Multiplikation von Brüchen

Ein Bruch wird mit einer ganzen Zahl multipliziert, indem man den Zähler mit der ganzen Zahl multipliziert. Der Nenner wird beibehalten: $\boxed{\frac{\text{Ganze Zahl} \cdot \text{Zähler}}{\text{Nenner}}}$

Brüche werden miteinander multipliziert, indem man Zähler mit Zähler und Nenner mit Nenner multipliziert: $\boxed{\frac{\text{Zähler} \cdot \text{Zähler}}{\text{Nenner} \cdot \text{Nenner}}}$

Multiplikation eines Bruches mit einer ganzen Zahl

$3 \cdot \frac{5}{7} = \frac{3 \cdot 5}{7} = \frac{15}{7}$	Die ganze Zahl 3 wird mit dem Zähler 5 multipliziert. Der Nenner 7 wird beibehalten.
Hinweis	
$3 = \frac{3}{1}$; $5 = \frac{5}{1}$	Ganze Zahlen haben den Nenner 1. Somit könnte man im Beispiel oben auch schreiben: $\frac{3 \cdot 5}{1 \cdot 7} = \frac{15}{7}$

Multiplikation eines Bruches mit einem Bruch

$\frac{3}{11} \cdot \frac{5}{2} = \frac{3 \cdot 5}{11 \cdot 2} = \frac{15}{22}$	Die Zähler 3 und 5 sowie die Nenner 11 und 2 werden miteinander multipliziert.
Aufgepasst! $\frac{6 \cdot 8}{4 \cdot 9} = \frac{2 \cdot 2}{1 \cdot 3} = \frac{4}{3}$ $\frac{4 - 3}{9 - 2} = \frac{1}{7}$; $\frac{5 + 2}{25 + 8} = \frac{7}{33}$; $\frac{7 - 3}{6 + 14} = \frac{4}{20} = \frac{1}{5}$	Nur bei der Multiplikation ist ein Kürzen möglich! Bei diesen Brüchen ist ein Kürzen nicht gestattet, denn die Zähler und Nenner bestehen aus Summen bzw. Differenzen. Zähler und Nenner sind zunächst für sich zusammenzufassen. Erst danach darf, falls möglich, gekürzt werden.

Beispiel:

Tatjana ist mit ihren Freundinnen bei Natalie zum Kaffee eingeladen. Von dem Obstkuchen, der in insgesamt 12 Stücke geteilt ist, nimmt sie dreimal ein Stückchen. Wie groß ist der Anteil der Torte, den sie isst?

$3 \cdot \frac{1}{12} = \frac{3 \cdot 1}{12} = \frac{1}{4}$	Ein Stückchen macht $\frac{1}{12}$ des gesamten Obstkuchens aus. Davon nimmt Tatjana drei Stückchen. Sie isst insgesamt $\frac{1}{4}$ des Kuchens.

Theresa kommt etwas später zum Kaffeeklatsch. Von dem Obstkuchen ist noch $\frac{1}{4}$ übrig. Davon isst sie $\frac{2}{3}$. Wie viel Stückchen Kuchen isst Theresa?

$\frac{1}{4} \cdot \frac{2}{3} = \frac{1 \cdot 2}{4 \cdot 3} = \frac{2}{12}$	Es ist $\frac{1}{4}$ mal $\frac{2}{3}$ zu rechnen. Dazu werden jeweils die Zähler und die Nenner miteinander multipliziert. Theresa isst zwei der insgesamt 12 Stückchen Obstkuchen.

Division

Brüche werden dividiert, indem man den ersten Bruch mit dem Kehrwert des zweiten Bruches multipliziert: Bruch : Bruch = Bruch · Kehrwert

Kehrwert bedeutet, dass Zähler und Nenner vertauscht werden.

Division eines Bruches durch einen Bruch

$\frac{5}{9} : \frac{7}{3} = \frac{5}{9} \cdot \frac{3}{7} = \frac{5}{\cancel{9}^3} \cdot \frac{\cancel{3}^1}{7}$ $= \frac{5 \cdot 1}{3 \cdot 7} = \frac{5}{21}$	Von dem zweiten Bruch $\frac{7}{3}$ wird der Kehrwert gebildet: $\frac{3}{7}$. Der erste Bruch wird nun mit dem Kehrwert des zweiten Bruches multipliziert. Dazu werden jeweils die Zähler und die Nenner miteinander multipliziert. Am Schluss wird, falls möglich, gekürzt.

TIPPS

$2\frac{1}{4} : \frac{1}{3} = \frac{9}{4} : \frac{1}{3} = \frac{9}{4} \cdot \frac{3}{1} = \frac{9 \cdot 3}{4 \cdot 1} = \frac{27}{4} = 6\frac{3}{4}$ $\frac{2}{3} : 3\frac{2}{9} = \frac{2}{3} : \frac{29}{9} = \frac{2}{3} \cdot \frac{9}{29} = \frac{2 \cdot 9}{3 \cdot 29} = \frac{2 \cdot 3}{1 \cdot 29} = \frac{6}{29}$ $1\frac{4}{9} : 3\frac{2}{5} = \frac{13}{9} : \frac{17}{5} = \frac{13}{9} \cdot \frac{5}{17} = \frac{13 \cdot 5}{9 \cdot 17} = \frac{65}{133}$	Wird ein gemischter Bruch durch einen Bruch dividiert oder umgekehrt bzw. wird ein gemischter Bruch durch einen gemischten Bruch dividiert, wandele den gemischten Bruch bzw. die gemischten Brüche zunächst in einen Bruch um.

Division eines Bruches durch eines ganze Zahl oder umgekehrt

$\frac{2}{5} : 3 = \frac{2}{5 \cdot 3} = \frac{2}{15}$, denn der	Der Nenner des Bruches wird mit der ganzen Zahl 3 multipliziert.
Kehrwert von $3 = \frac{3}{1}$ ist $\frac{1}{3}$.	**Tipp:** Schreibe die ganze Zahl als Bruch!
$3 : \frac{2}{5} = 3 \cdot \frac{5}{2} = \frac{3 \cdot 5}{2} = \frac{15}{2}$	Die ganze Zahl wird mit dem Kehrwert des Bruches multipliziert.

Beispiel:

Bei einem Stadtlauf sind insgesamt sechs Runden zu laufen. Die Gesamtlänge der Strecke beträgt $10\frac{4}{5}$ km. Tim und Anna überlegen, ob sie sich für den Stadtlauf anmelden und fragen sich deshalb, wie lang jede Runde ist.

$10\frac{4}{5} : 6 = \frac{54}{5} : \frac{6}{1}$ $= \frac{54 \cdot 1}{5 \cdot 6} = \frac{54}{30} = 1\frac{24}{30}$ $= 1\frac{4}{5}$	Die Gesamtstrecke ist durch 6 zu teilen. Dazu werden zunächst der gemischte Bruch sowie die ganze Zahl in einen Bruch verwandelt. Der erste Bruch wird mit dem Kehrwert des zweiten Bruches multipliziert. Am Schluss kann noch gekürzt werden. Eine Strecke beträgt $1\frac{4}{5}$ km.

2.4 Umwandlung der Bruchschreibweise in die Dezimalschreibweise und umgekehrt

Manchmal ist es notwendig, einen Bruch in eine Dezimalzahl oder eine Dezimalzahl in einen Bruch umzuwandeln.

Umwandlung eines Bruches in eine Dezimalzahl

Einen Bruch wandelt man in eine Dezimalzahl um, indem man eine schriftliche Division durchführt oder den Bruch zum Zehnerbruch erweitert.

1. Möglichkeit: Schriftliches Dividieren	
$\frac{1}{4} = 1 : 4 = 0{,}25$, denn 1 : 4 = 0,25 –0 10 –8 20 –20 0	Um die Dezimalschreibweise von $\frac{1}{4}$ zu bestimmen, dividiert man 1 durch 4, wie es im Kapitel 1.1 Grundrechenarten erklärt wurde.
2. Möglichkeit: Erweitern zum Zehnerbruch	
$\frac{1}{4} = 1 : 4 = 0{,}25$, denn $\frac{1}{4} = \frac{1 \cdot 25}{4 \cdot 25} = \frac{25}{100} = 0{,}25$	In diesem Beispiel ist ein Erweitern auf 100 möglich. Dazu müssen Zähler und Nenner mit 25 multipliziert werden. $\frac{25}{100}$ können anschließend leicht in die Dezimalschreibweise 0,25 verwandelt werden.

Beispiel:

Für eine Geburtstagsfeier stehen sieben Liter Orangensaft zur Verfügung. Wie viel macht das für jeden der acht Gäste aus?

$\frac{7}{8} = ?$	Es ist schwer vorzustellen, was $\frac{7}{8}$ Liter Orangensaft sind. Deshalb soll der Bruch in eine Dezimalzahl umgewandelt werden.
1. Möglichkeit: Schriftliches Dividieren 7 : 8 = 0,875 –0 70 –64 60 –56 40 –40 0 **2. Möglichkeit: Erweitern zum Zehnerbruch** $\frac{7}{8} = \frac{7 \cdot 125}{8 \cdot 125} = \frac{875}{1000} = 0{,}875$	Durch schriftliches Dividieren oder Erweitern zum Zehnerbruch erhält man die Dezimalzahl 0,875, d.h. für jeden Gast gibt es 0,875 l Orangensaft. Unter der Dezimalschreibweise des Ergebnisses kann man sich in diesem Beispiel mehr vorstellen.
Hinweis	
5 : 7 = 0,7142… ≈0,71 –0 50 –49 10 –7 30 –28 20 –14 6 usw. In diesem Fall rundet man am besten auf zwei Stellen hinter dem Komma.	Die zweite Möglichkeit, Erweitern zum Zehnerbruch, ist nicht bei jeder Aufgabe möglich, das schriftliche Dividieren funktioniert immer. Allerdings geht die Division nicht immer auf und man muss daher manchmal runden.

Umwandlung einer Dezimalzahl in einen Bruch

Der Zähler wird gebildet aus den Zahlen, die hinter dem Komma stehen. Der Nenner ist ein Zehnerbruch mit genau so vielen Nullen wie Stellen hinter dem Komma, d. h. eine Stelle hinter dem Komma steht für Zehntel, zwei Stellen hinter dem Komma stehen für Hundertstel usw.

$0{,}3 = \frac{3}{10}$	Die erste Stelle hinter dem Komma steht für Zehntel. Die 3 hinter dem Komma bildet nach der Umwandlung in einen Bruch den Zähler, der Nenner ist eine 10.
$0{,}35 = \frac{35}{100} = \frac{7}{20}$	1. Stelle: $\frac{3}{10}$, 2. Stelle: $\frac{5}{100}$, zusammen: $\frac{3}{10} + \frac{5}{100} = \frac{30}{100} + \frac{5}{100} = \frac{35}{100}$, also stehen zwei Stellen hinter dem Komma für Hundertstel. Falls möglich, kann der Bruch am Schluss noch gekürzt werden.
$0{,}255 = \frac{255}{1000} = \frac{51}{200}$	3 Stellen hinter dem Komma bedeutet Tausendstel. 255 bildet den Zähler, 1000 den Nenner. Ein Kürzen ist möglich.
$3{,}45 = 3 + 0{,}45 =$ $3 + \frac{45}{100} = 3\frac{45}{100} = 3\frac{9}{20}$	Die Dezimalzahl 3,45 setzt sich aus der ganzen Zahl 3 und der Kommazahl 0,45 zusammen. Somit entsteht nach der Umformung ein gemischter Bruch.

Beispiel:

Aileen möchte einen Kuchen backen und muss dafür laut Rezept 0,625 kg Mehl abmessen. Leider besitzt sie keine Küchenwaage, sondern nur einen Messbecher mit der Einteilung $\frac{1}{8}$ kg, $\frac{1}{4}$ kg usw. Bis zu welcher Markierung muss Aileen den Messbecher mit Mehl füllen?

$0{,}625 = \frac{625}{1000} = \frac{5}{8}$	Der Zähler wird gebildet von den Zahlen hinter dem Komma: 625. 3 Stellen hinter dem Komma führen zu dem Nenner 1000. Der Bruch kann anschließend noch mit 125 gekürzt werden. Aileen muss den Messbecher bis zur Markierung $\frac{5}{8}$ kg füllen.

2.5 Informationen zur Umwandlung von Maßeinheiten

Längenmaße

Die **Grundeinheit** der Länge ist ein **Meter (m).** Weitere gebräuchliche Längeneinheiten sind Kilometer (km), Dezimeter (dm), Zentimeter (cm) und Millimeter (mm).

$1\,\text{km} \xrightarrow{\cdot 1000} 1000\,\text{m} \xrightarrow{\cdot 10} 10000\,\text{dm} \xrightarrow{\cdot 10} 100000\,\text{cm} \xrightarrow{\cdot 10} 1000000\,\text{mm}$

1 km = 1000 m

1 m = 10 dm

1 dm = 10 cm

1 cm = 10 mm

Die Umwandlungszahl ist die 10. Ausnahme: Umwandlung von km in m und umgekehrt. Hier ist die Umwandlungszahl 1000.

Flächeninhalte

Die **Grundeinheit** für Flächen ist ein **Quadratmeter (m^2)**. Weitere gebräuchliche Flächeneinheiten sind Quadratkilometer (km^2), Hektar (ha), Ar (a), Quadratdezimeter (dm^2), Quadratzentimeter (cm^2) und Quadratmillimeter (mm^2).

$1\,\text{km}^2 \xrightarrow{\cdot 100} 100\,\text{ha} \xrightarrow{\cdot 100} 10000\,\text{a} \xrightarrow{\cdot 100} 1000000\,\text{m}^2 \xrightarrow{\cdot 100} 100000000\,\text{dm}^2 \xrightarrow{\cdot 100} 10000000000\,\text{cm}^2 \xrightarrow{\cdot 100} 1000000000000\,\text{mm}^2$

1 km = 100 ha

1 ha = 100 a

1 a = 100 m^2

1 m^2 = 100 dm^2

1 dm^2 = 100 cm^2

1 cm^2 = 100 mm^2

Die Umwandlungszahl ist 100.

Rauminhalte (Volumina)

Die **Grundeinheit** für Rauminhalte ist ein **Kubikmeter (m^3)**. Weitere gebräuchliche Flächeneinheiten sind Kubikkilometer (km^3), Kubikdezimeter (dm^3), Kubikzentimeter (cm^3) und Kubikmillimeter (mm^3).

1 km³ $\xrightarrow{\cdot 1000000000}$ 1 000 000 000 m³

Die Umwandlung von km³ in m³ bildet eine Ausnahme. Hier ist die **Umwandlungszahl 1 000 000 000.** Ansonsten ist die **Umwandlungszahl 1 000**.

1 m³ $\xrightarrow{\cdot 1000}$ 1000 dm³ $\xrightarrow{\cdot 1000}$ 1 000 000 cm³ $\xrightarrow{\cdot 1000}$ 1 000 000 000 mm³

1 m³ = 1 000 dm³

1 dm³ = 1 000 cm³

1 cm³ = 1 000 mm³

Hinweis: Das Volumen von Flüssigkeiten wird oftmals in Liter (l) und Milliliter (ml) angegeben:

1 cm³ = 1 ml

1 dm³ = 1 l

1 l = 1 000 ml

Gewichte

Die **Grundeinheit** für Gewichte ist ein **Kilogramm (kg).** Weitere gebräuchliche Einheiten für Gewichte sind Tonne (t), Gramm (g) und Milligramm (mg).

1 t $\xrightarrow{\cdot 1000}$ 1 000 kg $\xrightarrow{\cdot 1000}$ 1 000 000 g $\xrightarrow{\cdot 1000}$ 1 000 000 000 mg

1 t = 1 000 kg

1 kg = 1 000 g

1 g = 1 000 mg

Die Umwandlungszahl ist 1 000.

Hinweis: 1 Pfund steht für 0,5 kg = 500 g.

Zeitspannen

Die **Grundeinheit** für die Zeit ist eine **Sekunde (s)**. Weitere gebräuchliche Zeiteinheiten sind Jahr (a), Tag (d), Stunde (h), Minute (min).

1 a $\xrightarrow{\cdot 365}$ 365 d $\xrightarrow{\cdot 24}$ 8 760 h $\xrightarrow{\cdot 60}$ 525 600 min $\xrightarrow{\cdot 60}$ 31 536 000 s

1 a = 365 d

1 d = 24 h

1 h = 60 min

1 min = 60 s

Die Umwandlungszahl beträgt 60. Ausnahme: Die Umwandlung von Jahren in Tage (Umwandlungszahl 365) und von Tagen in Stunden (Umwandlungszahl 24).

Geldbeträge

Die Grundeinheit für Geldbeträge ist ein Euro (EUR oder €). Die Untereinheit ist Cent.

1,00 € = 100 Cent

1 Cent = 0,01 €

Die Umwandlungszahl ist 100.

2.6 Übungen

Rechne schriftlich ohne Taschenrechner!

Aufgabe 1

Kürze soweit wie möglich.

a) $\frac{72}{88}$ b) $\frac{45}{60}$ c) $\frac{33}{99}$ d) $\frac{12}{28}$ e) $\frac{96}{144}$ f) $\frac{225}{375}$

Erweitere auf den angegebenen Nenner.

g) $\frac{2}{5} = \frac{\_\_}{45}$ h) $\frac{23}{31} = \frac{\_\_}{124}$ i) $\frac{7}{9} = \frac{\_\_}{72}$ j) $\frac{11}{13} = \frac{\_\_}{169}$ k) $\frac{2}{3} = \frac{\_\_}{57}$ l) $\frac{5}{12} = \frac{\_\_}{60}$

Bestimme jeweils die Leerstellen.

m) $\frac{\_\_}{4} = \frac{21}{28}$ n) $\frac{5}{7} = \frac{\_\_}{84}$ o) $\frac{11}{15} = \frac{77}{\_\_}$ p) $\frac{2}{\_\_} = \frac{8}{32}$

Aufgabe 2

Wandle die gemischten Brüche in unechte Brüche um.

a) $3\frac{3}{5}$ b) $4\frac{2}{7}$ c) $1\frac{4}{9}$ d) $5\frac{2}{11}$ e) $2\frac{2}{15}$ f) $3\frac{4}{5}$

Wandle die unechten Brüche in gemischte Brüche um.

g) $\frac{9}{4}$ h) $\frac{13}{2}$ i) $\frac{28}{3}$ j) $\frac{19}{5}$ k) $\frac{31}{8}$ l) $\frac{25}{7}$

Aufgabe 3

a) $\frac{8}{4} + \frac{3}{4}$ b) $\frac{8}{4} - \frac{3}{4}$ c) $\frac{15}{7} - \frac{2}{7} - \frac{3}{7}$ d) $\frac{19}{3} + \frac{2}{3} + \frac{7}{3}$ e) $\frac{21}{5} - \frac{3}{5} + \frac{11}{5}$ f) $\frac{23}{2} + \frac{12}{2} - \frac{5}{2}$

g) $\frac{3}{4} + \frac{2}{5}$ h) $\frac{1}{3} + \frac{2}{6}$ i) $\frac{1}{8} + \frac{1}{4} - \frac{5}{16}$ j) $\frac{9}{2} - \frac{2}{7} + \frac{1}{14}$ k) $\frac{5}{9} - \frac{1}{3}$ l) $\frac{9}{16} - \frac{2}{4}$

Aufgabe 4

a) $5 \cdot \frac{11}{3}$ b) $\frac{2}{5} \cdot 7$ c) $12 \cdot \frac{2}{4}$ d) $9 \cdot \frac{3}{7}$ e) $\frac{25}{17} \cdot 2$ f) $3 \cdot \frac{18}{19}$ g) $\frac{2}{5} \cdot \frac{12}{4}$ h) $\frac{4}{9} \cdot \frac{2}{6}$

Aufgabe 5

a) $\frac{2}{7} : \frac{11}{9}$ b) $\frac{23}{4} : \frac{46}{8}$ c) $\frac{9}{5} : \frac{36}{35}$ d) $\frac{4}{14} : \frac{3}{8}$ e) $\frac{21}{10} : \frac{5}{4}$ f) $\frac{12}{14} : \frac{9}{8}$ g) $2\frac{1}{4} : 1\frac{1}{3}$ h) $7\frac{2}{3} : 3\frac{2}{9}$

i) $1\frac{4}{9} : 3\frac{2}{5}$ j) $5\frac{1}{8} : 2\frac{2}{9}$

Aufgabe 6

Schreibe als Dezimalzahl.

a) $\frac{4}{10}$ b) $\frac{8}{100}$ c) $\frac{1}{8}$ d) $\frac{3}{5}$ e) $2\frac{3}{4}$ f) $\frac{1}{5}$

Schreibe als Dezimalzahl. Runde auf zwei Stellen hinter dem Komma.

g) $\frac{4}{11}$ h) $\frac{13}{17}$ i) $\frac{31}{14}$ j) $\frac{23}{7}$

Schreibe als Dezimalzahl.

Beispiele:

4 m 56 cm = 4,56 m; 5,00 € 2 Cent = 5,02 €; 15 kg 78 g = 15,078 kg

k) 2 m 75 cm l) 0 m 35 cm m) 9,00 € 25 Cent o) 1,00 € 1 Cent p) 4 kg 100 g q) 2 kg 50 g

Schreibe als Bruch.
r) 0,6 s) 1,7 t) 4,25 u) 3,1 v) 9,52 w) 5,9

Fülle die Tabelle aus.

Bruch	Dezimalzahl
$\frac{15}{21}$	
	0,718
	0,012
$\frac{3}{75}$	
$\frac{3}{1000}$	
	0,308
	0,004

Aufgabe 7

Simon hat sich das Auto seiner Mutter für einen Ausflug mit seiner Freundin ausgeliehen. Laut der Tankanzeige ist der Tank nach seiner Spritztour noch zu $\frac{1}{4}$ gefüllt. Er hat seiner Mutter versprochen, das Auto wieder vollgetankt zurückzubringen. Er weiß, dass der Tank 55 Liter fasst. Simon: „Ah, da ist eine Tankstelle. Super kostet heute 1,56 €. Ich habe noch 45,50 € in der Tasche. Was meinst du, Valeria? Reicht das noch?“ Valeria: „Glaub' ich nicht, aber ich kann dir etwas leihen. Denk daran, dass du das Scheibenwischerwasser noch auffüllen musst. Der Behälter ist nur noch $\frac{1}{6}$ voll. Am besten kaufst du gleich noch in der Tankstelle eine Flasche Scheibenklar.“ Tim schaut nach dem Tanken nach einer Flasche Scheibenklar. Es werden 2-l- und 3-l-Flaschen zu 3,50 € bzw. 5,00 € angeboten. In den Scheibenwischwasserbehälter passen 3l Flüssigkeit. Wieviel Euro muss sich Simon von seiner Freundin leihen?

Aufgabe 8

Ulrich und Michael wollen für die Jahreshauptversammlung des Sportvereins eine Übersicht über die Mitgliederzahlen erstellen. Michael: „Ich finde, dass die absoluten Zahlen sehr unübersichtlich sind. Meiner Meinung nach sollten wir die Anteile verdeutlichen, die beispielsweise auf männliche und weibliche Mitglieder entfallen.“ Ulrich: „Das ist eine gute Idee. Ich hoffe, du bist gut in Bruchrechnung. Wir schreiben erst einmal die Zahlen auf. Von den 252 Mitgliedern sind 140 weiblich, davon sind wiederum 84 Jugendliche. Unter den weiblichen jugendlichen Mitgliedern gibt es 56 Mitglieder, die unter zehn Jahre alt sind. Bei den männlichen Mitgliedern gibt es insgesamt 64 Jugendliche. Davon sind 24 unter zehn Jahre alt.“

Michael hält die Zahlen, die Ulrich ihm nennt, in einer Tabelle fest. Allerdings fehlen noch ein paar Angaben, die er zunächst berechnen muss ...

252 Mitglieder

weibliche Mitglieder: 140			männliche Mitglieder:		
Jugendliche: 84		Erwachsene:	Jugendliche: 64		Erwachsene:
unter 10 Jahre: 56	über 10 Jahre:		unter 10 Jahre: 24	über 10 Jahre:	

Ulrich: „So, Michael, dann leg' mal los, die Zusammenhänge in Form von Brüchen darzustellen."

Aufgabe 9

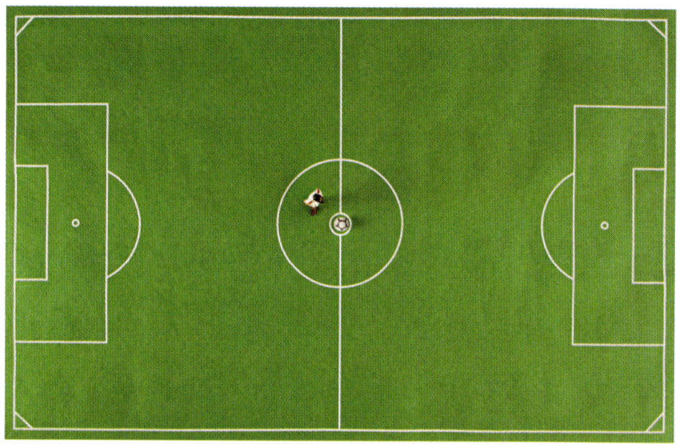

Beim Fußballschauen stellt Paul seinen Freunden folgende Rechenaufgabe: „Die FIFA hat 2002 festgelegt, dass ein WM-Spielfeld 68 m breit und 105 m lang sein muss. Der Rasen für ein solches Feld wird in Streifen mit der Länge 14 m und der Breite $1\frac{1}{20}$ m angeliefert. Wie viele solcher Rasenstreifen sind mindestens notwendig, um eine Fußballfeld damit auszulegen? Beachtet dabei, dass der Rasen längs, also von Tor zu Tor, verlegt werden soll. Und dann habe ich noch eine Aufgabe für euch. Der Rasenmäher, mit dem das Feld gemäht wird, besitzt eine Schnittbreite von $\frac{4}{5}$ m. Wie lange dauert das Mähen des Feldes, wenn der Gärtner von der kürzeren Seite des Feldes zur gegenüber liegenden Seite mäht und für einen Gang $\frac{1}{6}$ Stunde benötigt? Ich gebe demjenigen ein Bier aus, der die Aufgaben am schnellsten richtig löst." Kai: „Zwei Bier, abgemacht?" Paul: „Einverstanden."

Aufgabe 14

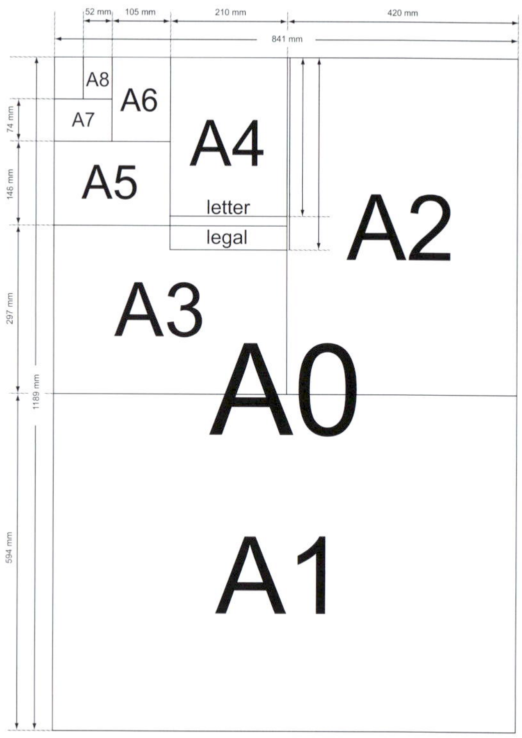

Katrin hilft gelegentlich in einen Copy-Shop aus. Als an einem Nachmittag nicht viel zu tun ist, fragt sie ihre Chefin, Frau Beringer, über Papierformate aus. Frau Beringer: „Die am häufigsten benutzen Papierformate DIN A 4 und DIN A 3 leiten sich vom Format DIN A 0 ab, welches eine Fläche von genau 1 m² besitzt. DIN A 1 entsteht aus DIN A 0 durch Halbierung der Fläche." Katrin: Ach, so. Das wusste ich noch nicht. Da habe ich ja wieder etwas dazugelernt." Katrin rechnet anschließend aus, wie groß der Anteil der Fläche eines DIN A 4-Blattes im Verhältnis zu der Fläche eines DIN A-0-Blattes ist und was dies in cm² ausmacht. Sie vergleicht ihr Ergebnis mit den tatsächlichen Maßen eines DIN A 4–Blattes (21 cm · 29,6 cm). Zu welchen Ergebnissen kommt Katrin?

3 Termumformungen

Problem

Peter studiert die Kalkulationsvorschriften. Er liest: Der Skontobetrag bestimmt sich nach der Formel

Skonto = $a \cdot \left(\frac{100}{100 - b} - 1\right)$, wobei a für Barverkaufspreis und b für Skontosatz steht.

Er zieht die Stirn kraus und fragt Susanne: „Kannst du mir zeigen, wie man diesen Ausdruck ausrechnet." Susanne: „Eigentlich ganz einfach, wenn man die algebraischen Rechenregeln kennt."

3.1 Rechenregeln

Ein Term ist ein Rechenausdruck, der Zahlen und/oder Variablen enthält, zum Beispiel $4x - 13{,}5$. Im Beispiel sind die Bestandteile des Terms durch ein Minuszeichen verbunden. Das Malzeichen zwischen der Zahl 4 und der Variablen x kann weggelassen werden. $4x$ steht also für $4 \cdot x$. Eine Variable ist ein Platzhalter, für den beliebige Zahlen eingesetzt werden können. Oft wird als Platzhalter der Buchstabe x benutzt, es ist aber auch jeder andere Buchstabe denkbar.

Das Beherrschen von Termumformungen ist besonders dann wichtig, wenn man Gleichungen lösen will (siehe Kapitel 8, 9 und 10).

Addition und Subtraktion von Termen

Gleichartige Terme, also solche Terme, die die gleiche Variable besitzen, dürfen zusammengefasst werden, wenn sie durch Rechenzeichen miteinander verbunden sind.

Terme, die die gleiche Variable besitzen, werden addiert (subtrahiert), indem man die Koeffizienten (Beizahlen) addiert (subtrahiert) und die Variable beibehält.

Beispiele:
$5a + 9a - 2a = (5 + 9 - 2)a = 12a$
$7y - 6y + 3{,}5\,y = (7 - 6 + 3{,}5)y = 4{,}5y$
Achtung: Ungleiche Variablen, wie zum Beispiel in dem Term $45x - 11y$ oder $65 - 2a$, dürfen nicht zusammengefasst werden!
Ein praktisches Beispiel: Christina entleert ihre Spardose und findet Münzen verschiedener Währungen: 2,37 \$ + 4,51 € + 6,78 £ + 0,72 DKK. Die einzelnen Beträge darf sie aber nicht addieren, weil sie zu unterschiedlichen Währungen gehören!

Multiplikation von Termen

Terme werden multipliziert, indem man zunächst die Koeffizienten (Beizahlen), anschließend die Variablen multipliziert. Das Produkt daraus ist das Ergebnis.

Beispiele:
$4c \cdot 3d = 4 \cdot 3 \cdot c \cdot d = 12cd$
$6x \cdot 5y \cdot 9z = 6 \cdot 5 \cdot 9 \cdot x \cdot y \cdot z = 270xyz$

Für Termumformungen gelten die in Kapitel 1.6 erklärten Regeln (Punkt-vor-Strich-Regel und Klammerregel). Außerdem sollte man noch einige weitere wichtige Rechenregeln beherrschen, die im folgenden erklärt werden.

3.2 Ausmultiplizieren von Klammern

Distributivgesetz (Verteilungsgesetz)

Hat ein Term die Form $a \cdot (b + c)$, so löst man die Klammer auf, indem jedes Element in der Klammer mit dem Faktor vor der Klammer multipliziert wird:
$a \cdot (b + c) = ab + ac$
Gleiches gilt auch, wenn der Faktor hinter der Klammer steht:
$(a + b) \cdot c = ac + bc$
Achtung: Beim Ausmultiplizieren der Klammer sind die Vorzeichenregeln zu beachten.

Vorzeichenregeln
– mal – ergibt +
– mal + ergibt –
+ mal – ergibt –
+ mal + ergibt +

Beispiele:
$4 \cdot (2x + 6) = 4 \cdot 2x + 4 \cdot 6 = 8x + 24$
$-5 \cdot (-2a - 8) = -5 \cdot (-2a) -5 \cdot (-8) = 10a + 40$
$(3x + 9y) \cdot (-7) = 3x \cdot (-7) + 9y \cdot (-7) = -21x - 63y$
$(1{,}5 - 4b) \cdot 12 = 1{,}5 \cdot 12 - 4b \cdot 12 = 18 - 48b$

Multiplikation von Summen

Liegt ein Term in der Form $(a + b) \cdot (c + d)$ vor, so wird die Klammer aufgelöst, indem jedes Element der ersten Klammer mit jedem Element der zweiten Klammer multipliziert wird:
$(a + b) \cdot (c + d) = a \cdot c + a \cdot d + b \cdot c + b \cdot d$.
Beachte beim Ausmultiplizieren die Vorzeichenregeln!

Beispiele:
$(6 - 4y) \cdot (11 + 3x) = 6 \cdot 11 + 6 \cdot 3x - 4y \cdot 11 - 4y \cdot 3x = 66 + 18x - 44y -12xy$
$(-2{,}5 + 5a) \cdot (3b + 7) = -2{,}5 \cdot 3b - 2{,}5 \cdot 7 + 5a \cdot 3b + 5a \cdot 7 = -7{,}5b - 17{,}5 + 15ab + 35a$
$(3y - 2x) \cdot (-5x + 4y) = 3y \cdot (-5x) + 3y \cdot 4y - 2x \cdot (-5x) - 2x \cdot 4y = -15xy + 12yy + 10xx - 8xy$
$= -23xy + 12y^2 + 10x^2$ (x^2 ist eine Kurzschreibweise für $x \cdot x$, y^2 steht verkürzt für $y \cdot y$)

Hinweise:

- Die Reihenfolge der einzelnen Faktoren ist beliebig, zum Beispiel ist $f \cdot a \cdot h = a \cdot f \cdot h = h \cdot a \cdot f$ usw. In den Beispielen oben wurde eine alphabetische Reihenfolge gewählt.
- Kommen Faktoren mehrfach vor, so kann man sie auch als **Potenz** schreiben:

$$3 \cdot 3 \cdot 3 \cdot 3 = 3^4 \text{ („3 hoch 4“)}$$

Die 3 in der Potenz 3^4 bezeichnet man als **Basis** oder **Grundzahl**. Die 4 nennt man **Hochzahl** oder **Exponent**. Die Hochzahl gibt an, wie oft die Grundzahl mit sich selbst multipliziert werden muss. Hier also viermal.

Beispiele:
Statt $x \cdot x \cdot x \cdot x \cdot x$ kann man also verkürzt x^5 schreiben.
Sieht man umgekehrt in einer Rechnung beispielsweise den Term 7^3, so bedeutet dies nicht $7 \cdot 3$, sondern dass die 7 dreimal mit sich selbst malgenommen wird, also $7 \cdot 7 \cdot 7 = 343$

Ausklammern

Kommt in einem Summen- oder Differenzterm der gleiche Faktor vor, so kann man diesen ausklammern:

Beispiele:

$35ab - 16ac = a \cdot (35b - 16c)$

$xy - 2xz + 5x = x \cdot (y - 2z + 5)$

$12c - 4cd + 24cg = 4c \cdot (3 - d + 6g)$

> **TIPP**
>
> Mache die Probe! Wenn du die Klammer wieder ausmultipliziert, muss sich der ursprüngliche Term ergeben.

Binomische Formeln

Besteht ein Term aus zwei Gliedern, wie zum Beispiel $5x - 7$ oder $3v - 18m$, so wird dieser Term als **Binom** bezeichnet. Für die Multiplikation zweier solcher Terme ergeben sich die sogenannten binomischen Formeln:

1. $\mathbf{(a + b)^2 = a^2 + 2ab + b^2}$,
   denn $(a + b)^2 = (a + b) \cdot (a + b) = a \cdot a + ab + ba + b^2 = a^2 + 2ab + b^2$
2. $\mathbf{(a - b)^2 = a^2 - 2ab + b^2}$,
   denn $(a - b)^2 = (a - b) \cdot (a - b) = a \cdot a - ab - ba + b^2 = a^2 - 2ab + b^2$
3. $\mathbf{(a + b)\ (a - b) = a^2 - b^2}$,
   denn $(a + b) \cdot (a - b) = a \cdot a + a \cdot (-b) + b \cdot a - b \cdot b = a^2 - ab + ab - b^2 = a^2 - b^2$

a und b sind lediglich Platzhalter, sie müssen in den Aufgaben durch entsprechende Zahlen oder Terme ersetzt werden.

Beispiele:

$(2x - 3{,}5y)^2 = 4x^2 - 2 \cdot 2x \cdot 3{,}5y + 12{,}25y^2 = 4x^2 - 14xy + 12{,}25y^2$

Beachte: $(2x)^2 = 2x \cdot 2x = 4xx = 4x^2$; $(3{,}5y)^2 = 3{,}5y \cdot 3{,}5y = 12{,}25yy = 12{,}25y^2$

$(5 + 6b)^2 = 25 + 2 \cdot 5 \cdot 6b + 36b^2 = 25 + 60b + 36b^2$

Beachte: $5^2 = 5 \cdot 5 = 25$; $(6b)^2 = 6b \cdot 6b = 36b^2$

$(6 + 4a) \cdot (6 - 4a) = 6^2 - (4a)^2 = 6 \cdot 6 - 4a \cdot 4a = 36 - 16a^2$

3.3 Übungen

Aufgabe 1

Vereinfache die Terme soweit es möglich ist.

a) $7{,}2t + 8b - 4{,}5t + 2t - 3{,}5b + 5$

b) $12x + 27 - 6{,}3x + 42x - 13$

c) $17a \cdot (-29b)$

d) $-3x \cdot 4y \cdot 9$

e) $-11t \cdot 7s \cdot u \cdot 3 \cdot (-5)$

f) $-2{,}5a \cdot 4b \cdot 37a - 10ab + 8a - 5b$

Aufgabe 2

Multipliziere die folgenden Klammern aus und fasse zusammen, soweit es möglich ist.

a) $3{,}2 \cdot (9u + 7v)$

b) $-\,4a \cdot (2{,}5b - 5c)$

c) $(11 - 19c) \cdot (-3c)$

d) $(2u + 3v) \cdot (-6u - 8v)$

e) $\left(\frac{1}{2}a - \frac{1}{4}b\right) \cdot (4 - 8c)$

f) $(4{,}8x - 9) \cdot (5 + 2x)$

Aufgabe 3

Klammere den gemeinsamen Faktor aus.

a) $25x + 15y + 100z$

b) $-9a + 45b - 72c$

c) $-33abc + 11bc - 44b$

d) $4{,}5st - 3t + 9t$

Aufgabe 4

Beachte beim Auflösen der Klammern die binomischen Formeln.

a) $(3 + 7x) \cdot (3 - 7x)$

b) $(1{,}5a + 2b)^2$

c) $(8s - 9t)^2$

d) $\left(\frac{1}{2}u + \frac{1}{4}v\right)^2$

Dreisatz

1 Arten des Dreisatzes

In der Berufs- und Wirtschaftswelt sind oftmals Preis- und Mengenangaben umzurechnen.

Beispiel 1:
Bei den Verbrauchsangaben eines Pkw wird angegeben: 10 l Benzin auf 100 km im Durchschnitt. Wie hoch sind die Spritkosten für eine Strecke von 240 km, wenn der Liter Benzin 1,50 € kostet?

In dem Beispiel hängt die Höhe der Spritkosten von der Anzahl der gefahrenen Kilometer ab. Je mehr Kilometer zurückgelegt werden, umso mehr steigen die Spritkosten. Je weniger Kilometer gefahren werden, desto niedriger sind die Spritkosten. Ein solches Verhältnis bezeichnet man als proportionales Verhältnis.

Beispiel 2:
Peter braucht 45 Minuten für den Weg zum Büro. Er fährt im Durchschnitt 60 km/h. An einem Morgen hat er verschlafen. Er muss in 30 Minuten im Büro sein. Mit welcher Durchschnittsgeschwindigkeit muss er fahren?

Die benötigte Zeit für die Fahrt ins Büro hängt ab von der Durchschnittsgeschwindigkeit. Je höher die Durchschnittsgeschwindigkeit, desto geringer die Fahrzeit. Je niedriger die Durchschnittsgeschwindigkeit, desto länger die Fahrzeit. Besteht zwischen zwei Größen ein „je mehr – desto weniger-Verhältnis“, liegt ein antiproportionales Verhältnis vor.

Zur Berechnung der Veränderungen wird die Dreisatzrechnung eingesetzt.

2 Einfacher Dreisatz

Beim einfachen Dreisatz hängt der gesuchte Wert nur von einer Größe ab.

2.1 Einfacher Dreisatz mit proportionalem Verhältnis

Beispiel:
Wie hoch sind die Benzinkosten für eine Fahrt von 240 km, wenn der Pkw auf 100 km 10 l Benzin verbraucht und der Benzinpreis 1,50 € pro Liter beträgt?

Entwicklung der Lösung

Vorüberlegungen		
Feststellen, welche Größe berechnet werden soll.		Benzinkosten
Feststellen, von welcher Größe die zu berechnende Größe abhängt.	Kilometer	

Dreisatz aufbauen		Lösungsterm
1. Angabesatz formulieren: Auf 100 km betragen die Benzinkosten 10 Liter · 1,50 €.	100	$10 \cdot 1{,}50$
2. Schluss auf eine Einheit der unabhängigen Größe: Benzinkosten pro 1 km; prüfen, welches Verhältnis vorliegt; je weniger Kilometer – desto weniger Benzinkosten, also proportionales Verhältnis. Deshalb sind die Benzinkosten durch 100 zu dividieren.	1	$\frac{10 \cdot 1{,}50}{100}$
3. Lösungssatz – Schluss auf die gesuchte Größe: Da proportionales Verhältnis vorliegt, muss der Bruchterm mit 240 multipliziert werden. Die Benzinkosten belaufen sich auf 36,00 €.	240	$\frac{10 \cdot 1{,}50 \cdot 240}{100}$ $= 36$

Gebräuchlich ist auch die Kurzform des Dreisatzes:

Angabesatz:	100 km $\triangleq$ 10 · 1,50 €
Schluss auf 1	1 km $\triangleq \frac{10 \cdot 1{,}50}{100}$ €
Lösungssatz	240 km $\triangleq \frac{10 \cdot 1{,}50 \cdot 240}{100}$ €

Allgemein gilt: Besteht zwischen zwei Größen x und y ein proportionales Verhältnis, so wird y um den Faktor a größer, wenn x um den Faktor a größer wird.

$x \triangleq y$ Anmerkung: $\triangleq$ steht für entspricht.

$x \cdot a \triangleq y \cdot a$

Entsprechend gilt:

$x \triangleq y$

$\frac{x}{a} \triangleq \frac{y}{a}$

Wird x kleiner, wird auch y kleiner. Das zeigt auch die Grafik:

2.2 Einfacher Dreisatz mit anti-proportionalem Verhältnis

Beispiel:

In einer Fahrradgroßhandlung benötigen zwei Mitarbeiter 45 Minuten, um einen Lkw mit Fahrrädern zu beladen. Die Ladezeit muss auf 30 Minuten verringert werden. Genügt es, einen weiteren Mitarbeiter einzusetzen?

Vorüberlegungen		
Feststellen, welche Größe berechnet werden soll.		Mitarbeiter
Feststellen, von welcher Größe die zu berechnende Größe abhängt.	Minuten	
Dreisatz aufbauen		Lösungsterm
1. Angabesatz formulieren: zwei Mitarbeiter benötigen 45 Minuten	45	2
2. Schluss auf eine Einheit der unabhängigen Größe: Anzahl Mitarbeiter bei nur 1 Minute; prüfen, welches Verhältnis vorliegt; je weniger Zeit – desto mehr Mitarbeiter, also ein antiproportionales Verhältnis. Deshalb ist die Mitarbeiterzahl mit 45 zu multiplizieren.	1	$2 \cdot 45$
3. Lösungssatz – Schluss auf die gesuchte Größe: Da ein antiproportionales Verhältnis vorliegt, muss durch die Anzahl der Minuten dividiert werden. Es werden 3 Mitarbeiter benötigt.	30	$\frac{2 \cdot 45}{30} = 3$

In Kurzform:

Angabesatz:	45 min ≙ 2 Mitarbeiter
Schluss auf 1	1 min ≙ $2 \cdot 45$ Mitarbeiter
Lösungssatz	30 min ≙ $\frac{2 \cdot 45}{30}$ Mitarbeiter

Allgemein gilt: Besteht zwischen zwei Größen x und y ein antiproportionales Verhältnis, so wird y größer, wenn x kleiner wird. Wird x größer, dann wird y kleiner. Das zeigt auch die Grafik:

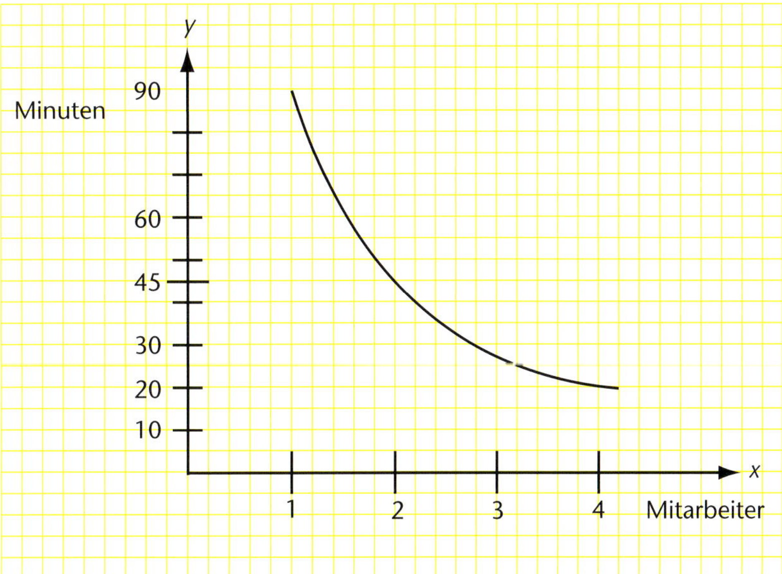

3 Zusammengesetzter Dreisatz

Beim zusammengesetzten Dreisatz hängt der gesuchte Wert nicht nur von einer, sondern von mehreren Größen ab.

Beispiel 1:
Ein Gebinde Schmieröl, das aus sechs Dosen mit jeweils 1,5 Litern besteht, kostet 24,00 €. Wie hoch ist der Preis für ein Gebinde, wenn es vier Dosen mit je zwei Litern Inhalt umfasst?

Vorüberlegungen			
Feststellen, welche Größe berechnet werden soll.			Preis
Feststellen, von welcher Größe die zu berechnende Größe abhängt.	Dose	Liter	
Dreisatz aufbauen			
1. Angabesatz formulieren: sechs Dosen zu 1.5 Liter kosten 24,00 €.	6	1,5	24
2. Schluss auf eine Einheit der unabhängigen Größe Dose: Verhältnis Dose – Preis prüfen; bei nur einer Dose sinkt der Preis, also proportional; somit Division durch 6.	1	1,5	$\frac{24}{6}$
Schluss auf eine Einheit der unabhängigen Größe Liter: Verhältnis Liter – Preis prüfen; bei nur einem Liter sinkt der Preis, also proportional; somit Division durch 1,5.	1	1	$\frac{24}{6 \cdot 1{,}5}$
3. Zwischen-Lösungssatz – Schluss auf die gesuchte Größe: Preis für vier Dosen zu ein Liter. Da ein proportionales Verhältnis vorliegt, muss der Preisterm mit 4 multipliziert werden.	4	1	$\frac{24 \cdot 4}{6 \cdot 1{,}5}$
4. Lösungssatz: Preis für vier Dosen zu zwei Liter. Da ein proportionales Verhältnis vorliegt, muss der Preisterm mit 2 multipliziert werden. Der Preis beträgt 21,33 €	4	2	$\frac{24 \cdot 4 \cdot 2}{6 \cdot 1{,}6}$ $= 21{,}33$

Hinweis
Bei zusammengesetztem Dreisatz kann man sich die Arbeit ein wenig vereinfachen, indem man Größen sinnvoll zusammenfasst. In dem obigen Beispiel hätte man die Anzahl der Dosen mit der Größe des Volumens zusammenfassen können zu Litern. Ein Gebinde enthält nämlich bei sechs Dosen à 1,5 Litern insgesamt neun Liter. Ein Gebinde mit vier Dosen à zwei Liter besteht aus acht Litern. Dann ergibt sich ein einfacher Dreisatz: Neun Liter kosten 24,00 €; wie viel kosten dann acht Liter?

Beispiel 2:
Die Empfangshalle ist mit Teppichboden auszulegen. Dazu werden acht Teppichrollen benötigt. Eine Rolle ist 12 m lang und 5 m breit. Der Hersteller teilt nun mit, dass er nur noch Rollen mit 4 m Breite und 20 m Länge produziert. Wie viele Teppichrollen werden nun benötigt?

Vorüberlegungen			
Feststellen, welche Größe berechnet werden soll.			Anzahl Rollen
Feststellen, von welcher Größe die zu berechnende Größe abhängt.	Länge in m	Breite in m	
Dreisatz aufbauen			
Angabesatz formulieren: Bei 12 m Länge und 5 m Breite beträgt die Anzahl der benötigten Rollen 8.	12	5	8
Schluss auf eine Einheit der unabhängigen Größe Länge: Verhältnis Länge – Rollen prüfen; bei nur einem Meter Länge steigt die Anzahl der Rollen, also anti-proportional; somit Multiplikation des Rollen-Terms mit 12.	1	15	$8 \cdot 12$
Schluss auf eine Einheit der unabhängigen Größe Breite: Verhältnis Breite zu Rollenanzahl prüfen; bei nur einem Meter Breite steigt die Rollenzahl, also anti-proportional; somit Multiplikation mit 5.	1	1	$8 \cdot 12 \cdot 5$
Zwischen-Lösungssatz – Schluss auf die gesuchte Größe: Rollenzahl bei 20 m Länge und 1 m Breite. Da ein anti-proportionales Verhältnis vorliegt, muss der Rollenterm durch 20 dividiert werden.	20	1	$\frac{8 \cdot 12 \cdot 5}{20}$
Lösungssatz: Rollenzahl bei 20 m Länge und 4 m Breite. Da ein anti-proportionales Verhältnis vorliegt, muss der Rollenterm durch 4 dividiert werden. Es werden 6 Rollen benötigt.	20	4	$\frac{8 \cdot 12 \cdot 5}{20 \cdot 4}$ $= 6$

Hinweis
Dieses Problem hätte man vereinfachen können. Eine Teppichrolle, die 12 m lang und 5 m breit ist, bedeckt eine Fläche von 60 m². Eine Rolle mit 20 m Länge und 4 m Breite ergibt 80 m².

Mithilfe der Dreisatzrechnung kann man sehen, wie sich die Änderung einer Größe auf eine andere Größe auswirkt. Um zur richtigen Lösung zu gelangen, muss zunächst festgestellt werden, welche Größe zu berechnen ist. Anschließend wird untersucht, wie sich die Änderung der anderen vorgegebenen Größe auf den Wert der gesuchten Größe auswirkt. In dem Teppichfall ist die Anzahl der Rollen die gesuchte Größe, die Länge und die Breite sind die Größen, die die benötigte Anzahl an Rollen beeinflussen. Die Anzahl der Rollen hängt somit ab von der vorgegebenen Länge und Breite einer Rolle.

Für die Festlegung des Rechenweges ist die Überlegung wichtig, ob das Verhältnis der Größen zu einander proportional oder anti-proportional ist.

4 Übungen

Aufgabe 1

Mesut spielt in einer Straßenmannschaft Fußball. Sie haben einen Fußballplatz zur Verfügung gestellt bekommen, den sie aber selber pflegen müssen. Bevor sie spielen können, müssen sie den Rasen mähen. Das Fußballfeld ist 110 m lang und 56 m breit. Es steht ihnen ein Aufsitzmäher zur Verfügung mit einer Schnittbreite von 75 cm. Der Mäher hat eine durchschnittliche Geschwindigkeit von 6 km pro Stunde. Charly meint: „Wenn wir um 13:00 Uhr mit dem Mähen beginnen, dann können wir 14:30 Uhr spielen." Mesut: „Nein, wir müssen früher anfangen." Prüfe, welcher von beiden Recht hat.

Aufgabe 2

Susanne und Petra sollen für die Klassenfête 6 1,5-Literflaschen Cola einkaufen. Im Getränkemarkt stehen sie vor dem Regal mit den Cola-Flaschen. Es werden keine Literflaschen, sondern nur 0,5–Literflaschen angeboten. Susanne fragt Petra: „Wie viele Flaschen müssen wir jetzt kaufen?"

Aufgabe 3

Familie Sandow erwartet Nachwuchs. Frau Sandow: „Unsere Wohnung mit 64 m² wird zu klein werden. Wir brauchen ein Kinderzimmer. Die neue Wohnung muss mindestens 76 m² groß sein." Herr Sandow: „ Wir zahlen jetzt 460,80 € Miete. Dann müssen wir ja fast 600,00 € bezahlen." Frau Sandow: „Nein, so viel kann das nicht sein, wenn wir denselben Quadratmeterpreis zugrunde legen."

Aufgabe 4

Eine Jugendgruppe hat herausgefunden, dass ein Gruppenvertrag für Handys günstiger ist, als wenn jeder einen Einzelvertrag abschließt. Die Kosten werden entsprechend der verbrauchten Gesprächseinheiten aufgeteilt. Für die 2530 Gesprächseinheiten wurden der Gruppe 123,97 € in Rechnung gesetzt. Alexander hatte 160 Einheiten vertelefoniert. Wie viel muss er bezahlen?

Aufgabe 6

Kim, Nadja und Kai arbeiten in den Ferien auf einer Erdbeerplantage. Kim pflückt 3 Eimer zu je 5 kg. Er bekommt dafür 16,50 €. Kai liefert vier Eimer zu je 4,5 kg ab und erhält für seine Ernte 18,00 €. „Entschuldigen Sie bitte", sagt er zu dem Kassierer, „muss ich nicht mehr bekommen?" Wie viel Geld bekommt Nadja, die vier Eimer zu je 4,8 kg gefüllt hat?

Aufgabe 7

Peter hat mit Freunden in Berlin ein Pop-Konzert besucht. Der Vater hatte ihm sein Auto ausgeliehen. Bei der Übergabe des Schlüssels sagte er: „Peter, wenn du vernünftig fährst, braucht der Wagen etwa 7 Liter auf 100 Kilometer." Der Aufenthalt in Berlin war nicht nur toll, sondern auch teuer. Als sie in Helmstedt an der Raststätte tanken müssen, stellen sie fest, dass sie nur noch Geld für 25 Liter Benzin haben. Betroffen schauen sich die Freunde an. Peter: „Was meint ihr, schaffen wir es bis zur Venloer Straße in Köln?"

Verteilungsrechnen

Mithilfe der Verteilungsrechnung bestimmt man, wie hoch der Anteil eines bestimmten Teiles an einer Gesamtsumme ist. Verteilt werden können Geldmengen, Warenmengen etc. Das Verhältnis, nach dem eine Menge verteilt wird (der sogenannte Verteilungsschlüssel), kann vorgegeben sein oder muss noch aus dem Sachverhalt heraus ermittelt werden. Beispielsweise können Gewinne einer Unternehmung nach der Höhe der Summe zugeordnet werden, mit der die Gesellschafter an der Unternehmung beteiligt sind.

Zur Darstellung benutzt man meistens eine Tabelle. Man unterscheidet Verteilungen mit und ohne Nebenbedingungen.

1 Verteilung ohne Nebenbedingung

Beispiel:

Der Besitzer eines Dreifamilienhauses bereitet die jährliche Nebenkostenabrechnung für seine Mieter vor. Die Gesamtheizkosten belaufen sich für das Jahr 2013 auf 1 392,98 €. Diese werden entsprechend dem Wärmeverbrauch auf die Mieter umgelegt. Der Wärmeverbrauch wird mittels Wärmemesszähler festgestellt. Die Summe der gemessenen Wärmeeinheiten beträgt 241 WME (Wärme-Mess-Einheit).

Bei der Berechnung der anteiligen Heizkosten für jede der 3 Wohnungen geht der Vermieter folgendermaßen vor:

Die Gesamtheizkosten für das Dreifamilienhaus betragen zusammen 1 392,98 €. Pro WME liegen die Heizkosten bei 1 392,98 € : 241 WME = 5,78 € pro WME.

Wohnung	Wärmeverbrauch	Kosten pro WME	Anteilige Heizkosten
1	85	5,78 €	85 WME · 5,78 €/WME = 491,30 €
2	89	5,78 €	89 WME · 5,78 €/WME = 514,42 €
3	67	5,78 €	67 WME · 5,78 €/WME = 387,26 €
Insgesamt	**241**		**1 392,98 €**

Allgemein gilt, dass sich Verteilungsaufgaben wie im Beispiel oben in folgenden Schritten lösen lassen:

Lösungsschritte	Das ist zu tun:	Bezogen auf das Beispiel
1. Schritt	Stelle eine Tabelle auf.	
2. Schritt	Addiere die Anteile und bestimme damit die Gesamtsumme.	Im Beispiel oben hat der Vermieter den Wärmeeinheitenverbrauch der einzelnen Wohnungen addiert und den Gesamtverbrauch festgestellt: 241 WME.
3. Schritt	Teile die Summe, die verteilt werden soll, durch die Gesamtsumme der Anteile.	Die Gesamtheizkosten in Höhe von 1392,98 € wurden durch die Summe der Wärmeeinheiten, nämlich 241, geteilt.
4. Schritt	Multipliziere das Ergebnis jeweils mit den Anteilen.	Die Verbrauchszahl pro Wohnung wurde mit 5,78 €/WME multipliziert.
5. Schritt	Vervollständige die Tabelle.	Kontrolle: Wenn man die einzelnen Beträge, die auf die 3 Wohnungen entfallen, addiert, müssen sich 1392,98 € ergeben.

2 Verteilung mit Nebenbedingung

2.1 Sonderzahlungen und Sondervergütung

Beispiel:
Alexa, Miriam, Cem und Paul haben die Kaufmannsgehilfenprüfung bestanden. Zur Feier des Abschlusses laden sie ihre Arbeitskolleginnen und Kollegen ein. Für Getränke wurden 280,00 € aufgewendet. „Das macht dann 70,00 € pro Person“, sagt Paul. Cem entgegnet: „Du vergisst, dass Miriam die Salate und das Brot bereitgestellt hat. Das müssen wir sicher mit 50,00 € berücksichtigen. Dann sind 330,00 € die Verteilungsgrundlage.“

Bestimmung der Verteilungsgrundlage

Getränke	280,00 €
Brot und Salat	50,00 €
Verteilungsgrundlage	330,00 €

Anteil pro Person: 330 : 4 = 82,50 €

Personen	Sondervergütung	Anteiliger Kostenbetrag
Alexa		82,50
Miriam	50,00	32,50
Cem		82,50
Paul		82,50
Gesamt		280,00

2.2 Mehrere Verteilungsschlüssel

Beispiel:

Silke, Peter, Annika, Aisha und Tim haben gemeinsam eine Geburtstagsparty veranstaltet. Nach der Party rechnen sie anhand der gesammelten Kassenbons die Kosten für die Party aus. Sie kommen auf 435,00 € für Lebensmittel, Getränke usw. Die Raummiete beträgt 100,00 €. Peter erklärt sich bereit, die Hälfte der Raummiete zu bezahlen, weil er seinen 18. Geburtstag gefeiert und die meisten Gäste eingeladen hat, nämlich 18 Leute. Silke hat 11 Gäste gehabt, Annika 8, Aisha 12 und Tim 9. Wie viel Euro entfallen auf jeden Gastgeber?

Peter bezahlt die Hälfte der Raummiete, die 100,00 € ausmacht. Also entfallen 50,00 € auf ihn. Die übrigen 50,00 € werden zu gleichen Teilen auf die anderen 4 Gastgeber verteilt: 50,00 € : 4 = 12,50 € für jeden.

Insgesamt wurden 58 Gäste eingeladen. Zunächst wird berechnet, wie viel Euro jeder Gast gekostet hat: 435,00 € : 58 = 7,50 €. Nun multipliziert man die Kosten für einen Gast mit der jeweiligen Anzahl der Gäste. Für Silke ergibt sich beispielsweise: 11 Gäste · 7,50 € = 82,50 €. Hinzu kommen die 12,50 € Raummiete. Silke muss also 95,00 € für die Party bezahlen.

Gastgeber	Anteil an der Raummiete	Anzahl der eingeladenen Gäste	Kosten pro Gast	Anteil an den Kosten für Lebensmittel, Getränke usw.	Gesamt
Silke	12,50 €	11	7,50 €	11 · 7,50 € = 82,50 €	95,00 €
Peter	50,00 €	18	7,50 €	18 · 7,50 € = 135,00 €	185,00 €
Annika	12,50 €	8	7,50 €	8 · 7,50 € = 60,00 €	72,50 €
Aisha	12,50 €	12	7,50 €	12 · 7,50 € = 90,00 €	102,50 €
Tim	12,50 €	9	7,50 €	9 · 7,50 € = 67,50 €	80,00 €
Gesamt	**100,00 €**	**58**		**435,00 €**	**535,00 €**

Allgemein gilt, dass sich Verteilungsaufgaben wie im Beispiel oben in folgenden Schritten lösen lassen:

Lösungsschritte	Das ist zu tun:	Bezogen auf das Beispiel
1. Schritt	Stelle eine Tabelle auf.	
2. Schritt	Berechne die Sonderzahlungen bzw. Sondervergütungen.	Im Beispiel wurde zunächst der Anteil an der Raummiete berechnet, den jeder Gastgeber zu tragen hat. Dabei war zu berücksichtigen, dass Peter die Hälfte der Raummiete übernimmt.
3. Schritt	Addiere die Anteile und bestimme damit die Gesamtsumme.	Im Beispiel oben wurde die Anzahl der Gäste, die von jedem einzelnen eingeladen wurden, addiert. Es waren somit insgesamt 58 Gäste.

Lösungsschritte	Das ist zu tun:	Bezogen auf das Beispiel
4. Schritt	Teile die Summe, die verteilt werden soll, durch die Gesamtsumme der Anteile.	Die Kosten für Lebensmittel und Getränke in Höhe von 435,00 € wurden durch die Anzahl der Gäste, nämlich 58, geteilt.
5. Schritt	Multipliziere das Ergebnis jeweils mit den Anteilen.	Die jeweilige Anzahl der Gäste wurde mit den Kosten pro Gast, nämlich 7,50 €, multipliziert.
6. Schritt	Fasse die Sonderzahlungen und die Anteile an der Verteilungssumme zusammen. Vervollständige die Tabelle.	Im Beispiel oben sind die Anteile an der Raummiete sowie die Anteile an den sonstigen Kosten zu addieren. Kontrolle: Wenn man die einzelnen Beträge, die auf die 5 Gastgeber entfallen, addiert, müssen sich 435,00 € für die Kosten für Lebensmittel, Getränke usw. und 535,00 € für die Gesamtkosten ergeben.

3 Übungen

Aufgabe 1

Der Vermieter aus dem Beispiel oben muss auch noch die Wasserkosten für das Dreifamilienhaus verteilen. Insgesamt liegen die Wasser- und Abwassergebühren im Jahr 2014 bei 973,14 €. Dabei geht er jedoch nicht wie bei den Heizkosten nach dem Wärmeverbrauch, sondern nach der Anzahl der Personen vor, die in dem jeweiligen Haushalt leben. Wohnung 1: 2 Personen; Wohnung 2: 3 Personen; Wohnung 3: 1 Person. Fülle die Lücken aus!

Jahresabrechnung (Nebenkosten) 2014

...

Wasser/Abwassergebühren

Wohnung 1 ________

Wohnung 2 ________

Wohnung 3 ________

...

Aufgabe 2

Der Jahresgewinn einer OHG (Offene Handelsgesellschaft) beläuft sich auf 986335,71 €. Die vier Gesellschafter haben vereinbart, dass Gesellschafter Assheuer für seinen besonderen Einsatz zunächst 2 % des Gewinns erhält, der Rest soll unter den Gesellschaftern nach der Höhe ihrer jeweiligen Kapitaleinlagen verteilt werden. Gesellschafter Assheuer ist mit 1324500,00 €, Gesellschafter Behrendt mit 980400,00 €, Gesellschafter Cordes mit 598000,00 € und Gesellschafter Diedrichs mit 1700000,00 € an der OHG beteiligt. Bestimme den Gewinnanteil der vier Gesellschafter.

Aufgabe 3

Markus, Swetlana und Sven haben zusammen Lotto gespielt und 36,00 € gewonnen. Nun geht es an die Aufteilung des Gewinns. Markus schlägt vor, davon Pizza essen zu gehen, Swetlana und Sven möchten den Gewinn aber lieber aufteilen. Swetlana: „Ich bin dafür, dass wir die 36,00 € aufteilen. Dann bekommt jeder 12,00 €. Ist doch besser als gar nichts.“ Sven: „Stimmt. Allerdings finde ich es unfair, wenn wir den Gewinn durch drei teilen, schließlich hat jeder von uns unterschiedlich viel Geld eingesetzt! Du, Swetlana, hast nur 1,50 € bezahlt, Markus 3,00 € und ich 3,50 €. Wir sollten den Gewinn entsprechend unserer Einsätze verteilen.“ Markus und Swetlana: „Einverstanden. Dann rechne das 'mal aus!“

Aufgabe 4

Vitali, Cem, Tim und Alexander haben im Internet Computerzubehör bestellt. Für den Versand wurden 6,90 € berechnet sowie 5,90 € Nachnahmegebühr. Alexander macht den Vorschlag, die Gebühren nicht gleichmäßig auf alle umzulegen, sondern komplett nach dem Gewicht der bestellten Waren zu verteilen.

Tim packt die Waren auf die Waage: „So, ich habe 0,6 kg. Dann wollen wir doch mal schauen, was Vitalis Sachen wiegen. ... Hm, das sind 1,1 kg. Alexander, gibst du mir dein Päckchen? ... Aha, du hast Glück. Nur 0,25 kg. Und zu guter Letzt ist Cem an der Reihe. 0,55 kg.“
Cem: „Jetzt ist mir klar, warum du die Gebühren nach Gewicht verteilen willst, Alexander. Ich bin eher dafür, dass wir den gesamten Betrag nach dem Warenwert verteilen.“

Vitali hat Waren im Wert von 48,85 € bestellt, Cem hat für 14,50 € eingekauft, Tim für 29,90 € und Alexander für 66,75 €.

Es gibt also drei Vorschläge, die Gebühren zu verteilen. Wer profitiert von welchem Verfahren?

Aufgabe 5

Die Fuhrmann KG hat einen Jahresgewinn von 86 183,60 € erwirtschaftet. Zunächst sollen laut Gesellschaftsvertrag Herr Fricke und Herr Marks, die beiden Komplementäre, sowie Herr Kleinbrink, der Kommanditist, jeweils 4 % ihrer Kapitaleinlage erhalten. Diese beträgt bei Herrn Fricke 125 000,00 € und bei Herrn Marks 96 000,00 €. Herr Kleinbrink ist mit 45 000,00 € beteiligt. Der Rest soll im Verhältnis 5 : 4 : 2 verteilt werden. Wie viel bekommen die beiden Komplementäre und der Kommanditist ausbezahlt?

Aufgabe 6

Karoline, Pauline und Jessika haben eine WG gegründet und müssen nun festlegen, wie viel Miete jeder von ihnen bezahlen muss.

Pauline: „Überlegen wir doch 'mal. Die Warmmiete liegt bei 552,50 €. Küche, Bad und Flur benutzen wir gemeinsam. Auf diese Räume entfallen 27 m². Mein Zimmer ist 19 m² groß.“

Karoline: „Ich habe 21,5 m^2, Jessika hat 17,5 m^2. Am besten rechnen wir zunächst einmal aus, wie viel Euro auf einen Quadratmeter Wohnfläche entfallen."

Jessika: „Genau. Und den Betrag für Flur, Bad und Küche teilen wir gleichmäßig auf!"

Aufgabe 7

Karoline, Pauline und Jessika haben zum ersten Mal eine Telefonrechnung für ihre WG bekommen.

Ihre Rechnung für Juli 2013

Grundgebühr Internetnutzung	4,26 €
930 Minuten Nutzungsentgelt	12,09 €
Rechnungsbetrag	16,31 €

Karoline: „Wenigstens haben wir uns immer aufgeschrieben, wie lange wir im Internet waren. Das ist zwar umständlich, aber gerecht. Ich versende ja nur selten ein paar E-Mails, deswegen sind es bei mir nur 165 Minuten."

Pauline: „Stimmt. Ich schaue ja schon 'mal eher bei Ebay hinein oder surfe einfach so ein bisschen. Ich habe 554 Minuten gezählt."

Jessika: „Bei mir sind 211 Minuten zusammengekommen. Dann rechnen wir doch gleich durch, wie viel jeder in diesem Monat bezahlen muss."

Aufgabe 8

Katrin macht eine Ausbildung bei einer Firma, die kürzlich ihr 20-jähriges Jubiläum zusammen mit einer weiteren Firma gefeiert hat. Herr Schneider, ihr Chef, hat nun eine Bitte.

Herr Schneider: „Katrin, wir hatten doch vor ein paar Wochen diese Jubiläumsfeier. Hier sind nun die Rechnungen für die Raummiete, Einladungen, Unterhaltungsprogramm, Verpflegung der Gäste usw. Bitte rechnen Sie für mich aus, welcher Anteil auf unsere Firma und welcher auf die Firma Quantus entfällt." Katrin: „Dazu brauche ich aber noch ein paar Informationen."

Herr Schneider: „Natürlich. Wir haben 680 Einladungen verschickt, die Firma Quantus 520. Die übrigen Kosten sind nach der Anzahl der Gäste zu verteilen. Anhand der Einladungen, die am Eingang abgegeben werden mussten, konnten wir feststellen, dass von den insgesamt 835 Gästen 467 von der Firma Schneider eingeladen wurden. Ach, ja. Und dann bedenken Sie noch, dass von uns insgesamt 37 Mitarbeiter anwesend waren und von der Firma Quantus 25. Ich hätte die Aufstellung gerne am Nachmittag auf meinen Schreibtisch. Ist das möglich?"

Katrin: „Ja, klar. Kein Problem."

Katrin stellt erst einmal die einzelnen Rechnungsbeträge zusammen:

Kosten für die Jubiläumsfeier

Raummiete:	500,00 €
Einladungen:	660,00 €
Unterhaltungsprogramm:	1 890,00 €
Getränke:	4 976,75 €
Imbiss:	6 578,00 €
Bedienung:	1 080,00 €

Als Katrin gerade mit der Verteilung der Kosten beginnen will, wird ihr ganz schwarz vor Augen. Als ihr Zustand nicht besser wird, meldet sie sich krank. Jetzt muss jemand für sie einspringen ...

Aufgabe 9

Die Firma Quantus hat einige Renovierungsarbeiten durchführen lassen und dafür einen Rechnungsbetrag von 7896,00 € vereinbart. Während jeweils ein Maler und ein Tischler eingesetzt wurden, waren für den Auftrag zwei Elektriker der Firma Meyerbeer im Einsatz. Die an den Arbeiten beteiligten Handwerksbetriebe müssen diese Summe nun nach den Stunden aufteilen, die sie jeweils geleistet haben. Herr Breitenbach nimmt dafür den Stundenzettel zur Hand.

Datum	**Maler Westphal**	**Tischlerei Breitenbach**	**Elektriker Meyerbeer**
Montag, 02.03.	–	–	7,5 Stunden
Dienstag, 03.03.	5,0 Stunden	8,0 Stunden	6,0 Stunden
Mittwoch, 04.03.	6,25 Stunden	7,25 Stunden	5,5 Stunden
Donnerstag, 05.03.	7,5 Stunden	8,5 Stunden	–
Freitag, 06.03.	7,25 Stunden	6,25 Stunden	–

B

Handelsmaße und ausländische Maßeinheiten

1 Umrechnungsgrößen

Heute werden Standard-Maßeinheiten für Strecken, Gewichte und Zeit benutzt. Die wichtigsten sind zum Beispiel Meter für das Messen von Längen, Kilogramm für das Messen von Gewichten und Sekunde für das Messen von Zeit. Leider werden nicht überall auf der Welt die gleichen Maßeinheiten verwendet. Beispielsweise werden bei uns in Deutschland Entfernungen in Kilometern gemessen, in Großbritannien und den USA jedoch in Miles. Die linke Spalte der nachstehenden Tabelle enthält metrische Einheiten, wie sie in Deutschland üblich sind, die rechte Spalte umfasst nichtmetrische Einheiten.

Metrische Einheiten	Nichtmetrische Einheiten
1 Kilometer	0,62137 Miles
1 Meter	3,28095 Feet[1]
1 Meter	1,0936 Yard
1 Zentimeter	0,3937 Inch/Zoll
1 Liter	1,7598 Pint
1 Kilogramm	32,1507 Troy[2] Ounces
1 Kilogramm	2,2 Pound

Handelsmaße

Mengeneinheiten	Handelsbezeichnung
12	Dutzend
60	Schock
144	Gros

2 Die Umrechnungsmethode

Zur Umrechnung von einer Maßeinheit in eine andere kann man wie bei den Währungen den Dreisatz anwenden, da die Maßeinheiten in einem proportionalen Verhältnis zueinander stehen.

1 Einzahl: Foot; Mehrzahl: Feet

2 Unze ist die übliche Gewichtseinheit, in der Edelmetall- , Gold- und Feingewichte angegeben werden. Leider gibt es mehrere unterschiedliche Unzen aus verschiedenen Maßsystemen, was ein bisschen verwirrend sein kann. Das Troy-System wird für Gold, Silber und Edelsteine benutzt.

Beispiel:

Natascha liegt mit ihren Eltern am Hotel-Pool in Florida. Natascha: „Ich würde gerne ins Wasser gehen." Vater: „Warum gehst du dann nicht?" Natascha: „Du weißt doch, dass ich in tiefem Wasser Angst habe. Ich bin beruhigter, wenn ich weiß, dass ich im Wasser stehen kann." Mutter: „Geh doch ins Wasser, dann siehst du, ob du darin stehen kannst." Natascha: „Ich glaube, ihr macht euch über mich lustig. Da steht ein Schild: 4,5 Feet. Wie tief wird der Pool dann sein?"

Vater: „Wer so albern ist wie du, dem helfe ich nicht. Rechne doch aus, wie tief das Becken ist."

Natascha ist 1,75 m groß.
Wird sie im Pool stehen können?

3,28095 Feet	1 Meter	In der Tabelle kann man nachsehen, dass 1 Meter 3,28095 Feet entsprechen.
1 Foot	$\frac{1}{3{,}28095} \approx 0{,}305$ Meter	Schluss auf 1 Es wird berechnet, wie viel Meter einem Foot entsprechen.
4,5 Feet	$4{,}5 \cdot 0{,}305 = 1{,}3725$ Meter	Multiplikation mit 4,5 Natascha wird im Pool stehen können, denn er ist bloß 1,3725 m tief.

3 Übungen

Aufgabe 1

Alexandra bittet ihren Bruder: „Du, Sven, kann ich mit deinem Computer 'mal etwas tippen? Auf meinem PC ist ein Virus. Ist auch für die Schule! Ich muss als Hausaufgabe einen Geschäftsbrief verfassen." Sven: „Ausnahmsweise." Kurze Zeit später muss Alexandra ihren Bruder wieder stören: „Du, Sven. Auf deinem PC ist ja alles verstellt ..." Sven: „Da ist nichts verstellt. Das ist ein englisches Textverarbeitungsprogramm. Das hab ich von meinem Auslandspraktikum in England mitgebracht. Die Einstellungen beziehen sich auf Inch." Alexandra: „Ich benötige aber eine Randeinstellung von 2 cm!" Sven: „Ja, dann muss du wohl ein wenig rechnen. Du siehst doch, dass ich jetzt keine Zeit habe."

Aufgabe 2

Kai fährt mit seinem Onkel, einem englischen Soldaten durch die Gegend, als der Jeep plötzlich geblitzt wird. Die Polizei hält die beiden an. Polizist: „Guten Tag. Haben Sie nicht gesehen, dass Sie sich in einer 30er-Zone befinden? Wir haben Sie geblitzt." Kais Onkel: „Das verstehe ich nicht. Ich bin genau 30 gefahren. Das Gerät muss kaputt sein." Polizist: „Das glaube ich wohl kaum. Schauen Sie mal auf ihre Tacho-Anzeige. Da steht nicht Kilometer pro Stunde, sondern Miles per hour." Kais Onkel: „Ja, den Wagen habe ich aus England mitgebracht. Entschuldigen Sie. Daran habe ich überhaupt nicht gedacht!"

Polizist: „Na, wunderbar. Dann fahren Sie also schon die ganze Zeit über zu schnell? ... Sie hören von uns. Wiedersehen." Kais Onkel: „Mensch, Kai. Da habe ich aber überhaupt nicht aufgepasst. Hoffentlich behalte ich meinen Führerschein. Hast du eine Ahnung, wie viel ich zu schnell war?"

Aufgabe 3

Bei einer Klassenfahrt nach London muss sich die Klasse selbst verpflegen. Die Gruppe hat in der Jugendherberge ein Rezept für englisches Gebäck gefunden, welches sie gerne ausprobieren würde.

Anna: „Das ist aber ärgerlich. Die Waage, die wir mitgenommen haben, zeigt das Gewicht nur in Gramm an. Dann wird wohl nichts aus dem Backen." Sebastian: „Gib doch nicht so schnell auf. Das ist doch kein Problem. Statt 27 Ounces nehmen wir einfach 27 Gramm." Sabine: „Toller Vorschlag! Willst du das Gebäck mit einer Lupe auf dem Teller suchen?" Sebastian: „Dann eben 270 Gramm." Clara: „Das ist doch ungenau. Wir können das auch ausrechnen. Ich verspreche euch, heute gibt es zum Tee leckeres englisches Gebäck."

Aufgabe 4

Christopher steht seit einiger Zeit mit einem Engländer per E-Mail in Kontakt. Beide sind sehr sportbegeistert und tauschen sich oft darüber aus. David hat Christopher geschrieben, dass er 8,3 Sekunden für 100 Yards benötigt. Christopher: „Was soll ich ihm denn darauf antworten? Ist David besser als ich? ... Ich habe letztens 100 m in 10,9 Sekunden zurückgelegt." Wer von beiden ist der bessere Läufer?

17,5	ounces of flour
9	ounces of butter
0,45	pound of sugar
2	eggs
1	lemon

Ausschnitt aus einem Rezept

Prozentrechnung

B

1 Prozentwert, Grundwert, Prozentsatz

1.2 Begriffe

Die Prozentrechnung ist im Prinzip eine Vergleichsrechnung. Sie ermöglicht es, das Ausmaß von Werteänderungen mit einer Zahl beschreiben zu können.

Beispiel:

Eine 100 g Packung Konfekt verteuert sich von 5,00 € auf 6,00 €. Die 50-g-Packung steigt im Preis von 2,50 € auf 3,50 €. Betrachtet man die Preissteigerung in absoluten Zahlen, so ist in beiden Fällen der Preis um 1,00 € gestiegen. Der Preis der 50-g-Packung ist jedoch relativ, d. h. im Verhältnis stärker angestiegen. Das ist leicht einsehbar. Für 2 Packungen zu 50 g sind nunmehr 7,00 € zu zahlen. In der 100-g-Packung bekommt man denselben Inhalt zu 6,00 €.

Um das Ausmaß der Werteveränderung, hier den Preisanstieg, besser fassen und damit vergleichbar machen zu können, wird von dem Ausgangswert aus auf 100 umgerechnet. Wenn bei einem Ausgangswert von 2,50 € der Preis um 1,00 € steigt, dann beträgt die Preissteigerung auf 100,00 € bezogen 40,00 €.

$$
\begin{aligned}
& 2{,}50\ € && \triangleq\ 1{,}00\ € \\
100{,}00\ € = \ & 2{,}50\ € \cdot 40 && \triangleq\ 1{,}00\ € \cdot 40 \\
& 100{,}00\ € && \triangleq\ 40{,}00\ €
\end{aligned}
$$

Man sagt nun: Der Preis ist um 40 Prozent gestiegen. Prozent leitet sich von dem lateinischen Ausdruck pro centum (pro 100), also bezogen auf die Vergleichszahl 100 ab.

Bei einem Ausgangswert von 5,00 € und einer Steigerung um 1,00 € beträgt die Steigerung 20 Prozent, in Kurzschreibweise 20 %.

Die Zahl, die die relative Wertänderung anzeigt, wird **Prozentsatz** genannt. Der Wert, auf den sich die Wertänderung bezieht, wird **Grundwert** genannt. Der absolute Betrag der Veränderung ist der **Prozentwert**. Der um den Prozentwert erhöhte Grundwert wird **vermehrter Grundwert** genannt. Wird der Prozentwert vom Grundwert subtrahiert, erhält man den **verminderten Grundwert**.

Die Prozentrechnung dient nicht nur zur Vergleichsrechnung. Sie erleichtert auch in vielerlei Hinsicht die Arbeit. Das zeigt das nachstehende Beispiel: Ein Lebensmittelhändler ist verpflichtet, jeden Artikel mit dessen Preis auszuzeichnen. Wenn er nun eine Sonderaktion startet mit dem Werbespruch „In dieser Woche 10 % auf alle Waren“, braucht er nicht an allen Artikeln die Preisetiketten zu ändern. Der Kunde kann leicht den neuen Preis selber berechnen. Der aufgedruckte Preis ist der Grundwert. Der Preisnachlass in Euro ist der Prozentwert. Der um den Preisnachlass reduzierte Preis, der an der Kasse zu zahlen ist, ist der verminderte Grundwert.

1.2 Prozentwert

Beispiel:
Bei einem Preis von 100,00 € bedeutet eine Preiserhöhung um 3 %, dass sich der Preis um 3,00 € erhöht. Der neue Preis beträgt dann 103,00 €. Der Prozentwert ist hier 3,00 €. War der alte Preis 50,00 €, so stellt sich der neue Preis bei einer Preiserhöhung von 3 % auf 51,50 €. Der Prozentwert von 1,50 € ist also hier der Betrag, um den der Preis steigt.

Grundwert	Prozentsatz	Prozentwert	Vermehrter Grundwert
Alter Preis	Preiserhöhung in %	Preiserhöhung in €	Neuer Preis
50	3	$\frac{50 \cdot 3}{100} = 1,5$	50 € + 1,5 € = 51,5 €

Um den Prozentwert berechnen zu können, müssen Grundwert und Prozentsatz gegeben sein.

$$\text{Prozentwert} = \frac{\text{Grundwert} \cdot \text{Prozentsatz}}{100}$$

Durch Umstellen der Formel kann man auch die übrigen Größen berechnen.

1.3 Grundwert

Beispiel:
Wie hoch war der alte Preis, wenn bei einer Erhöhung um 3 % die Preiserhöhung 1,50 € ausmacht?

Prozentsatz	Prozentwert	Grundwert
Prozentuale Preiserhöhung in %	Preiserhöhung in €	Alter Preis
3	1,5	$\frac{1,5 \cdot 100}{3} = 50$

Der alte Preis betrug 50,00 €.

Sind der Prozentwert und der Prozentsatz gegeben, kann man den Grundwert wie folgt berechnen:

$$\text{Grundwert} = \frac{\text{Prozentwert} \cdot 100}{\text{Prozentsatz}}$$

1.4 Prozentsatz

Beispiel:
Um wie viel Prozent stieg der Preis, wenn der Preis um 1,50 € erhöht wurde? Der alte Preis betrug 50,00 €.

Grundwert	Prozentwert	Prozentsatz
Alter Preis	Preiserhöhung in €	Prozentuale Preiserhöhung
50	1,5	$\frac{1,5 \cdot 100}{50} = 3$

Die Preiserhöhung beträgt 3 %.

Ist der Grundwert und der Prozentwert gegeben, lässt sich der Prozentsatz wie folgt berechnen:

$$\text{Prozentsatz} = \frac{\text{Prozentwert} \cdot 100}{\text{Grundwert}}$$

2 Vermehrter Grundwert

Beispiel:
Nach einer Preiserhöhung von 3 % beträgt der neue Preis 51,50 €. Wie hoch war der frühere Preis?

Bei dieser Problemstellung ist der vermehrte Grundwert und ein Prozentsatz angegeben. Der vermehrte Grundwert ist die Summe aus Grundwert und Prozentwert.

Um ableiten zu können, wie aus dem vermehrten Grundwert und dem Prozentsatz der frühere Grundwert berechnet wird, wird zunächst aufgezeigt, wie sich der vermehrte Grundwert bildet.

Grundwert	Prozentsatz	Prozentwert	Vermehrter Grundwert
Früherer Preis	Prozentuale Preiserhöhung	Preiserhöhung in €	Neuer Preis
50	3 %	$\frac{50 \cdot 3}{100} = 1,5$	50 € + 1,5 € = 51,5 €
100 %	3 %		103 %

Herleitung der Formel

Ausgangsgleichung	Vermehrter Grundwert = Grundwert + Prozentwert
Für Prozentwert wird eingesetzt Die Ausgangsgleichung lautet dann	$\frac{\text{Grundwert} \cdot \text{Prozentsatz}}{100}$ $\text{Vermehrter Grundwert} = \text{Grundwert} + \frac{\text{Grundwert} \cdot \text{Prozentsatz}}{100}$
Formelvereinfachung durch Ausklammern	$\text{Vermehrter Grundwert} = \text{Grundwert} \cdot \left(1 + \frac{\text{Prozentsatz}}{100}\right)$
Multiplikation mit 100, um die Umstellung der Formel nach Grundwert zu vereinfachen	Vermehrter Grundwert · 100 = Grundwert · (100 + Prozentsatz)
Umformung nach Grundwert	$\text{Grundwert} = \frac{\text{Vermehrter Grundwert} \cdot 100}{100 + \text{Prozentsatz}}$

Aus dem vermehrten Grundwert lässt sich der Grundwert berechnen, wenn der Prozentsatz oder der Prozentwert gegeben ist.

$$\text{Grundwert} = \frac{\text{Vermehrter Grundwert} \cdot 100}{100 + \text{Prozentsatz}}$$

Wendet man die Formel auf das obige Beispiel an, ergibt sich:

Vermehrter Grundwert	Prozentsatz	Grundwert
Neuer Preis	Prozentuale Preiserhöhung	Früherer Preis
51,5	3 %	$\frac{51{,}5 \cdot 100}{103} = 50$
103 %	3 %	100 %

Der ursprüngliche Preisbetrug 50,00 €

3 Verminderter Grundwert

Beispiel:
Nach einer Preisminderung um 3 % beträgt der neue Preis 48,50 €. Wie hoch war der frühere Preis?

Bei dieser Problemstellung sind der verminderte Grundwert und ein Prozentsatz angegeben. Gesucht ist der frühere Grundwert.

Der verminderte Grundwert ergibt sich aus der Differenz aus Grundwert und Prozentwert.

Verminderter Grundwert = Grundwert – Prozentwert

Um leichter die Formel zur Bestimmung des Grundwertes bei gegebenem verminderten Grundwert und Prozentsatz zu ermitteln, wird zunächst aufgezeigt, wie der verminderte Grundwert gebildet wird.

Grundwert	Prozentsatz	Prozentwert	Verminderter Grundwert
Früherer Preis	Prozentuale Preisminde-rung	Preisminderung in €	Neuer Preis
50	3	$\frac{50 \cdot 3}{100} = 1{,}5$	50 – 1,5 = 48,5
100 %	–3 %		97 %

Herleitung der Formel

Ausgangsgleichung	Verminderter Grundwert = Grundwert – Prozentwert
Für Prozentwert wird eingesetzt	$\frac{\text{Grundwert} \cdot \text{Prozentsatz}}{100}$
Die Ausgangsgleichung lautet dann	$\text{Verminderter Grundwert} = \text{Grundwert} - \frac{\text{Grundwert} \cdot \text{Prozentsatz}}{100}$
Formelvereinfachung durch Ausklammern	$\text{Verminderter Grundwert} = \text{Grundwert} \cdot \left(1 - \frac{\text{Proentsatz}}{100}\right)$
Multiplikation mit 100, um die Umstellung der Formel nach Grundwert zu vereinfachen	Verminderter Grundwert · 100 = Grundwert · (100 – Prozentsatz)
Umformung nach Grundwert	$\text{Grundwert} = \frac{\text{Verminderter Grundwert} \cdot 100}{100 - \text{Prozentsatz}}$

Aus dem verminderten Grundwert lässt sich der Grundwert bestimmen, wenn Prozentsatz oder Prozentwert gegeben sind.

$$\text{Grundwert} = \frac{\text{Verminderter Grundwert} \cdot 100}{100 - \text{Prozentsatz}}$$

Wendet man die Formel auf das obige Beispiel an, ergibt sich:

Verminderter Grundwert	Prozentsatz	Grundwert
Neuer Preis	Prozentuale Preisminderung	Früherer Preis
48,50	3	$\frac{48{,}50 \cdot 100}{100 - 3} = 50$
97 %	3 %	100 %

Der ursprüngliche Preis betrug 50,00 €.

4 Übungen

Aufgabe 1

a) Man erwartet, dass die Unterhaltskosten für ein Mittelklasse-Auto um 8 % steigen werden. Im vergangenen Jahr betrugen sie 6 750,00 €. Um wie viel Euro werden die Unterhaltskosten steigen?

b) Peter hat im Versandhandel ein CD-Paket zum Preis von 28,00 € gekauft. Bei Zahlung binnen zehn Tagen darf er 3 % Skonto abziehen. Wie viel Euro hat er zu überweisen, wenn er die Zahlungsfrist einhält?

c) Der Verkaufspreis für ein Mountainbike wurde um 5 % auf 556,50 € angehoben. Wie teuer war das Bike vor der Preiserhöhung?

d) Eine Autoversicherung kann man kündigen und zu einer günstigeren Versicherung wechseln, wenn die Versicherungsprämie um mehr als 10 % steigt. Aus dem Schreiben einer Versicherungsgesellschaft VG: „Leider müssen wir die Prämie von 428,00 € auf 480,00 € erhöhen." Ist eine Kündigung möglich?

Aufgabe 2

Susanne geht mit Petra zum Einkaufsbummel. Sie stehen vor einem Schaufenster. Susanne: „Was lese ich da, Preisreduzierung 20 % auf alle Schuhe? Los, das lasse ich mir nicht entgehen!" Der passende Schuh ist gefunden. Alter Preis: 120,00 €, Aktionspreis 100,00 €. Petra: „Susanne, ich meine, dass der Aktionspreis nicht stimmt, wenn auf alle Schuhe ein Preisnachlass von 20 % gewährt wird." Die Kassiererin wird unsicher. Hat die Kundin etwa Recht?

Aufgabe 3

Pawel bekommt zum ersten Mal in diesem Monat Gesellenlohn. Der Stundenlohn beträgt 12,50 €. Pawel hatte 180 Stunden gearbeitet. Als er bei der Bank den Kontoauszug abholt, stöhnt er auf: „Das kann doch nicht sein, dass ich nur 1 421,59 € erhalte. Die müssen sich wohl im Lohnbüro verrechnet haben." Am Montag im Lohnbüro. Pawel: „Kann es sein, dass bei meiner Lohnabrechnung ein Fehler vorliegt? Ich meine, ich müsste mehr Geld bekommen." Petra: „Du hast Lohnsteuerklasse I und keine Kinderfreibeträge. Du musst berücksichtigen, dass von dem Bruttolohn die Lohnsteuer, die Kirchensteuer und der Solidaritätszuschlag abgezogen werden. Weiterhin zahlst du 6,5 % vom Bruttolohn für die Krankenversicherung, 10 % für die Rentenversicherung sowie 3 % für die Arbeitslosenversicherung. Wir können mal zusammen den Nettolohn berechnen.“[1]

Lohn (bis)		LSt	Ohne Kifb.		Kifb: 0,5		Kifb: 1,0		Kifb: 1,5		Kifb: 2,0		Kifb: 2,5		Kifb: 3,0	
	StKl		KiSt	SolZ	KiSt	SolZ	KiSt	SolZ	KiSt	SolZ	KiSt	SolZ	KiSt	SolZ	KiSt	SolZ
	IV	**337,66**	30,38	18,57	27,16	16,60	24,01	14,67	20,96	12,81	17,98	10,99	15,08	9,22	12,28	7,50
	V	**674,16**	60,67	37,07	60,67	37,07	60,67	37,07	60,67	37,07	60,67	37,07	60,67	37,07	60,67	37,07
	VI	**708,50**	63,76	38,96	63,76	38,96	63,76	38,96	63,76	38,96	63,76	38,96	63,76	38,96	63,76	38,96
2 246,99	I	**338,58**	30,47	18,62	24,09	14,72	18,05	11,03	12,35	7,54	6,99		2,37			
	II	**306,16**	27,55	16,83	21,33	13,03	15,44	9,44	9,90	5,80	4,79		0,63			
	III	**86,66**	7,79		3,58											
	IV	**338,58**	30,47	18,62	27,23	16,64	24,09	14,72	21,03	12,85	18,05	11,03	15,16	9,26	12,35	7,54
	V	**675,33**	60,77	37,14	60,77	37,14	60,77	37,14	60,77	37,14	60,77	37,14	60,77	37,14	60,77	37,14
	VI	**709,83**	63,88	39,04	63,88	39,04	63,88	39,04	63,88	39,04	63,88	39,04	63,88	39,04	63,88	39,04
2 249,99	I	**339,41**	30,54	18,66	24,17	14,77	18,12	11,07	12,42	7,59	7,05		2,43			
	II	**307,08**	27,63	16,88	21,41	13,08	15,51	9,48	9,95	5,93	4,85		0,67			
	III	**87,33**	7,85		3,62											
	IV	**339,41**	30,54	18,66	27,32	16,69	24,17	14,77	21,11	12,90	18,12	11,07	15,23	9,30	12,42	7,59
	V	**676,75**	60,90	37,22	60,90	37,22	60,90	37,22	60,90	37,22	60,90	37,22	60,90	37,22	60,90	37,22
	VI	**711,25**	64,01	39,11	64,01	39,11	64,01	39,11	64,01	39,11	64,01	39,11	64,01	39,11	64,01	39,11
2.252,99	I	**340,33**	30,62	18,71	24,24	14,81	18,20	11,12	12,49	7,63	7,12		2,48			
	II	**307,91**	27,71	16,93	21,48	13,13	15,59	9,52	10,02	6,08	4,91		0,72			
	III	**87,83**	7,90		3,67											
	IV	**340,33**	30,62	18,71	27,39	16,74	24,24	14,81	21,18	12,94	18,20	11,12	15,30	9,35	12,49	7,63
	V	**678,08**	61,02	37,29	61,02	37,29	61,02	37,29	61,02	37,29	61,02	37,29	61,02	37,29	61,02	37,29
	VI	**712,58**	64,13	39,19	64,13	39,19	64,13	39,19	64,13	39,19	64,13	39,19	64,13	39,19	64,13	39,19

Bedeutung der Abkürzungen: LSt = Lohnsteuer, KifB = Kinderfreibetrag, KiSt = Kirchensteuer, SolZ = Solidaritätszuschlag

Aufgabe 4

Dimitri ist glücklich. Er hat eine Stelle als Verkäufer erhalten. Olga, seine Freundin, fragt ihn: „Was verdienst du denn?“ Dimitri: „Das ist gar nicht so einfach. Ich muss dem Chef noch sagen, wie ich mich entschieden habe.“ Olga: „Das verstehe ich nicht.“ Dimitri: „Ich habe die Wahl zwischen zwei Tarifen. Tarif 1: 1400,00 € Fixum – festes Monatsgehalt – und 2 % Provision vom Umsatz. Tarif 2: 1000,00 € Fixum und 4 % Provision.“ Olga: „ Ist nicht Tarif 1 für dich günstiger?“ Dimitri: „Nicht unbedingt. Der Chef meint, ich könnte 25000,00 € Umsatz im Monat gut schaffen. Mein Vorgänger hatte einen Umsatz von 18000,00 €.“ Olga: „Dann kannst du dir ja ausrechnen, welcher Tarif für dich günstiger ist.“

Aufgabe 5

Peter und Pawel beklagen sich über die hohen Benzinpreise. John schaltet sich ein. „Ich habe in einer Anzeige gelesen, dass es einen Zusatzstoff gibt, der garantiert 5 % Sprit spart. Pro Tankfüllung kostet er 10,00 €.“ Peter: „Meinst du, das lohnt sich?“ John: „Das müsste man doch berechnen können. Wie viele Liter fasst der Benzintank?“ Peter: „Moment, ich schau in der Betriebsanleitung nach. Das steht's: 64 Liter.“ John: “Ok, was verbraucht dein Wagen auf 100 km?“ Peter: „8 Liter Superbenzin“. Pawel: „Superbenzin kostet 1,52 € pro Liter – ich glaube nicht, dass es sich lohnt.“ John: „Man muss es genau ausrechnen.“

Aufgabe 6

Carla und Susanne treffen sich zur Mittagspause in der Kantine. Carla: „Susanne, stell dir vor. Ich komme gerade vom Personalchef. Ich bekomme eine Lohnerhöhung aufgrund besonderer Leistungen. Mein Gehalt steigt von 1760,00 € auf 1848,00 €. Toll, nicht wahr!“ Susanne: „Glückwunsch! Mein Abteilungsleiter hat angedeutet, ich könne mit einer Leistungszulage von 5 % rechnen.“ Miriam: „Das freut mich für dich. Ich glaube, dann ist deine Lohnerhöhung größer als meine.“ Miriam: „Meinst du? Wir sollten es mal nachrechnen!“

1 Die in der Aufgabe verwendeten Beitragssätze zur Sozialversicherung entsprechen nicht nicht den aktuellen Werten von 2015.

Handelskalkulation

Das Problem

Alexandra hilft Frau Blendauer, Inhaberin einer Boutique, bei der Festlegung der Preise für die Sommerkollektion. Sie kommentiert eine Preisfestlegung: „Wir kaufen eine Bluse für 69,49 € zuzüglich 19 % Umsatzsteuer Euro ein und verkaufen sie für 155,00 €. Da machen wir ja einen ganz schönen Gewinn.“ Frau Blendauer: „Der Unterschied zwischen Einkaufspreis und Ladenverkaufspreis ist nicht unser Gewinn. Der ist viel kleiner. Unser Lieferant gewährt uns zwar einen Rabatt von 10 % und räumt uns 2 % Skonto ein. Der Spediteur stellt uns 6,00 € Transportkosten in Rechnung. Die Handlungs- bzw. allgemeinen Geschäftskosten belaufen sich auf 36 % vom Einstandspreis. Der Gewinnzuschlag ist auf 6 % angesetzt. Unsere Kunden erwarten von uns 3 % Skonto. Außerdem gewähren wir unseren Stammkunden 5 % Rabatt. Schließlich müssen wir noch 19 % Umsatzsteuer aufschlagen. Du kannst ja mal ausrechnen, wie viel Gewinn übrig bleibt!“

Alexandra: „Und was ist mit der Umsatzsteuer?“ Frau Blendauer: „Die Umsatzsteuer, die bei unserem Einkauf anfällt, bezahlen wir an unseren Lieferanten. Das sind hier 13,20 €. Dieser Betrag wird auch Vorsteuer genannt. Die Umsatzsteuer, die wir beim Verkauf dem Kunden berechnen, beläuft sich hier auf 24,70 €. Die Differenz von 24,70 – 13,20 = 11,50 € müssen wir an das Finanzamt abführen. Die Umsatzsteuer hat mit der eigentlichen Handelskalkulation nicht viel zu tun. Auf der Einkaufsseite wird sie nicht berücksichtigt. Auf der Verkaufsseite kommt sie als letzte Position hinzu.“

1 Vorwärtskalkulation

Die Handelskalkulation ist also viel komplizierter als es zunächst scheint. Anhand des Kalkulationsschemas kann man sich verdeutlichen, was alles berücksichtigt werden muss.

Kalkulationsschema

	Listeneinkaufspreis	
–	Liefererrabatt	von Hundert
=	**Zieleinkaufspreis**	
–	Liefererskonto	von Hundert
=	**Bareinkaufspreis**	
+	Bezugskosten	
=	**Bezugspreis (Einstandspreis)**	
+	Allgemeine Geschäfts- oder Handlungskosten	von Hundert
=	**Selbstkostenpreis**	

+	Gewinn	von Hundert
=	**Barverkaufspreis**	
+	Kundenskonto	im Hundert.
=	**Zielverkaufspreis**	
+	Kundenrabatt	im Hundert
=	**Listenverkaufspreis**	
+	Umsatzsteuer	von Hundert
=	**Ladenverkaufspreis**	

1.1 Berechnung des Bezugspreises

Beispiel:
Einem Phonohändler wird eine Stereo-Anlage zum Listenpreis von 780,00 € angeboten. Der Lieferant räumt einen Rabatt von 12 % ein. Bei Zahlung binnen 10 Tagen gewährt er 2 % Skonto. Für Transport und Versicherung berechnet er 38,00 €.

		Listenpreis		780,00
–	12 %	Liefererrabatt	780 · 0,12	93,60
=		Zieleinkaufspreis		686,40
–	2 %	Liefererskonto	686,4 · 0,02	13,73
=		Bareinkaufspreis		672,67
+		Bezugskosten		38,00
=		Bezugspreis (Einstandspreis)		710,67

Der Bezugspreis beträgt 710,67 €.

Zur Kalkulation des Bezugspreises wird vom Listeneinkaufspreis ausgegangen. Der Listeneinkaufspreis ist der Preis, den der Lieferer in seiner Preisliste ausweist. Er wird in der Regel ohne Umsatzsteuer ausgewiesen. Um den Bezugspreis (Einstandspreis) zu bestimmen, zieht man vom Listeneinkaufspreis alle Preisnachlässe und Vergütungen ab. Das sind Rabatt und Skonto. Der Rabatt wird in einer Von-Hundert-Rechnung vom Listenpreis berechnet. Für Skonto ist der Zieleinkaufspreis die Berechnungsgrundlage. Hier ist ebenfalls die Von-Hundert-Rechnung anzuwenden.

Hinzurechnen muss man die Aufwendungen, die für den Transport der Ware entstehen. Dazu zählen zum Beispiel Fracht, Transportversicherung, Verpackung.

Der Bezugspreis ist der Betrag, den ein Unternehmen für die Ware und deren Anlieferung aufwenden muss.

1.2 Berechnung des Selbstkostenpreises

Beispiel (Fortsetzung):
Der Selbstkostenpreis ergibt sich aus dem Bezugspreis zuzüglich Handlungs- oder Geschäftskosten. Beträgt der Bezugspreis 710,67 €, der Handlungskostensatz 16 %, so berechnet sich der Selbstkostenpreis wie folgt:

Bezugspreis (Einstandspreis)	710,67 €
+16 % Handlungskosten	113,71 € (gerundet)
Selbstkostenpreis	824,38 €

In jedem Unternehmen entstehen Handlungskosten bzw. allgemeine Geschäftskosten. Dazu zählen unter anderem Personalkosten, Miete, Heizung, Strom, Steuern, Zinsen und Werbekosten. Die Höhe der Handlungskosten wird durch die Buchhaltung ermittelt. Diese Kosten müssen auf sämtliche Waren umgelegt werden. Über den Verkaufspreis werden die Kosten wieder „hereingeholt". Jeder Käufer trägt somit bei seinem Einkauf zur Deckung der Handlungskosten bei.

Informationen zur Ermittlung des Prozentsatzes für Handlungskosten

Um den Prozentsatz für die Handlungskosten zu ermitteln, werden die allgemeinen Geschäftskosten eines bestimmten Zeitraumes in Beziehung gesetzt zum Bezugspreis aller in diesem Zeitraum verkauften Waren.

Beispiel:

Warenumsatz zu Einstandspreisen	180 000,00 €
Geschäftskosten lt. Buchhaltung	28 800,00 €

Handlungskosten $= \frac{28\,800 \cdot 100}{180\,000} = 16$

Der Prozentsatz für die Handlungskosten beträgt somit 16 %.

1.3 Berechnung des Barverkaufspreises

Beispiel (Fortsetzung):
Der Barverkaufspreis berechnet sich aus Selbstkostenpreis zuzüglich eines Gewinnaufschlages. Wird er im Falle des Phonohändlers mit 10 % angenommen, so ergibt sich folgende Rechnung:

Selbstkostenpreis	824,38 €
10 % Gewinnzuschlag	82,44 € (gerundet)
Barverkaufspreis	906,82 €

Jeder Firma steht ein angemessener Gewinn zu. Der Gewinn enthält die Vergütung für die Arbeitsleistung des Chefs, für die Verzinsung des Eigenkapitals und für das allgemeine Unternehmerwagnis. Jeder Unternehmer legt für sich fest, wie hoch der Gewinnzuschlag ist.

Der Barverkaufspreis ist der Preis, den das Unternehmen erzielen muss, um die Kosten zu decken und einen Gewinn zu erwirtschaften.

1.4 Berechnung des Zielverkaufspreises

Um Kunden anzuregen, binnen einer kurzen Frist die Ware zu bezahlen, wird ihnen oftmals der Abzug von Skonto eingeräumt. Dieser Skontoabzug muss natürlich in den Verkaufspreis eingerechnet werden. Der Preis aus Barverkaufspreis plus Skonto wird Zielverkaufspreis genannt.

Zielverkaufspreis = Barverkaufspreis + Skonto

Das Skonto, das der Lieferant beim Wareneinkauf gewährt, wird in einer Von-Hundert-Prozentrechnung abgezogen. Zum Einrechnen des Skontos in den Zielverkaufspreis muss jedoch die Im-Hundert-Prozentrechnung verwendet werden, wie die nachstehende Überlegung zeigt.
Bei einem Zielverkaufspreis von 200,00 € und einer Gewährung von 2 % Skonto berechnet der Kunde den Betrag, den er zu bezahlen hat, wie folgt:

Kundensicht			Kalkulationssicht	
Zieleinkaufspreis	200,00 €	~	Zielverkaufspreis	100 %
–2 % Skonto	4,00 €	~	Skonto	2
Barzahlungsbetrag	196,00 €	~	Barverkaufspreis	98 %

Der Kunde zahlt also 196,00 €. Der Barverkaufspreis stellt hier im Beispiel 98 % des Zielverkaufspreises dar.
Der Zielverkaufspreis muss in einer Im-Hundert-Prozentrechnung ermittelt werden. Der Barverkaufspreis ist der um den Skontosatz verminderte Grundwert. Der Zielverkaufspreis ergibt sich somit aus

$$\text{Zielverkaufspreis} = \frac{100 \cdot \text{Barverkaufspreis}}{100 - \text{Skontosatz}} \qquad (1)$$

Beispiel (Fortsetzung):
Bezogen auf die Kalkulation in der Phonohandlung ergibt sich folgende Rechnung:

$$\text{Zielverkaufspreis} = \frac{100 \cdot 906{,}82}{100 - 2} = \frac{90\,682}{98} = 925{,}33$$

Den Skontobetrag erhält man dann durch Subtraktion

$$\text{Skonto} = \text{Zielverkaufspreis} - \text{Barverkaufspreis}. \qquad (2)$$

Im Phonofall: 18,51 € = 925,33 € – 906,51 €

TIPP

Man kann den Skontobetrag auch direkt ohne vorherige Bestimmung des Zielverkaufspreises berechnen.

Setzt man in die Gleichung (2) die Gleichung (1) ein, ergibt sich:

$$\text{Skonto} = \frac{100 \cdot \text{Barverkaufspreis}}{100 - \text{Skontosatz}} - \text{Barverkaufspreis}$$

Klammert man Barverkaufspreis aus, ergibt sich folgende Gleichung:

$$\text{Skonto} = \text{Barverkaufspreis} \cdot \left(\frac{100}{100 - \text{Skontosatz}} - 1\right)$$

Die Anwendung auf den Phonofall ergibt:

$$\text{Skonto} = 906{,}82 \cdot \left(\frac{100}{100 - 2} - 1\right) = 18{,}51$$

Der Händler muss 18,51 € Skonto in seine Kalkulation einrechnen.

1.5 Berechnung des Listenverkaufspreises

Unternehmen gewähren aus verschiedenen Gründen ihren Kunden Rabatte. Der Rabatt, den der Kunde von dem Rechnungsbetrag abzieht, muss natürlich vorher auf den Zielverkaufspreis aufgeschlagen worden sein. Der Listenverkaufspreis ergibt sich aus

Listenverkaufspreis = Zielverkaufspreis + Rabatt

Bei der Bestimmung des Listenverkaufspreises ist in ähnlicher Weise zu verfahren wie bei der Berechnung des Zielverkaufspreises. Der Kunde berechnet nämlich seinen Rabattabzug ebenfalls in einer Von-Hundert-Rechnung. Das zeigt folgende Überlegung.

Kundensicht			Kalkulationssicht	
Listenpreis	210,53 €	~	Listenverkaufspreis	100 %
–5 % Rabatt	10,53 €	~	Skonto	5 %
Zieleinkaufspreis	200,00 €	~	Zielverkaufspreis	95 %

Für den Kunden ergibt sich nach Abzug von 5 % Rabatt ein Zieleinkaufspreis von 200,00 €. Er zahlt also nur 95 % des Listenpreises.

Der Listenverkaufspreis muss in einer Im-Hundert-Prozentrechnung ermittelt werden. Der Zielverkaufspreis ist der um den Skontosatz verminderte Grundwert. Der Zielverkaufspreis ergibt sich somit aus

$$\textbf{Zielverkaufspreis} = \frac{\textbf{100} \cdot \textbf{Barverkaufspreis}}{\textbf{100} - \textbf{Skontosatz}} \quad \textbf{Gleichung (1)}$$

Beispiel (Fortsetzung):
Die Phonohandlung gewährt einen Rabatt von 15 %. Der Zielverkaufspreis entspricht dann 85 % des Listenverkaufspreises.

$$\text{Listenverkaufspreis} = \frac{100 \cdot 925{,}33}{85} = 1088{,}62$$

Der Phonohandel kann die Stereo-Anlage seinen Kunden zum Preis von 1088,62 € anbieten.
Die Differenz zwischen Listenverkaufspreis und Zielverkaufspreis ist der Rabatt. Er beträgt im Beispielfall

$$\text{Rabatt} = 1\,088{,}62 - 925{,}33 = 163{,}29\ €.$$

TIPP

Den Rabatt kann man aber auch direkt mit folgender Formel berechnen:

$$\textbf{Rabatt} = \textbf{Zielverkaufspreis} \cdot \left(\frac{\textbf{100}}{\textbf{100} - \textbf{Skontosatz}} - \textbf{1}\right)$$

Um den Ladenverkaufspreis zu bestimmen, muss auf den Listenverkaufspreis die Umsatzsteuer aufgeschlagen werden. Mit diesem Preis wird dann die Ware im Geschäft ausgezeichnet. Der Umsatzsteuersatz beträgt in der Regel 19 %. Bei bestimmten Warengruppen, wie zum Beispiel unverarbeitete Lebensmittel oder Bücher, werden 7 % Umsatzsteuer berechnet.

1.6 Kalkulation des Ladenverkaufspreises im Einzelhandel

Da in vielen Sparten des Einzelhandels, wie zum Beispiel im Lebensmittelhandel, in der Regel bar oder mit einer Bankkarte bezahlt wird, entfällt bei der Kalkulation des Ladenverkaufspreises die Berechnung von Skonto und Rabatt. Die Kalkulation endet dann mit der Berechnung des Barverkaufspreises.

Aus Gründen der Kundenbindung ist heute in einer Vielzahl von Branchen die Gewährung von Kundenrabatt üblich. Der Kunde erhält eine Kundenkarte, auf die die Rabattbeträge gebucht werden.

Das Kalkulationsschema zur Berechnung des Ladenverkaufspreises stellt sich dann wie folgt dar:

Barverkaufspreis	
+ Rabatt	im Hundert
Listenverkaufspreis	
+ Umsatzsteuer	von Hundert
Ladenverkaufspreis	

Beispiel:
Ein Einzelhändler gewährt 3 % Rabatt.

Barverkaufspreis	200,00 €	≙	97 %
+ 3 % Rabatt	6,19 €	≙	3 %
Listenverkaufspreis	206,19 €	≙	100 %
+ 19 % Umsatzsteuer	39,17 €	≙	19 %
Ladenverkaufspreis	245,36 €	≙	119 %

Um den Listenverkaufspreis bzw. Nettoverkaufspreis zu berechnen, muss Im-Hundert gerechnet werden. Beim Abzug des Rabatts vom Listenverkaufspreis muss sich ja der erforderliche Barverkaufspreis ergeben. Würde der Rabatt in einer Von-Hundert-Rechnung berechnet und zum Barverkaufspreis hinzuaddiert, ergäbe sich ein Nettopreis von 206,00 €. Zieht der Kunden 3 % von 206,00 € ab, ergäbe sich für den Einzelhändler ein niedrigerer Barverkaufspreis, nämlich 199,82 €.

Die Umsatzsteuer wird in einer Von-Hundert-Rechnung ermittelt und auf den Nettoverkaufspreis aufgeschlagen.

Der Kunde wird den Rabatt vom Ladenverkaufspreis abziehen:

Ladenverkaufspreis	245,36 €
3 % Rabatt	–7,36 €
Kunde zahlt	238,00 €

In diesem Betrag ist die Umsatzsteuer enthalten.

Kundenzahlung	238,00 €	≙	119 %
19 % Umsatzsteuer	–38,00 €		
Barverkaufspreis	200,00 €		

Der Einzelhändler muss 38,00 € an das Finanzamt abführen. In seiner Kasse verbleibt ein Betrag von 200,00 €.

2 Rückwärtskalkulation

Beispiel:
Charly ist Einkäufer in einem Elektronik-Markt. Pawel hält einen Prospekt in der Hand: „Charly, die Konkurrenz bietet einen Tablet-PC für 239,00 € an. Da müssen wir gegenhalten. Kannst du einen Tablet-PC einkaufen, den wir für 238,00 € anbieten können?“ Charly: „Da muss ich erst einmal berechnen, zu welchem Preis wir den Tablet-PC höchstens einkaufen dürfen.“ Pawel: „Ist das kompliziert?“ Charly: „Wir wenden ein Schema an. Die Umsatzsteuer beträgt 19 %. Unseren Stammkunden räumen wir 5 % Rabatt und 2 % Skonto ein. Wir kalkulieren mit 10 % Gewinn und 40 % Handlungskosten. Die Bezugskosten liegen bei 3 €. Unsere Großhändler gewähren uns 3 % Skonto und 15 % Rabatt. Nun kannst du selber den Einkaufspreis berechnen.“
Pawel: „Warum müssen wir 19 % Umsatzsteuer berücksichtigen?“ Pawel: „Unsere Kunden sind in der Regel keine Kaufleute, sondern Endverbraucher. Nach der Preisauszeichnungsverordnung müssen dann die Verkaufspreise einschließlich Umsatzsteuer ausgewiesen werden.

Der Wettbewerb ist sehr hart. Die Verkaufspreise sind in der Regel bereits durch die Konkurrenz oder bei Markenartikeln durch den empfohlenen Verkaufspreis vorgegeben. Deshalb ist es äußerst wichtig, zu möglichst niedrigen Preisen einzukaufen. Eine Regel besagt: Im Einkauf liegt der Segen.

Bei der Rückwärtskalkulation geht man von einem Verkaufspreis aus und berechnet den Preis, zu dem man die Ware höchstens einkaufen darf.

	Ladenverkaufspreis	
–	Umsatzsteuer	auf Hundert
=	Listenverkaufspreis	
–	Kundenrabatt	von Hundert
=	Zielverkaufspreis	
–	Kundenskonto	von Hundert
=	Barverkaufspreis	
–	Gewinn	auf Hundert
=	Selbstkostenpreis	
–	Allgemeine Geschäfts- oder Handlungskosten	auf Hundert
=	Bezugspreis (Einstandspreis)	
–	Bezugskosten	
=	Bareinkaufspreis	
+	Liefererskonto	im Hundert.
=	Zieleinkaufspreis	
+	Liefererrabatt	im Hundert
=	Listeneinkaufspreis	

2.1 Berechnung des Einstandspreises

Umsatzsteuer

Ist der Listenverkaufspreis ein Endverbraucherpreis, so ist die Umsatzsteuer durch die Auf-Hundert-Prozentrechnung herauszurechnen. Sie war zuvor durch eine Von-Hundert-Rechnung aufgeschlagen worden.

Beispiel:

Ladenverkaufspreis 238,00 € → 119 %

Listenverkaufspreis $= \frac{238 \cdot 100}{119} =$ 200,00 € → 100 %

Kundenrabatt und Kundenskonto

Die Berechnung der einzelnen Abzüge Kundenrabatt und Kundenskonto erfolgt jeweils durch die Von-Hundert-Rechnung. Sie wurden bei der Vorwärtskalkulation durch die Im-Hundert-Rechnung bestimmt.

Beispiel (Fortsetzung):

Listenverkaufspreis	200,00 €	100 %
– 5 % Kundenrabatt	10,00 €	5 %
Zielverkaufspreis	190,00 €	95 %

Um den Kunden zu veranlassen, möglichst sofort die Ware zu bezahlen, wird ein Kundenskonto eingeräumt.

Beispiel (Fortsetzung):

Zielverkaufspreis	190,00 €	100 %
– 2 % Skonto	3,80 €	2 %
Barverkaufspreis	186,20 €	98 %

Gewinn und Handlungskosten

Der Barverkaufspreis beinhaltet den anteiligen Gewinn sowie die anteiligen Handlungskosten. Diese beiden Größen müssen in der Auf-Hundert-Prozentrechnung herausgerechnet werden, da sie bei der Vorwärtskalkulation in der Von-Hundert-Prozentrechnung eingerechnet worden sind.

Beispiel (Fortsetzung):

Barverkaufspreis	186,20 €	110 %	
– 10 % Gewinn	16,93 €	10 %	
Selbstkostenpreis	169,27 €	100 %	140 %
– 40 % Handlungskosten	48,36 €		40 %
Bezugspreis (Einstandspreis)	120,91 €		100 %

Der Bezugspreis ist die absolute Untergrenze für den Verkaufspreis. Dieser Preis deckt weder die Kosten noch trägt er zum Gewinn bei. Wenn ein Unternehmen damit wirbt, dass es unter Einstandspreis verkauft, setzt er sich dem Vorwurf des Preisdumping aus, das nach dem Gesetz gegen den unlauteren Wettbewerb (UWG) verboten ist.

2.2 Berechnung des Listeneinkaufspreises

Subtrahiert man vom Einstandspreis die Bezugskosten, erhält man den Bareinkaufspreis. Um den Listeneinkaufspreis zu bestimmen, müssen auf den Bareinkaufspreis schrittweise das Liefererskonto und der Liefererrabatt addiert werden. Skonto und Rabatt sind nunmehr mittels der Im-Hundert-Rechnung zu ermitteln, da sie bei der Vorwärtskalkulation in der Von-Hundert-Rechnung abgezogen werden.

Beispiel (Fortsetzung):

Einstandspreis	120,91 €		
– Bezugskosten	3,00 €		
Bareinkaufspreis	117,91 €	98 %	
+ 2 % Liefererskonto	2,41 €	2 %	
Zieleinkaufspreis	120,32 €	100 %	90 %
+ 10 % Liefererrabatt	13,37 €		10 %
Listeneinkaufspreis	133,69 €		100 %

Um einen Tablet-PC zu 238,00 € anbieten zu können, darf der Listeneinkaufspreis höchstens 133,69 € betragen.

Alternative Rechenweise

Skonto berechnet man am besten in der Weise, dass man auf der Grundlage des Bareinkaufspreises den Zieleinkaufspreis berechnet:

$$\text{Zieleinkaufspreis} = \frac{117{,}91 \cdot 100}{100 - 2} = 120{,}32$$

Anschließend subtrahiert man vom Zieleinkaufspreis den Bareinkaufspreis.

$$\text{Skonto} = 120{,}32 - 117{,}91 = 2{,}41$$

Die Differenz ist der Skontobetrag.
In der gleichen Weise verfährt man bei der Bestimmung des Liefererrabatts.

$$\text{Listeneinkaufspreis} = \frac{120{,}32 \cdot 100}{100 - 10} = 133{,}69$$

Die Subtraktion von Listeneinkaufspreis abzüglich Zieleinkaufspreis liefert den Rabattbetrag:

$$\text{Rabatt} = 133{,}69 - 120{,}32 = 13{,}37$$

3 Differenzkalkulation

Oftmals befindet sich der Kaufmann in der Situation, dass auf der einen Seite der Bezugspreis nicht verhandelbar ist und auf der anderen Seite der Verkaufspreis infolge der Marktsituation vorgegeben ist. Dann stellt sich für den Kaufmann die Frage, ob es sich lohnt, die Ware in das Sortiment aufzunehmen. Entscheidend für diese Frage ist die Differenz zwischen Selbstkostenpreis und Barverkaufspreis.
Zur Berechnung der Differenz sind zwei Rechenwege erforderlich. Ausgehend vom Listeneinkaufspreis wird der Selbstkostenpreis ermittelt. In einer Rückwärtskalkulation wird vom Listenverkaufspreis der Barverkaufspreis errechnet. Im Einzelhandel ist vom Ladenverkaufspreis auszugehen.

Beispiel:
Charly hat wegen des Tablet-PCs mit dem Großhändler gesprochen. Sein Listenverkaufspreis beträgt 140,00 €. Von diesem Preis ausgehend gewährt er 10 % Liefererrabatt und 2 % Skonto. Charly zu Pawel: „Unser Großhändler lässt keinen Cent herunterhandeln." Pawel: „Und was machen wir jetzt?" Charly: „Berechnen, ob es sich lohnt. Unsere Werte für die Verkaufskalkulation kennst du ja."

Berechnung des Selbstkostenpreises

Listeneinkaufspreis		140,00 €
Liefererrabatt	10 %	14,00 €
Zieleinkaufspreis		126,00 €
Liefererskonto	2 %	2,52 €
Bareinkaufspreis		123,48 €
Bezugskosten	3 €	3,00 €
Bezugspreis		126,48 €
Handlungskosten	40 %	50,59 €
Selbstkostenpreis		177,07 €

Berechnung des Barverkaufspreises

Listenverkaufspreis		238,00 €
Umsatzsteuer	19 %	38,00 €
Listenverkaufspreis		200,00 €
Kundenrabatt	5 %	9,52 €
Zielverkaufspreis		190,48
Skonto	2 %	3,73 €
Barverkaufspreis		186,75

Es ergibt sich somit eine Differenz von

Barverkaufspreis	186,75 €
– Selbstkostenpreis	177,07 €
Gewinn	9,68 €

Pawel: „Das ergibt einen Gewinn von 9,68 €.“ Charly: „Da muss der Chef entscheiden, ob wir den Tablet-PC ins Sortiment nehmen sollen.“

4 Kalkulationszuschlag, Kalkulationsfaktor, Handelsspanne

Zur Beschleunigung des Kalkulierens sind in der Praxis verkürzte Kalkulationsverfahren üblich.

4.1 Kalkulationszuschlag

Die Differenz zwischen Bezugspreis und Listenverkaufspreis, ausgedrückt in Prozenten des Bezugspreises, nennt man den Kalkulationszuschlag. Unter Anwendung der Prozentsätze des Phonohändlers wird der Kalkulationszuschlag wie folgt berechnet.

	Bezugspreis	100,00 €
16 %	Handlungskosten	16,00 €
	Selbstkostenpreis	116,00 €
10 %	Gewinn	11,60 €
	Braverkaufspreis	127,60 €
2 %	Kundenskonto	2,60 €
	Zielverkaufspreis	130,20 €
15 %	Kundenrabatt	22,98 €
	Listenverkaufspreis	153,18 €

Der Aufschlag beträgt 53,18 € bei einem Bezugspreis von 100,00 €. Somit beträgt der Kalkulationszuschlag 53,18 %.

$$\text{Kalkulationszuschlag} = \frac{(\text{Listenverkaufspreis} - \text{Bezugspreis}) \cdot 100}{\text{Bezugspreis}}$$

Ist der Bezugspreis und der Kalkulationszuschlag bekannt, kann man unmittelbar den Listenverkaufspreis bestimmen. Angewandt auf das Beispiel des Phonohändlers kann der Listenverkaufspreis wie folgt berechnet werden:

Beispiel:
Bezugspreis: 710,67 €
Kalkulationszuschlag; 53,18 %

$$\text{Listenverkaufspreis} = 710{,}67 + \frac{53{,}18 \cdot 710{,}67}{100} = 710{,}67 + 377{,}93 = 1088{,}60$$

Anmerkung: Bei der schrittweisen Ermittlung des Listenverkaufspreises, wie sie im Kapitel 1.5 erfolgte, ergab sich ein Listenverkaufspreis von 1088,62. Die Differenz von 2 Cent ist eine Folge von Aufrundungen.

4.2 Kalkulationsfaktor

Der Kalkulationsfaktor ist die Zahl, mit der man den Bezugspreis multipliziert, um den Listenverkaufspreis zu berechnen. Er bestimmt sich aus

$$\textbf{Kalkulationsfaktor} = \frac{\textbf{Kalkulationszuschlag} + 100}{100}$$

Beispiel:
Bezogen auf das Beispiel des Phonohändlers ergibt sich

$$\text{Kalkulationsfaktor} = \frac{53{,}18 + 100}{100} = 1{,}5318$$

Berechnung des Listenverkaufspreises

Listenverkaufspreis = Bezugspreis · Kalkulationsfaktor
Listenverkaufspreis = 710,67 · 1,5318 = 1088,60

Natürlich kann man mithilfe des Kalkulationsfaktors auch den Bezugspreis ermitteln. Dazu wird der Listenverkaufspreis durch den Kalkulationsfaktor dividiert.

$$\textbf{Bezugspreis} = \frac{\textbf{Listenverkaufspreis}}{\textbf{Kalkulationsfaktor}}$$

Beispiel:

$$\text{Bezugspreis} = \frac{1088{,}60}{1{,}5318} = 710{,}67\ €$$

4.3 Handelsspanne

Die Differenz zwischen Bezugspreis und Listenverkaufspreis, ausgedrückt in Prozenten des Listenverkaufspreises, nennt man Handelsspanne.

$$\textbf{Handelsspanne} = \frac{(\textbf{Listenverkaufspreis} - \textbf{Bezugspreis}) \cdot 100}{\textbf{Listenverkaufspreis}}$$

Beispiel:
Bezugspreis: 100,00 €
Listenverkaufspreis: 153,18 €

$$\text{Handelsspanne} = \frac{(153{,}18 - 100) \cdot 100}{153{,}18} = 34{,}72 \text{ (gerundet)}$$

Die Handelsspanne beträgt 34,72 %.

Mithilfe der Handelsspanne kann man ausgehend vom Listenverkaufspreis den Bezugspreis ermitteln.

Beispiel:

Listenverkaufspreis		1088,60 €
– Handelsspannenbetrag	$= \frac{34,72 \cdot 1088,60}{100} =$	–377,93 €
Bezugspreis		710,67 €

5 Übungen

Aufgabe 1

In einer Berufsschulklasse wird ein neues Fachbuch eingeführt. Die Schülerinnen und Schüler beschließen eine Sammelbestellung von 25 Exemplaren. Der örtliche Buchhandel bietet das Buch zu 22,50 € an abzüglich 8 % Sammelrabatt und 2 % Skonto. Das Angebot einer Web-Buchhandlung: Listenpreis 22,50, Rabatt 15 %, 3 % Skonto, 20,00 € Versandkosten.

Aufgabe 2

Kira arbeitet bei cats & dogs. Dieses Geschäft hat sich auf den Handel mit Futter für Haustiere spezialisiert. Die Vertreterin des Futtermittelfabrikanten P.E.T. stellt das neue Hundefutter Doggybest vor, dessen Listenpreis bei Abnahme von 100 Dosen 330,00 € beträgt. Sie gewährt einen Einführungsrabatt von 20 % sowie 3 % Skonto. Die Bezugskosten sind mit 20,00 € zu veranschlagen. cats&dogs kalkuliert intern mit 50 % Handlungskosten, 10 % Gewinn sowie 2 % Skonto. Ein Kundenrabatt wird nicht gewährt. Der Umsatzsteuersatz für Tierfutter beträgt 7 %.
cats & dogs hat bereits ein ähnliches Produkt im Angebot, das mit 4,90 € pro Dose gut verkauft wird. Kira kalkuliert das Angebot. Lohnt es sich für cats & dogs, das neue Hundefutter in das Sortiment zu übernehmen?

Aufgabe 3

Das Unternehmen BüroPartner bezeichnet sich als Büroartikel-Discounter. Es macht monatlich Sonderangebote, die stets unter den Preisen der Mitbewerber liegen. Für die nächste Monatsaktion muss Alexander die Einstandspreise kalkulieren.

a) Set Druckerpatronen für den Lemax-Drucker 1010: Listenverkaufspreis 44,20 €. Kundenrabatt 10 %, Kundenskonto 2 %, Gewinn 15 %, Handlungskosten 25 %.

b) Kopierpapier, 5 · 5000 Blatt: Listenverkaufspreis 31,50 €; Kundenrabatt 10 %, Kundenskonto 2 %, Gewinn 10 %, Handlungskosten 30 %.

c) Hängetaschen, Set zu 25 Stück: Listenverkaufspreis 20,20 €, Kundenrabatt 10 %, Kundenskonto 2 %, Gewinn 15 %, Handlungskosten 25 %.

d) Hängemappen, Set zu 25 Stück: Listenverkaufspreis 43,50 €, Kundenrabatt 10 %, Kundenskonto 2 %, Gewinn 20 %, Handlungskosten 30 %.

Geschäftsführer: „Alexander, anschließend entwickeln Sie bitte den Werbeprospekt für unsere Sonderangebote!“

Aufgabe 4

Fred und Dieter betreiben einen PC-Shop. Sie beratschlagen, ob sie den Z-Expert-5600-PC in das Sortiment nehmen sollen. Fred: „Das ist zur Zeit die ultimative Maschine für den gesamten Multi-Media-Bereich. Ich meine, die müssen wir im Programm haben. Der Mitbewerber powert sie in den Markt für 499 €.“ Dieter: „Wenn wir diesen Preis nicht unterbieten können, brauchen wir uns mit der Maschine gar nicht befassen.“ Fred: „Dann kalkuliere doch mal! Bruttoverkaufspreis 495 €, 19 % Umsatzsteuer, kein Kundenrabatt, wohl aber 2 % Skonto bei Barzahlung, 10 % Gewinn, 30 % Handlungskosten, Bezugskosten 12 €. Unser Großhändler A.T.O. gewährt uns 3 % Skonto und 15 % Rabatt. Wie hoch darf der Listeneinkaufspreis sein?“

Aufgabe 5

Fortsetzung zur Aufgabe 4: Dieter: „Der Großhändler A.T.O. bietet die Maschine mit 330,00 € an. Er lässt keinen Euro nach. Der Großhändler PC-Varel hat aber eine ähnliche Maschine im Angebot für 330 €. Konditionen: 2 % Skonto, 12 % Rabatt, Lieferung frei Haus. Kommen wir dann mit dem Verkaufspreis von 495,00 € hin?“

Aufgabe 6

Die Bronn KG kalkuliert mit 25 % Handlungskosten, 8 % Gewinn, 3 % Kundenskonto und 15 % Kundenrabatt. Wie groß sind der Kalkulationszuschlag und der Kalkulationsfaktor?
Sie möchte einen Artikel, der vom Mitbewerber zu 42,00 € angeboten wird, zu 40,50 € in sein Sortiment aufnehmen. Sie kalkuliert mit einer Handelsspanne von 33 %. Welchen Bezugspreis darf sie höchstens anlegen?

Aufgabe 7

Charly: „Die Kalkulation mithilfe des Excel-Programms ist ja bequem. Bei den Verhandlungen mit unseren Lieferanten habe ich aber nicht den PC, sondern höchstens einen Taschenrechner auf dem Tisch liegen. Deshalb brauche ich einen Faktor oder einen Prozentzahl, mit denen ich ganz rasch vom Bezugspreis auf den Verkaufspreis oder vom Verkaufspreis auf den Bezugspreis schließen kann.“ Pawel: „Diese Zahlen kannst du dir selber ausrechnen. Wir kalkulieren mit 40 % Handlungskosten, 10 % Gewinn, 2 % Skonto und 5 % Rabatt. Ferner musst du 19 % Umsatzsteuer einbeziehen, da wir ja an den Endverbraucher verkaufen.“ Charly macht sich an die Arbeit und berechnet den Kalkulationszuschlag, den Kalkulationsfaktor sowie die Handelsspanne. Schließlich wendet er sich an Pawel: „Der Kalkulationszuschlag beträgt 69,84 %, der Kalkulationsfaktor 196,84 und die Handelsspanne 49,2 %. Kannst du mal meine Ergebnisse überprüfen?

Aufgabe 8

Charly (s. Aufgabe 7) verhandelt mit einem Großhändler über LCD-Bildschirme. Der Verkäufer bietet die Geräte zu einem Preis von 182,00 € frei Haus an. Charly: „Sie wissen, in unserer Stadt ist MediaWorld der absolute Marktführer. Unser Verkaufspreis muss unter allen Umständen unter seinem Verkaufspreis liegen. Er bietet das Gerät zu 352,00 € an.“ Wird Charly das Angebot des Großhändlers annehmen?

B

Zinsrechnung

Das Problem

Britta bekommt eine Ausbildungsvergütung in Höhe von 450,00 €. Sie muss jeden Arbeitstag 24 km mit dem Bus zur Arbeit fahren. Die Monatsfahrkarte kostet 35,00 €. An Wochenenden ist sie mit ihren Freunden unterwegs. Sie beteiligt sich an den Benzinkosten. Dafür zahlt sie 20,00 €. Sie überlegt, ob sie sich selber ein Auto kaufen soll. Ihre Mutter warnt: „Ist das nicht zu teuer für dich?“

Sie fragt bei einem Kreditinstitut nach, zu welchen Bedingungen sie einen Kredit bekommen kann. Sie bekommt die Antwort: „Zinsen: 5 %, Auszahlung 100 %, Rückzahlung in spätestens vier Jahren.“ Der Kreditberater fragt sie: „Wie viel Geld benötigen Sie und wie viel können Sie im Monat zurückzahlen?“ Britta: „5 000,00 € soll das Auto kosten, 80,00 € kann ich pro Monat zurückzahlen.“
Der Kreditberater zieht die Stirn kraus: „Das wird schwierig werden. Um den Kredit in 48 Monaten zurückzuzahlen, müssen Sie 25 % der Kreditsumme pro Jahr tilgen. Hinzu kommen noch die Zinsen.“ Würdest du als Angestellter des Kreditinstituts Britta einen Kredit geben?

Information

Tilgung ist der Betrag, mit dem der Kredit zurückgezahlt wird. Die Zinsen sind eine Vergütung an die Bank für die Überlassung des Kredits. Die Bank erhält das Geld, das sie verleiht, von den Sparern, die ihrerseits Zinsen auf ihre Spareinlagen erhalten.

1 Zinsrechnung als Prozentrechnung mit Zeitbezug

Die Zinsrechnung gleicht der Prozentrechnung. Sie ist jedoch erweitert um die Größe Zeit.

Prozentrechnung	Zinsrechnung
Grundwert	Kapital
Prozentsatz	Zinssatz
Prozentwert	Zinsen
	Zeit (Tage; Jahr)

Die Zeit, für die Zinsen anfallen, kann nach unterschiedlichen Methoden berechnet werden. Das Bürgerliche Gesetzbuch (BGB) legt für die Zinsrechnung fest, dass das Jahr mit 365 bzw. 366 Tagen anzusetzen ist. Der Monat ist mit seiner genauen Tagesanzahl in die Rechnung einzubeziehen. Diese Methode wird Effektivzinsmethode genannt.

Die Gesetzeslage lässt aber auch andere Regelungen zu. Deutsche Banken zum Beispiel rechnen jeden Monat mit 30 Tagen und das Jahr mit 360 Tagen. Diese Methode nennt man **deutsche Zinsmethode**. Bei der **Euro-Zinsmethode** wird der Monat auf den Tag genau, das Jahr aber mit 360 Tagen gerechnet. Diese beiden Zinsmethoden werden hier kaufmännische Zinsmethoden genannt.

2 Effektivzinsmethode

Das Jahr wird also zu 365, im Schaltjahr mit 366 Tagen gerechnet. Als Zinstage gelten alle Tage in einem Monat.

2.1 Zinsen

Beispiel:
Beate leiht sich am 30.06. diesen Jahres von ihrer Freundin 500,00 €. Sie vereinbaren einen Zinssatz von 3 %. Der Betrag ist einschließlich Zinsen am 27.12. diesen Jahres zurückzuzahlen.
Die Zinsen werden wie folgt berechnet: Vom 30.06 bis zum 27.12. sind es 181 Tage.
Anmerkung: Der Zinszeitraum beginnt bereits am 30.06., da Beate bereits an diesem Tag über das Geld verfügen kann.

100,00 € erbringen in 365 Tagen 3,00 € Zinsen.

500,00 € erbringen in 365 Tagen $\frac{500 \cdot 3}{100}$ € Zinsen.

500,00 € erbringen in 181 Tagen $\frac{500 \cdot 3 \cdot 181}{100 \cdot 365} = 7{,}438$ gerundet: 7,44 €.

Allgemein ausgedrückt:

$$\text{Zinsen} = \frac{\text{Kapital} \cdot \text{Tage} \cdot \text{Zinssatz}}{365 \cdot 100}$$

Die Formeln für die übrigen Größen der Zinsrechnung lassen sich aus der Zinsformel herleiten.

2.2 Kapital

Sind die Zinsen, die Anzahl der Tage sowie der Zinssatz bekannt, kann das Kapital berechnet werden.

$$\text{Kapital} = \frac{\text{Zinsen} \cdot 365 \cdot 100}{\text{Tage} \cdot \text{Zinssatz}}$$

Beispiel:
Beate hatte sich einen Betrag geliehen, für den sie in 306 Tagen bei einem Zinssatz von 4 % 167,67 € Zinsen zu zahlen hat.

Zinsen	Tage	Zinssatz	Kapital
167,67	306	4	$\frac{167{,}67 \cdot 365 \cdot 100}{306 \cdot 4}$

Beate hatte sich 4 999,96 € (aufgerundet 5 000,00 €) geliehen.

2.3 Tage

Aus den Angaben zu Zinsen, Kapital und Zinssatz lässt sich die Anzahl der Tage berechnen, in denen das geliehene Kapital verzinst wurde.

$$\text{Tage} = \frac{\text{Zinsen} \cdot 365 \cdot 100}{\text{Kapital} \cdot \text{Zinssatz}}$$

Beispiel:
Peter hatte sich bei seinem Onkel 1 000,00 € geliehen. Es war ein Zinssatz von 3,65 % vereinbart worden. Am Ende der Laufzeit zahlte er einschließlich Zinsen 1 090,00 € zurück. Wie viele Tage betrug die Laufzeit?

Zinsen	Kapital	Zinssatz	Tage
90,00	5 000,00	3,65	$\frac{90 \cdot 365 \cdot 100}{5000 \cdot 3{,}65}$

Die Laufzeit des Darlehens betrug 180 Tage.

2.4 Zinssatz

Um den Zinssatz berechnen zu können, müssen die Werte für Zinsen, Kapital und Tage bekannt sein.

$$\text{Zinssatz} = \frac{\text{Zinsen} \cdot 365 \cdot 100}{\text{Kapital} \cdot \text{Tage}}$$

Beispiel:
Welcher Zinssatz war vereinbart für einen Kredit über 3 000,00 €, für den in 120 Tagen 72,00 € Zinsen zu bezahlen waren?

Zinsen	Kapital	Tage	Zinssatz
72,00	3 000,00	120	$\frac{72 \cdot 365 \cdot 100}{3000 \cdot 120}$

Es war ein Zinssatz von 7,3 % vereinbart worden.

3 Kaufmännische Zinsrechnung

Die kaufmännische Zinsrechnung wurde entwickelt, um die Berechnungen zu beschleunigen. Dabei hat man nicht nur bei der Zeitberechnung Vereinfachungen vorgenommen. Beim Kapital werden die Cent-Beträge nicht berücksichtigt.

Man rechnet mit Zinszahl und Zinsteiler.

$$\text{Zinszahl} = 1\ \%\ \text{vom Kapital} \cdot \text{Zinstage}$$

Die Zinstage sind die Differenz zwischen dem Beginn und dem Ende einer Zinsperiode.

Beispiel:

Beginn der Zinsperiode: 04.05.; Ende der Zinsperiode: 21.05.; Anzahl der Tage 17

Beträgt das Kapital 5 688,45 €, so bestimmt folgender Term die Zinszahl:

- Zinszahl = 56,88 · 17 = 966,96 gerundet 967

Die Zinszahl ist stets eine ganze Zahl. Sie wird in Abhängigkeit von der ersten Dezimalstelle auf- oder abgerundet.

Um die Zinsen zu erhalten, wird die Zinszahl durch den Zinsteiler dividiert. Nach der kaufmännischen Zinsmethode ist der Zinsteiler der Quotient aus:

$$\text{Zinsteiler} = \frac{360}{\text{Zinssatz}}$$

Beispiel:

Zinssatz 4 % → Zinsteiler $= \frac{360}{4} = 90$

Die Zinsen berechnen sich aus dem Quotienten:

Zinsen $= \frac{967}{90} = 10{,}74$ €

Allgemein:

$$\text{Zinsen} = \frac{\text{Zinszahl}}{\text{Zinsteiler}}$$

Nach der Euro-Zinsmethode wird die Anzahl der Tage der Zinsperiode taggenau gerechnet. Das Jahr wird bei der Bestimmung des Zinsteilers dagegen mit 360 Tagen angenommen.

Bei vielen Zinssätzen ist der Zinsteiler eine ganze Zahl.

Zinssatz	1	2	3	4	5	6	7,5	8	9
Zinsteiler	360	180	120	90	72	60	48	45	40

Bei Zinssätzen, die nicht zu einem Zinsteiler mit ganzen Zahlen führen, berechnet man die Zinsen wie folgt:

$$\text{Zinsen} = \frac{\text{Zinszahl} \cdot \text{Zinssatz}}{360}$$

4 Summarische Zinsrechnung

Die Vorteile der summarischen Zinsrechnung zeigen sich vor allem dann, wenn die Zinsen für mehrere Beträge zu berechnen sind.

Beispiel:

Peter spart auf ein Mountainbike. Was er erübrigen kann, zahlt er auf sein Sparkonto ein, das mit 3 % verzinst wird. Die nachstehende Tabelle zeigt die Zinsabrechnung zum Ende des Jahres. Bei Sparkonten wird davon ausgegangen, dass die Beträge mindestens bis zum Jahresende auf dem Konto belassen werden. Deshalb ist der Zinszeitraum die Anzahl der Tage zwischen Einzahlung und dem Jahresende. Es wird die Euro-Zinsmethode angewendet.

Abrechnung eines Sparkontos

Abrechnung per	31.12.2015		Zinsteiler	120
Einzahlungsdatum	Betrag	S/H	Tage	Zinszahl
15.02.2015	52,36 €	H	319	166
16.03.2015	135,65 €	H	290	392
17.06.2015	89,25 €	H	197	175
18.08.2015	236,41 €	H	135	319
21.09.2015	185,64 €	H	101	187
15.10.2015	202,49 €	H	77	156
Summe Einzahlungen	901,80 €			1395
Zinsen	11,63 €			
Guthaben per 31.12.2015	913,43 €			

Anmerkung: H = Haben = Einzahlung

Für jede Einzahlung wird die Zinszahl berechnet. Erst am Ende der Zinsperiode werden die Zinsen ermittelt. Dazu wird die Summe der Zinszahlen gebildet und durch den Zinsteiler dividiert.

$$\text{Zinsen} = \frac{1395}{120} = 11{,}63$$

Auch Abhebungen lassen sich leicht in die Zinsabrechnung einbeziehen.

Beispiel:
Peter hebt am 1. Dezember 400,00 € von dem Sparkonto ab.

Abrechnung eines Sparkontos

			Zinssatz	3 %
Abrechnung per		31.12.2015	Zinsteiler	120
Datum	Betrag	S/H	Tage	Zinszahl
15.02.2015	52,36 €	H	319	166
16.03.2015	135,65 €	H	290	392
17.06.2015	89,25 €	H	197	175
18.08.2015	236,41 €	H	135	319
21.09.2015	185,64 €	H	101	187
15.10.2015	202,49 €	H	77	156
01.12.2015	**–400,00 €**	**S**	**30**	**–120**
Summe	501,80 €			1275
Zinsen	10,63 €			
Guthaben per 31.12.2015	512,43 €			

Anmerkung: S = Soll = Abhebung

$$\text{Zinsen} = \frac{1\,275}{120} = 10{,}63\ €$$

Bei einer Abhebung wird die Zinszahl mit einem negativen Vorzeichen in die Abrechnung eingebracht. Ansonsten bleibt die Abrechnungsmethode unverändert.

5 Kontokorrentrechnung

Ein Kontokorrentkonto zeichnet sich dadurch aus, dass das Schuldverhältnis wechseln kann. Der Saldo des Kontos kann zu einem Zeitpunkt im Soll, zu einem anderen Zeitpunkt im Haben stehen. Je nach Kontostand ist der Kunde mal Gläubiger, mal Schuldner.

Beispiel:
Am 15.02. wurde auf Karolinas Girokonto das Gehalt überwiesen.

Kontokorrentkonto Karolina			
Datum	Vorgang	S/H	Betrag
15.02.2015	Vortrag	H	– €
15.02.2015	Gehalt	H	1 520,00 €
	Saldo	H	1 520,00 €
17.02.2015	Abhebung	S	1 000,00 €
	Saldo	H	520,00 €
03.03.2015	Überweisung	S	600,00 €
	Saldo	S	80,00 €

Anmerkung:
- H = Haben → Gutschrift
- S = Soll → Abbuchung
- Haben-Saldo = Guthaben bei der Bank
- Soll-Saldo = Schulden bei der Bank

Bis zum 03.03. steht der Saldo im Haben. Karolina hat Guthaben auf ihrem Konto. Sie ist Gläubigerin, die Bank Schuldnerin. Am 03.03. nimmt Karolina eine Überweisung vor. Der Überweisungsbetrag ist größer als der Haben-Saldo. Damit dreht das Konto ins Soll. Nun ist Karolina Schuldnerin geworden und die Bank Gläubigerin.

Die Banken rechnen die Kontokorrentkonten in der Regel vierteljährlich ab. Wie die Abrechnung unter Anwendung der Euro-Zinsmethode erfolgt, zeigt die folgende Tabelle

Beispiel:

Kontokorrentkonto Karolina					Soll-Zinssatz	Haben-Zinssatz
					10 %	1 %
Datum	Vorgang	S/H	Betrag	Tage	Soll-#	Haben-#
15.02.2015	Vortrag	H	– €		0	0
15.02.2015	Gehalt	H	1 520,00 €			
	Saldo	H	1 520,00 €	2		30
17.02.2015	Abhebung	S	1 000,00 €			
	Saldo	H	520,00 €	14		73
03.03.2015	Überweisung	S	600,00 €			
	Saldo	S	80,00 €	12	10	
15.03.2015	Gehalt	H	1 520,00 €			
	Saldo	H	1 440,00 €	5		72
20.03.2015	Abhebung	S	2 000,00 €			
	Saldo	S	560,00 €	11	62	
31.03.2015	Zinsen	S	1,51 €	Summe #	72	175
	End-Saldo	S	561,51 €	Zinsen	2,00 €	0,49 €

Anmerkung: In Abrechnungstabellen wird statt des Begriffs Zinszahl das Doppelkreuz # verwendet.

Die Buchungsposten werden in der Reihenfolge ihrer Wertstellung (Datum) mit den Vorzeichen S (Soll) bzw. H (Haben) eingetragen. Nach jedem Posten wird der Saldo gebildet. Dazu wird der Buchungsposten entweder zu dem alten Saldo addiert oder subtrahiert. Haben der alte Saldo und der Buchungsposten dasselbe Vorzeichen, werden die beiden Beträge addiert, ansonsten subtrahiert.
Anschließend wird in der Spalte Tage festgestellt, für wie viele Tage der Saldo bestand. Die Zinszahl wird berechnet. Liegt ein Soll-Saldo vor, wird die Zinszahl in der Spalte Soll-#, ansonsten in der Spalte Haben-# eingetragen. Diese Aufteilung ist erforderlich, da ein Guthaben niedriger verzinst wird als Schulden.
Am Ende der Abrechnungsperiode werden die Zinszahlen summiert und durch die jeweiligen Zinsteiler dividiert. Der Saldo von Soll- und Habenzinsen wird als letzter Buchungsposten in die Zinsstaffel eingebracht. Der End-Saldo wird ermittelt.

Sollzinsen $= \frac{72}{36} = 2{,}00$ € Habenzinsen $= \frac{175}{360} = 0{,}49$ €

6 Abrechnung eines Kredits

Bei der Abrechnung eines Kredits berechnet die Bank die Kreditzinsen für einen Zeitraum von 30 Tagen. Die Rückzahlung erfolgt zu Monatsultimo, also am letzten Tag des Monats. Am Ende des Monats ergibt sich dann eine neue Kredithöhe:

$$K_n = K_a + Z - R$$

Dabei bedeutet:
K_n = neue Kredithöhe (= Restkredit)
K_a = alte Kredithöhe
Z = Zinsen für 30 Zinstage
R = Rückzahlungsrate

Beispiel:
Britta bekommt einen Kredit über 5 000,00 € zu 5 % Zinsen. Sie zahlt jeweils am Monatsende 800,00 € zurück. Sie fragt den Kreditberater, wie die Kreditabrechnung erfolgt.
Anhand einer Excel-Tabelle erläutert der Kreditberater die Abrechnung des Kredits.

Abrechnung eines Ratenkredits

Kredit	5 000
Zinssatz	5
Rate	800

Monat	Kredithöhe Monatsanfang	Zinsen für 30 Tage	Ratenzahlung ultimo	Kredithöhe Monatsende
1	5 000,00 €	20,55	800	4 220,55 €
2	4 220,55 €	17,34	800	3 437,89 €
3	3 437,89 €	14,13	800	2 652,02 €
4	2 652,02 €	10,9	800	1 862,92 €

Monat	Kredithöhe Monatsanfang	Zinsen für 30 Tage	Ratenzahlung ultimo	Kredithöhe Monatsende
5	1 862,92 €	7,66	800	1 070,58 €
6	1 070,58 €	4,4	800	274,98 €
7	274,98 €	1,13	276,11	0,00 €

„Zu Beginn des Monats 1 wird der Kredit ausgezahlt. Zum Ende des Monats werden die Zinsen für den Zeitraum von 30 Tagen berechnet. Die Einzahlung der Rückzahlungsrate erfolgt ebenfalls zum Monatsende. Dann wird die Höhe der Restschuld berechnet:

Restschuld = Kredit am Monatsanfang + Zinsen – Rate

Der so berechnete Betrag ist der Restkredit am Ende des Monats. Dieser Betrag ist dann gleichzeitig auch der Restkredit zum Anfang des nächsten Monats.“

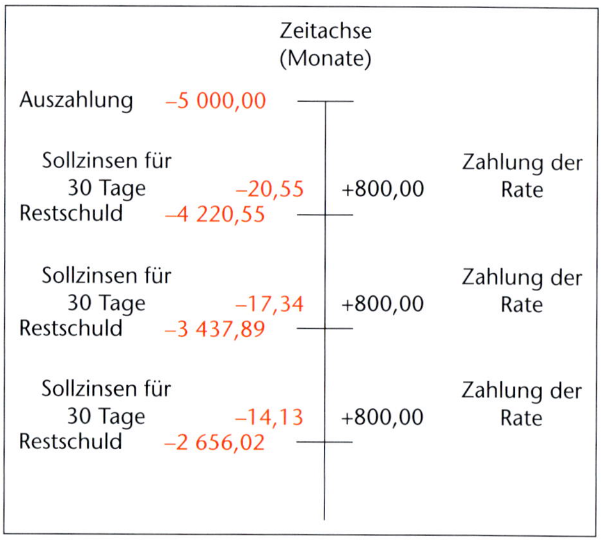

Britta schaut ein wenig skeptisch. Der Kreditberater nimmt eine Skizze zur Hand, um die Kreditabrechnung zu erläutern:
„Nach jeweils 30 Tagen werden die Zinsen und die Ratenzahlung gebucht. Es bildet sich dann die Restschuld. Nach weiteren 30 Tagen werden die Zinsen von der Restschuld sowie die Ratenzahlung gebucht. Die letzte Rate muss in der Regel gesondert gerechnet werden, weil die Restschuld zuzüglich Zinsen kleiner als die Rate ist. Die letzte Rate ist die Summe aus Restschuld plus den darauf fälligen Zinsen.“
Britta. „Ich glaube, ich habe es kapiert. Die Abrechnungsperiode besteht jeweils aus 30 Tagen. Die Sollzinsen werden jeweils für 30 Tage von der zu Beginn der Abrechnungsperiode bestehenden Restschuld berechnet, nicht vom ursprünglichen Kredit.“

7 Leasing und Ballonkredit

Beim Leasing vermietet die Leasinggesellschaft den Gegenstand an den Leasingnehmer. Wird zum Beispiel ein Auto auf Leasingbasis gekauft, kauft das Leasingunternehmen das Auto vom Autohändler und vermietet das Auto an den Endkunden. Der Endkunde wird nicht Eigentümer des Fahrzeugs, sondern die Leasinggesellschaft. Der Endkunde erhält für die Leasingdauer ein Nutzungsrecht. Dafür muss er monatlich eine bestimmte Leasingrate bezahlen.
Für Firmen ist das Leasing aus steuerlichen Gründen interessant. Für Privatleute bringt es keinen Vorteil. Zur Finanzierung eines Autos oder hochwertiger Konsumgüter wird vielmehr der sogenannte Ballonkredit verwendet. Die Rückzahlung des Kredits erfolgt durch relativ niedrige Zahlungsraten und eine hohe Schlussrate.

Beispiel:
Die Bank eines Automobilunternehmens bietet die Finanzierung eines Pkw zu folgenden Konditionen an:

Barpreis	10 500,00 €
Sonderzahlung:	1 500,00 €
24 Monatsraten zu	236,82 €
Schlussrate:	4 200,00 €
Sollzinssatz p. a.	4,88 %
Effektiver Jahreszins:	4,99 %

Der Ballonkredit ist normalerweise ein relativ günstiger Kredit, weil der Autoverkäufer in der Regel gegenüber dem Kreditgeber für die Schlussrate haftet. Kann der Kunde die Schlussrate nicht bezahlen, nimmt der Autohändler das Auto zurück und verwertet es. Liegt der Restwert des Autos niedriger als die Schlussrate, muss der Kunde die Differenz bezahlen. Außerdem können noch weitere Kosten auf den Kunden zukommen für nicht vertragsgemäße Nutzung, wie zum Beispiel erhöhte Kilometerleistung oder auch Lackschäden.

Die Sonderzahlung beträgt in der Regel 20 % des Barpreises. Die Schlussrate liegt normalerweise unterhalb des Restwertes. Die Daumenregel für die Restwertbestimmung lautet

$$\text{Restwert} = \text{Barverkaufspreis} - \frac{\text{Barverkaufspreis} \cdot 1{,}8 \cdot \text{Kreditlaufzeit}}{100}$$

Bei den Finanzierungsangeboten werden zwei Zinssätze angegeben:
- Effektiver Jahreszins
- Sollzinssatz pro Jahr

Der Sollzinssatz ist der Zinssatz, den die Bank bei der Abrechnung des Kredits zugrunde legt. Der effektive Zinssatz, der zuweilen auch Normzinssatz genannt wird, wird aufgrund des Verbraucherkreditgesetzes wie folgt berechnet:

$$\text{Effektiver Zinssatz} = \frac{\text{Gesamtkosten} \cdot 2400}{\text{Nettokredit} \cdot (\text{Laufzeit in Monaten} + 1)}$$

In den Gesamtkosten sind nicht nur die Zinsen, sondern auch weitere Kostenbestandteile, wie zum Beispiel Bearbeitungsgebühren, enthalten. Die Zinsen beziehen sich zum einen auf den Nettokredit sowie auf die Schlussrate. In dem obigen Beispiel beträgt der zu tilgende Kredit 4 800,00 €. Die Schlussrate ist aber ebenfalls zu verzinsen, da die Bank die Schlussrate ebenfalls vorfinanziert.
Im obigen Beispiel betragen die Sollzinsen 661,11 €. Der Darlehensgesamtbetrag beläuft sich auf 9 661,11 €. Von diesem Kredit werden 4 800,00 € getilgt. 4 200,00 € sind ein Festdarlehen, das am Ende der Laufzeit durch Zahlung des Darlehensbetrages oder durch Rückgabe des Autos getilgt wird.

Ob die Finanzierung durch die Autokreditbank oder über die eigene Bank oder Sparkasse günstiger ist, muss von Fall zu Fall berechnet werden. Vor allem ist zu bedenken, dass die Schlussrate während der Kreditlaufzeit angespart werden muss, wenn man nicht einen weiteren Kredit zur Finanzierung der Schlussrate aufnehmen möchte.

8 Übungen

Aufgabe 1

- Peter nimmt ein Darlehen über 6000,00 € auf. Der Zinssatz beträgt 9 % , Laufzeit 120 Tage. Wie viel Zinsen muss Peter zahlen, wenn er den Kredit nach 120 Tagen zurückzahlt?
- Herr Sommer zahlt für einen Kredit 160,00 € Zinsen bei einer Laufzeit von 60 Tagen. Zinssatz 8 %. Wie hoch war der Kredit?
- Bestimme die Laufzeit eines Kredits über 15000,00 €, der mit 10 % zu verzinsen ist und für den 625,00 € Zinsen zu zahlen sind!
- Susanne hat Petra 1000,00 € geliehen. Petra zahlt nach 271 Tagen einschließlich Zinsen 1029,70 € an Susanne zurück. Welcher Zinssatz war bei Anwendung der Effektivzinsmethode vereinbart?
- Cem lässt sein Auto auf Autogas umrüsten. Die Werkstatt berechnet am 4. Juni 1800,00 €. Es wird vereinbart, dass Cem den Betrag am 16. Dezember einschließlich 5 % Zinsen zahlt. Gemäß Darlehensvertrag ist die Effektivzinsmethode anzuwenden. Wie viele Euro Zinsen hat Cem zu zahlen?
- Werbeanzeige: „Kaufe heute, genieße heute, bezahle übermorgen! Smart-Fernseher. Nehmen Sie ihn heute mit und bezahlen sie die 999,00 € in 180 Tagen. Barpreis 922,00 €. Welcher Zinssatz liegt bei Anwendung der Euro-Zinsmethode dem Angebot zugrunde?

Aufgabe 2

Britta hat sich von ihrem Vater 500 € geliehen. Es wurde die Effektivzinsmethode sowie ein Zinssatz von 6 % vereinbart. Das war am 01.09. Am 30.11 zahlt Britta 507,58 € zurück. Ihr Vater aber besteht darauf, dass sie 530,00 € zurückzahlt. Vater: „6 % von 500,00 sind 30,00 €.“
Untersuche, wer von den beiden Recht hat.

Aufgabe 3

Peter hat Schulden bei seinem Handy-Provider in Höhe von 460,00 €. Er bittet das Unternehmen um Stundung. Der Provider ist einverstanden und legt fest, dass die Schulden in 90 Tagen mit einem Zinsaufschlag von 25,00 € zu begleichen sind. Als sein Vater den Brief des Providers sieht, kommentiert er: „Ich glaube, die wollen dich über den Tisch ziehen.“

Aufgabe 5

Ist die Abrechnung des Sparkontos richtig?

Abrechnung eines Sparkontos				
			Zinssatz	3 %
Abrechnung per		31.12.2015	Zinsteiler	120
Datum	Betrag	S/H	Tage	Zinszahl
02.01.2015	52,36 €	H	363	189
27.01.2015	135,65 €	H	328	443
15.06.2015	89,25 €	H	199	177
18.08.2015	236,41 €	H	135	319
25.09.2015	–185,64 €	H	97	180
21.11.2015	202,49 €	H	40	81
10.12.2015	–400,00 €	H	21	84
Summe	130,52 €			1473
Zinsen	12,28 €			
Guthaben per 31.12.2015	142,80 €			

Aufgabe 6

Cem ist enttäuscht. Er hat auf Anraten seines Ausbilders mit der Bank einen Sparvertrag abgeschlossen. Danach muss Cem jeweils am 1. eines Monats 100,00 € auf ein Sparkonto einzahlen. Der Zinssatz beträgt 4 %. Am 01.06. begann Cem mit den Einzahlungen. Als er am Jahresende in der Bank die Zinsabrechnung sieht, fragt er den Angestellten: „Müssen die Zinsen nicht 28,00 € betragen?" Der Angestellte antwortet: „Nein, aber rechnen wir doch einmal nach!"

Aufgabe 7

Susanne spart für einen Führerschein. Zu Weihnachten hat sie 250,00 € erhalten. Am 03.01. richtet sie ein Sparkonto ein und zahlt den Betrag von 250,00 € ein. An folgenden Tagen zahlt sie weitere Beträge ein bzw. hebt Geld vom Konto ab:

Datum	Einzahlung	Abhebung
01.02.	320,00 €	
03.03.	360,00 €	
15.05.		150,00 €
16.06.	280,00 €	
27.07.	156,35 €	
15.12.		80,36 €

Wie hoch sind das Guthaben und die Zinsen am 31.12. des Jahres? Zinssatz: 3 %

Aufgabe 8

In Silvias Abrechnung des Girokontos haben sich einige Fehler eingeschlichen!

Kontokorrentkonto Silvia					Soll-Zinssatz	Haben-Zinssatz
					12 %	1 %
Datum	Vorgang	S/H	Betrag	Tage	Soll-#	Haben-#
01.10.2015	Saldo-Vortrag	S	100,00 €	15	15	0
15.10.2015	Gehalt	H	1 520,00 €			
	Saldo	H	1 520,00 €	2		30
17.10.2015	Abhebung	S	1 000,00 €			
	Saldo	H	520,00 €	17		88
03.11.2015	Überweisung	S	600,00 €			
	Saldo	S	80,00 €	12	96	
15.11.2015	Gehalt	H	1 520,00 €			
	Saldo	H	1 440,00 €	5		72
20.11.2015	Abhebung	S	2 000,00 €			
	Saldo	S	560,00 €	25	140	
15.12.2015	Gehalt	H	1 950,00 €			
	Saldo	H	1 390,00 €	6		83
21.12.2015	Überweisung	S	980,00 €			
	Saldo	S	410,00 €	10	410	
31.12.2015	Zinsen	S	6,47 €	Summe #	251	683
	End-Saldo	S	566,47 €	Zinsen	8,37 €	1,90 €

Aufgabe 9

Cem hat auf seinem Girokonto folgende Bewegungen. Das Konto ist zum 30. Juni abzurechnen.

Girokonto Cem		
Datum	Einzahlungen	Abhebungen
15. Apr	960,00 €	
20. Apr		420,00 €
10. Mai	1 250,00 €	
22. Mai	360,00 €	
01. Jun		2 100,00 €
13. Jun	960,00 €	
26. Jun		530,00 €

Soll-Zinssatz 12 %
Haben-Zinssatz 1,50 %
Habensaldo per 1. Apr. 25,00 €

Aufgabe 10

Die Gebrüder Dimitri und Pawel arbeiten bei derselben Firma in der Nachbarstadt. Da die Verbindung mit öffentlichen Verkehrsmitteln ungünstig ist, beschließen sie die Anschaffung eines Autos. Der passende Wagen ist bald gefunden. Preis: 12 000,00 €. Beide können jeweils 1 000,00 € als Anzahlung aufbringen. Für den Rest von 10 000,00 € müssen sie einen Kredit aufnehmen, den sie in 10 Monaten zurückzahlen wollen. Der Autohändler bietet einen Kredit zu folgenden Konditionen an: 0,4 % pro Monat vom ursprünglichen Kredit zuzüglich 2 % einmalige Bearbeitungsgebühr.
Dimitri fragt bei seiner Bank nach. Sie verlangt 5 % Zinsen, Auszahlung 100 %, keine Gebühren.
Pawel meint, das Kreditangebot des Autohändlers sei günstiger. Er schließt mit ihm den Kreditvertrag über 5 000,00 € ab. Dimitri nimmt den Bankkredit in Höhe von 5 000,00 € auf. Beide zahlen ihren Kredit in zehn gleichbleibenden Monatsraten zuzüglich Zinsen ab.

a) Wie hoch ist die monatliche Belastung (Tilgung und Zinsen) für Pawel und für Dimitri?
b) Für wen ist der Kredit am teuersten?

Aufgabe 11

Bei Familie Müller hat der letzte Sturm das Hausdach beschädigt. Der Kostenvoranschlag des Dachdeckers beläuft sich auf 25 000,00 €. Herr Müller: „Da werden wir wohl einen Kredit aufnehmen müssen. Ich war bei der Bank. Sie verlangt 4 % Zinsen bei 100 % Auszahlung. Der Kreditberater meinte, wir sollten 600,00 € monatlich zurückzahlen. Dann hätten wir in weniger als 4 Jahren den Kredit getilgt. Andrea, kannst du mir das mal vorrechnen oder anhand einer Excel-Tabelle erklären?“

Gleichungen

1 Gleichungen mit einer Unbekannten

Beispiel:

Susanne: „Ich habe gerade die Bilder von unserer Klassenfahrt aus dem Fotoshop abgeholt. Der ist sehr günstig. Für 36 Bilder habe ich 13,32 € bezahlt. Darin sind 1,80 € für die Mappe enthalten." Petra: „Ich glaube, dass dein Fotoshop nicht ganz so günstig ist. Bei Superprint gibt es jetzt ein Bild für 19 Cent zuzüglich der Kosten für die Bildmappe." Susanne: „Dann sollten wir doch einmal ausrechnen, was ein Bild bei Fotoshop kostet."

Lösungsweg

Aus den Angaben wird eine Gleichung aufgestellt.
$1{,}8 + 36 \cdot x = 13{,}32$

x steht für den gesuchten Wert. Aber wie berechnet man das x?

Um zur Lösung zu gelangen, wird die Gleichung nach dem Waageprinzip mehrmals umgeformt, sodass letztlich das x allein auf einer Seite der Gleichung steht:

Das Waageprinzip

Rechts und links vom Gleichheitszeichen sind die Waagschalen. Man muss aufpassen, dass die Waage nicht aus dem Gleichgewicht kommt.
Auf beiden Seiten des Gleichheitszeichens ist immer die gleiche Rechnung durchzuführen.

Die Gleichungswaage

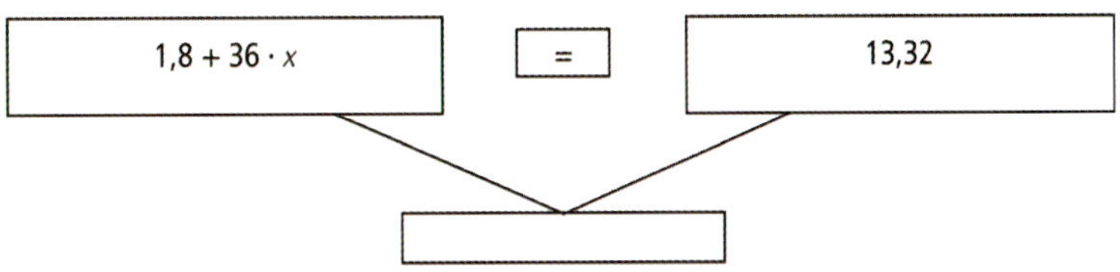

Was links addiert/subtrahiert wird, muss auch rechts addiert/subtrahiert werden.
Was links multipliziert/dividiert wird, muss auch rechts multipliziert/dividiert werden.

Unter Berücksichtigung des Waageprinzips muss die Gleichung in der Weise umgeformt werden, dass letztlich das x allein auf einer Seite der Gleichung steht.

Auf beiden Seiten wird 1,8 subtrahiert	$-1{,}8$	$1{,}8 + 36 \cdot x = 13{,}32$	$-1{,}8$
		$1{,}8 - 1{,}8 + 36 \cdot x = 13{,}32 - 1{,}8$	
Beide Seiten der Gleichung werden durch 36 dividiert	$:36$	$36 \cdot x = 11{,}52$	$:36$
		$36 : 36 \cdot x = 11{,}52 : 36$	
		$1 \cdot x = 0{,}32$	
		$x = 0{,}32$	

Ergebnis: Jedes Bild hat also 32 Cent gekostet.

Das Umformen auf beiden Seiten kann auch durch Operatoren angezeigt werden:

$$1{,}8 + 36 \cdot x = 13{,}32 \quad | -1{,}8$$
$$36 \cdot x = 11{,}52 \quad | :36$$
$$x = 0{,}32$$

2 Übungen

Aufgabe 1

Löse folgende Gleichungen:

a) $4x - 6 = 14$
b) $5x - 7 = 13$
c) $24x + 8 = 32$
d) $56 + 14x = 14$
e) $34 - 7x = 6$
f) $-15 - 5x = -5$

Aufgabe 2

Kannst du auch folgende Gleichungen lösen?

a) $8(x + 2) - 24 = 15x - 29$
b) $7(3 - 5x) - 7x = -2x - 4(-3x - 8x)$
c) $4(2x + 2) - 3x = 15(x - 2) - 72$

Aufgabe 3

Mutlu und Peter fachsimpeln über die Bereifung ihrer Autos. Peter hat gerade sein Auto neu „besohlen“ lassen. Er hat für vier Reifen, Marke Tolo, inclusive Auswuchten und Montage 340,00 € bezahlt. Mutlu: „Das ist ganz schön teuer!“ Peter: „Darin sind Entsorgungskosten für die vier Altreifen zu je 15,00 € enthalten.“ Mutlu: „Trotzdem teuer! Hast du mal ausgerechnet, was ein Reifen gekostet hat?“

Aufgabe 4

Marga, Birgit und Heike, Auszubildende bei einem Stahlunternehmen, haben sich zu einer Wohngemeinschaft entschlossen. Nun suchen sie eine geeignete Wohnung. Sie wollen aber nicht mehr als

6,20 € pro m² ausgeben. Der Vermieter Vaut bietet eine 80 m² Wohnung zu 640,00 € an. Marga zu Heike: „Nein, das ist zu teuer!" Heike erwidert: „Nein, der Preis pro m² ist unter unserem Limit. Du musst doch die 160,00 € Nebenkosten berücksichtigen. Rechne doch mal nach!"

Aufgabe 5

Dimitri hat Probleme mit seinen Eltern. Sie schimpfen, dass er zu viel mit seinem Handy telefoniert. Sein Vater: „Nutze das Festnetz, wir haben eine Flatrate." Dimitri wehrt sich: „Ich nutze es als Notizbuch und als kleine Spielkonsole, ich telefoniere im Monat weniger als 50 Minuten." Vater: „Kannst du das beweisen? Die letzte Telefonrechnung für dein Handy belief sich auf 19,50 €!" Dimitri: „Die Monatsgebühr beträgt 9,90 €. Die Gesprächsminute wird mit 12 Cent berechnet." Mutter: „Ich glaube, Dimitri hat Recht."

Aufgabe 6

Peter muss rasch Versandpapiere zum Auslieferungslager bringen. Chef: „Nimm ein Taxi, es eilt!" Für die 6 km verlangt der Taxifahrer 8,00 €. Peter zum Taxifahrer: „Ich wollte nicht sofort das Taxi kaufen." Der Taxifahrer lacht und antwortet. „Naja, auf einer Kurzstrecke ist das schon nicht ganz billig. Aber so hoch ist der Preis pro Kilometer nicht. Er liegt noch unter einem halben Euro. Der Grundpreis liegt bei 5,30 €."

B

Gleichungssysteme

1 Gleichungssysteme mit zwei Gleichungen und zwei Unbekannten

Beispiel:

Peter arbeitet in einer Außenhandelsfirma. Er ist zuständig für die Erstellung der Ausgangsrechnungen. In den vergangenen Tagen sind Kunden in Australien und Brasilien beliefert worden. Er fragt den Mitarbeiter im Versand nach den Frachtkosten für den australischen sowie für den chilenischen Kunden. Der Mitarbeiter im Versand antwortet: „Hm, weiß ich nicht so genau. Am Montag habe ich vier Standardpakete für den australischen und ein Standardpaket für den brasilianischen Kunden zur Spedition Airfreight gebracht. Airfreight berechnete 214,00 €. Heute waren es drei Standardpakete für Australien und zwei für Brasilien. Dafür haben sie uns 198,00 € in Rechnung gestellt. Einzelpreise weiß ich nicht. Kannst du dir das nicht selber ausrechnen?“

Zur Lösung dieses Problems ist ein Gleichungssystem mit zwei unbekannten Größen bzw. Variablen aufzubauen und zu lösen. Es gibt mehrere Lösungsverfahren.

Gleichsetzungsverfahren

Allgemein	**Für das Beispiel**
Die Variablen müssen festgelegt werden.	Der Frachtpreis für Australien sei x. Der Frachtpreis für Brasilien sei y.
Die Gleichungen werden aufgestellt.	I $4x + y = 214$ II $3x + 2y = 198$
Beim Gleichsetzungsverfahren werden beide Gleichungen nach x oder y umgestellt. Hier soll nach y umgestellt werden.	I $4x + y = 214 \quad \mid -4x$ II $3x + 2y = 198 \quad \mid -3x$ Ergibt: I $y = 214 - 4x$ II $2y = 198 - 3x \quad \mid :2$

TIPP

Es ist gleichwertig, nach welcher Variable beide Gleichungen umgestellt werden. Sinnvollerweise wählt man die Variable, bei der der Rechenaufwand geringer ist.

Da $y = y$ ist, d.h. die linken Teile der Gleichung gleich sind, sind auch die beiden rechten Teile der Gleichung gleich. Somit können die rechten Seiten gleichgesetzt werden.

Also:

I $y = 214 - 4x$
II $y = 99 - 1{,}5x$

Es entsteht eine Gleichung mit einer Unbekannten, die nach der verbleibenden Unbekannten aufgelöst wird.

$$214 - 4x = 99 - 1{,}5x \quad | -214$$
$$-4x = -115 - 1{,}5x \quad | +1{,}5x$$
$$-2{,}5x = -115 \quad | :(-2{,}5)$$
$$x = 46$$

Der ausgerechnete Wert wird in eine der Ausgangsgleichungen eingesetzt. Als Ergebnis ergibt sich wieder eine Gleichung mit einer Unbekannten, die nun aufzulösen ist.

$x = 46$ in $4x + y = 214$ einsetzen.
Also: $4 \cdot 46 + y = 214$
$184 + y = 214 \quad | -184$
$y = 30$

Zum Schluss müssen die ermittelten Werte in den Aufgabenzusammenhang gesetzt werden.

Das Standardpaket nach Brasilien hat also 30,00 € gekostet, das nach Australien 46,00 €.

Einsetzungsverfahren

Beim Einsetzungsverfahren geht man folgendermaßen vor:

Allgemein	Für das Beispiel
Die Variablen müssen festgelegt werden.	Der Frachtpreis für Australien sei x. Der Frachtpreis für Brasilien sei y.
Dann werden die Gleichungen aufgestellt.	I $4x + y = 214$ II $3x + 2y = 198$
Beim Einsetzungsverfahren wird eine der beiden Gleichungen nach x oder y umgestellt. Hier wurde die erste nach y umgestellt.	I $4x + y = 214 \quad | -4x$ $y = 214 - 4x \quad (\cdot)$

TIPP

Es kommt nicht darauf an, welche Gleichung man umstellt. Sinnvollerweise nimmt man die einfachere.

$(\cdot)$ umgeformte Ausgangsgleichung

Die umgestellte Gleichung wird in die verbleibende Gleichung eingesetzt.	$y = 214 - 4x$ in $3x + 2y = 198$ Einsetzen: $3x + 2 \cdot (214 - 4x) = 198$
Es entsteht eine Gleichung mit einer Unbekannten. Bei der Umformung der Gleichung gilt die Regel: Klammern zuerst, dann Punkt-, dann Strichrechnung.	$2 \cdot (214 - 4x)$ ist gleich $2 \cdot 214 - 2 \cdot 4x$, also $3x + 2 \cdot 214 - 2 \cdot 4x = 198$ $3x + 428 - 8x = 198 \quad | -428$ $3x - 8x = 198 - 428$ $-5x = -230 \quad | :(-5)$ $x = 46$
Der ermittelte Wert wird in die umgeformte Ausgangsgleichung eingesetzt. Die zweite Variable lässt sich somit bestimmen.	$x = 46$ in $y = 214 - 4x$ einsetzen. $y = 214 - 4 \cdot 46$ $y = 214 - 184$ $y = 30$

Zum Schluss müssen die ermittelten Werte in den Aufgabenzusammenhang gesetzt werden.

Das Standardpaket nach Brasilien hat also 30,00 € gekostet, das nach Australien 46,00 €.

Eine dritte Möglichkeit, Gleichungen mit zwei Unbekannten zu lösen, ist das Additionsverfahren.

Additionsverfahren

Allgemein

Die Variablen werden festgelegt.

Für das Beispiel

Der Frachtpreis für Australien sei x.
Der Frachtpreis für Brasilien sei y.

Die Gleichungen werden aufgestellt.

$$\begin{array}{ll} \text{I} & 4x + y = 214 \\ \text{II} & 3x + 2y = 198 \end{array}$$

Beim Additionsverfahren schreibt man die beiden Gleichungen in der Weise, dass die **gleichen** Variablen untereinander stehen, ggf. muss man die Reihenfolge der Summanden innerhalb einer Gleichung dazu ändern. Dann legt man die Variable fest, die sich bei der Addition der beiden Gleichungen gegenseitig aufheben soll, hier y. Man multipliziert die Variablen mit einer Zahl, sodass die ausgewählten Variablen in beiden Gleichungen denselben Koeffizienten haben, jedoch mit unterschiedlichen Vorzeichen.

$$\begin{array}{lll} \text{I} & 4x + y = 214 & | \cdot (-2) \\ \text{II} & 3x + 2y = 198 & \end{array}$$

Ergibt:

$$\begin{array}{ll} \text{I} & -8x - 2y = -428 \\ \text{II} & 3x + 2y = 198 \end{array}$$

TIPP

Für die Lösung ist es nicht entscheidend, welche Variable herausfallen soll. Sinnvollerweise wählt man diejenige, die den geringsten Rechenaufwand erfordert. Die Terme auf beiden Seiten des Gleichheitszeichens werden jeweils addiert.

Diese Addition der beiden Gleichungen führt zur ersten Teillösung.

Die Addition ergibt:

$$-5x = -230 \quad | : (-5)$$
$$x = 46$$

Der ermittelte Wert wird in eine der Ausgangsgleichungen eingesetzt und nach der anderen Variablen aufgelöst.

$x = 46$ in $4x + y = 214$ einsetzen.

Also: $4 \cdot 46 + y = 214 \quad | - 184$

$$y = 30$$

Zum Schluss werden die ermittelten Werte in den Aufgabenzusammenhang gesetzt.

Das Standardpaket nach Brasilien hat also 30,00 € gekostet, das nach Australien 46,00 €.

Aus den vorstehenden Rechnungen ist zu ersehen, dass alle drei Verfahren zum selben Ergebnis führen. Es empfiehlt sich, das Verfahren anzuwenden, das am schnellsten zur Lösung führt.

TIPP

Beim sogenannten **Subtraktionsverfahren** verfährt man ähnlich wie beim Additionsverfahren. Man schreibt die beiden Gleichungen in der Weise auf, dass die gleichen Variablen untereinander stehen. Dann legt man die Variable fest, die sich bei der Subtraktion der beiden Gleichungen gegenseitig aufheben soll. Man multipliziert die Variablen mit einer Zahl, sodass die ausgewählten Variablen in beiden Gleichungen denselben Koeffizienten haben.
Ob man das Additions- oder das Subtraktionsverfahren wählt, hängt von den Vorzeichen der Koeffizienten der Variable ab, die herausfallen soll. Haben die Koeffizienten in beiden Gleichungen das gleiche Vorzeichen, subtrahiert man die Gleichungen. Liegt ein unterschiedliches Vorzeichen vor, so addiert man die beiden Gleichungen.

2 Übungen

Aufgabe 1

Löse folgende Gleichungssysteme:

a) $x + 5y = 30$
$x - 4y = 12$

b) $x = 2y + 4$
$2x = 2y + 10$

c) $x + y = 0$
$5x - 27 = 4y$

d) $3(x - 2) + 2y = 0$
$6x - 4y = 0$

e) $4x - 5y = -13$
$6x - 2y = 8$

f) $2x + 4y = 8$
$8x - 12y = 18$

Aufgabe 2

Bei einer Aufführung der Theater-Arbeitsgemeinschaft haben Angela und Christina die Eintrittskarten verkauft. Schüler zahlten 3,00 €, Gäste 9,00 €. 120 Schüler waren gekommen. Nach der Aufführung fragt der Direktor: „Wie viele externe Gäste haben an der Aufführung teilgenommen?“ Christina zu Angela: „Oh je, da müssen wir die ganzen Belege durchzählen.“ Angela: „Nee, lass man. Das können wir aus unseren Einnahmen ableiten. Wir haben 810,00 € eingenommen.“ Christina: „Da bin ich aber gespannt, wie du das ausrechnen kannst.“

Aufgabe 3

Mutlu wird während eines Praktikums in einem Tagungshotel beim Roomservice eingesetzt. Er hatte die Konferenzteilnehmer mit 21 Flaschen Wasser und 4 Kannen Kaffee versorgt. Am Ende der Tagung bringt er dem Tagungsleiter die Rechnung über 102,00 € für die Getränke. Der Tagungsleiter lobt Mutlu für seine gute Bedienung und gibt ihm 5,00 € Trinkgeld. Dabei erwähnt er: „Das war ja preiswert. Bei der letzten Tagung habe ich für 18 Flaschen Wasser und 6 Kannen Kaffee 126,00 € bezahlt. Hat das Restaurant die Preise gesenkt?“ „Nein“, antwortet Mutlu ausweichend, „die Preise sind meines Wissens nicht verändert worden.“

Aufgabe 4

Susanne arbeitet in der Buchhaltung. Ihre Aufgabe besteht unter anderem darin, Eingangsrechnungen zu prüfen. „Ich glaube, die EDV-Leute verlangen immer mehr Geld“, sagt sie zu ihrem Kollegen. „Für fünf Technikerstunden und acht Programmiererstunden verlangen sie 890,00 €.“ Der Kollege antwortet: „Nein, die EDV-Firma darf die Preise nicht erhöhen. Wir haben mit ihr ein Rahmenabkommen. Beim vorletzten Mal wurden für acht Technikerstunden und drei Programmiererstunden 640,00 € in Rechnung gestellt.“

Aufgabe 5

Cem arbeitet im Baustoffhandel. Ein Radlader ist ausgefallen. Bei einer früheren Gelegenheit hatte man bei einem Maschinenservice einen Radlader einschließlich Fahrer gemietet. Für drei Maschinenstunden und vier Arbeitsstunden waren seinerzeit 500,00 € berechnet worden. Cem ruft beim Maschinenservice an. „Wir benötigen einen Radlader einschließlich Fahrer für vier Maschinenstunden und fünf Arbeitsstunden zu denselben Konditionen wie beim letzten Mal.“ Der Mitarbeiter des Maschinenservice antwortet: „Wir übernehmen den Auftrag, die Preise haben sich aber geändert. Die Maschinenkosten sind um 4,00 € und die Arbeitsstunden um 2,00 € gestiegen. Der Auftragswert liegt dann bei 666,00 €.“ „Wie hoch sind denn jetzt die Maschinenkosten und die Arbeitskosten?“, fragt Cem.

Aufgabe 6

Susanne hat bei einer Druckerei ein Angebot über den Druck von 750 Broschüren und 300 Prospekten eingeholt, die für die Hausmesse im nächsten Jahr benötigt werden. Der Angebotspreis beläuft sich auf 4 105,50 € einschließlich Umsatzsteuer. Sie legt dem Abteilungsleiter das Angebot vor: „Ich habe den Eindruck, dass die Druckerei die Preise erhöht hat. Im letzten Jahr haben wir für 500 Broschüren und 200 Prospekte 2 668,00 € einschließlich Umsatzsteuer bezahlt“. Abteilungsleiter: „Damals wurden 16 % Umsatzsteuer erhoben. Heute beträgt die Umsatzsteuer 19 %. Kann darin die Preiserhöhung begründet sein?“

B

Lineare Funktionen

1 Eigenschaften und Darstellung linearer Funktionen

Eine Funktion ist eine Zuordnungsvorschrift, die durch eine Funktionsgleichung festgelegt wird. Die Darstellung einer Funktion im Koordinatensystem nennt man **Graph der Funktion**.

1.1 Grundbegriffe

Beispiel:
Anhand der Geraden mit der Gleichung $y = 2x + 3$ werden die Grundbegriffe „y-Achsenabschnitt", „Steigung", „Koordinaten" und „Nullstelle" erläutert.

y-Achsenabschnitt und Steigung

Die allgemeine Form einer linearen Funktion (Geraden) lautet:

$$y = mx + b$$

m gibt die Steigung an

b den y-Achsenabschnitt

Für $y = 2x + 3$ ergibt sich folgende Darstellung:

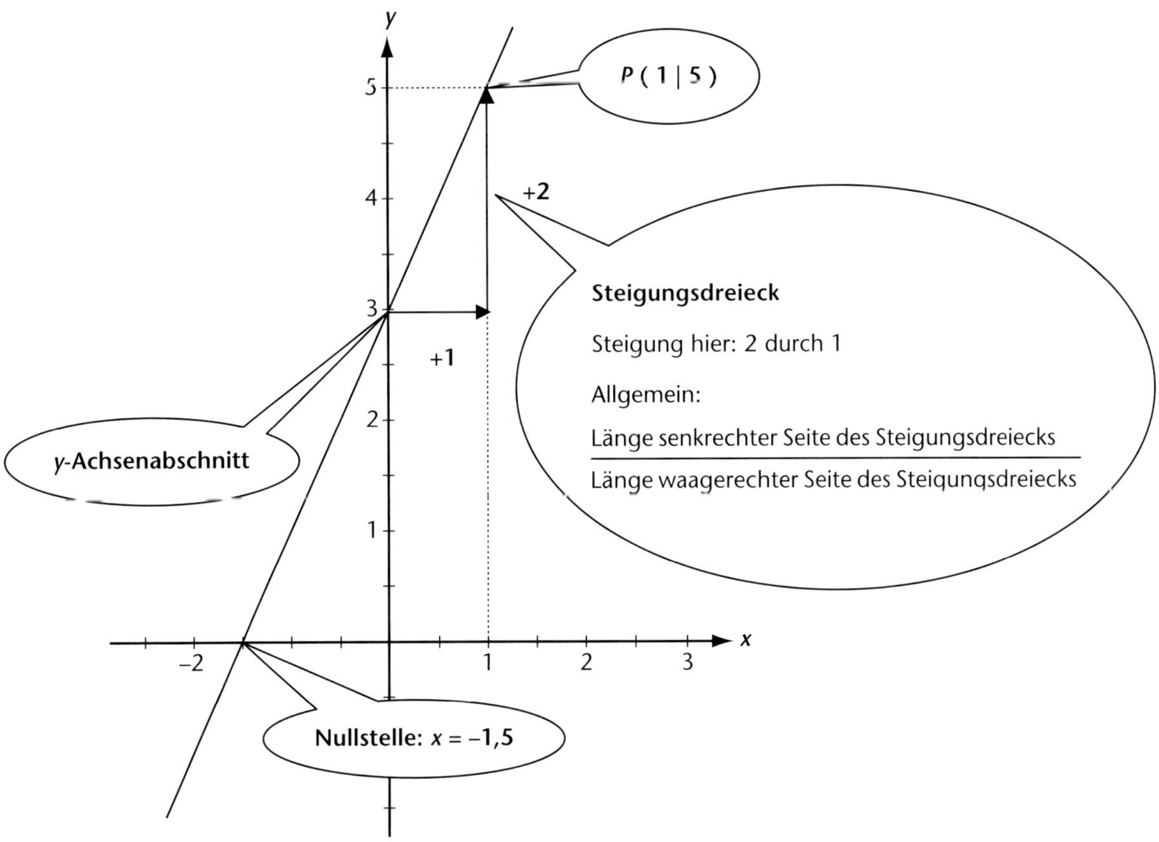

Bei der Gleichung $y = 2x + 3$ gibt $b = 3$ die Stelle an, an der die Gerade die senkrechte Achse (y-Achse) schneidet.
$b = 3$ ist somit der **y-Achsenabschnitt.**
Man berechnet ihn, indem man für x den Wert 0 einsetzt.
Hier: $2 \cdot 0 + 3 = 3$

$m = 2$ gibt die **Steigung** der Geraden an. Geht man auf der x-Achse eine Einheit nach rechts, so steigt die Gerade um 2 Einheiten nach oben. Wäre $m = -2$, so würden 2 Einheiten nach unten abgetragen. Dann läge eine fallende Gerade vor.

Koordinaten

Setzt man für x einen Wert ein, so erhält man die dazugehörige y-Koordinate.
Mit $x = 1$ ergibt sich $y = 2 \cdot 1 + 3 = 5$.
Der Punkt hat die Koordinaten $P(1 \mid 5)$.

x-Wert y-Wert

$x = 1$ wird auf der waagerechten Achse abgelesen und $y = 5$ auf der senkrechten.

Nullstelle

Die **Nullstelle** gibt die Stelle an, an der die Gerade die waagerechte Achse (x-Achse) schneidet. Hier ist der y-Wert gleich 0 ($y = 0$).
Zur Berechnung setzt man $y = 0$:
Umformen nach dem „Waageprinzip“:

$$
\begin{aligned}
0 &= 2x + 3 && \mid -2x \\
-2x &= 3 && \mid : (-2) \\
x &= -\frac{3}{2} = -1{,}5
\end{aligned}
$$

1.2 Zeichnen des Graphen einer Funktion

Fall A: Die Funktionsgleichung ist gegeben

Lösungsweg 1: Koordinaten berechnen

Beispiel:
Die Gerade mit der Funktionsgleichung $y = \frac{2}{3}x + 1$ soll mithilfe einer Wertetabelle gezeichnet werden.

Für die Funktionsgleichung $y = \frac{2}{3}x + 1$ ergibt sich z. B. mit
$x = -2 \Rightarrow y = \frac{2}{3} \cdot (-2) + 1 = -\frac{4}{3} + \frac{3}{3} = \frac{1}{3}$
oder mit
$x = 0 \Rightarrow y = \frac{2}{3} \cdot (0) + 1 = 1$

x	-2	0	3	5
y	$-\frac{1}{3}$	1	2	$4{,}33$

Die erforderlichen Koordinaten werden berechnet, indem beliebige Werte für x eingesetzt werden und das dazugehörige y ausgerechnet wird. Diese Wertepaare werden in einer Wertetabelle dargestellt.
Dann werden die Koordinaten der Punkte in das Koordinatensystem eingetragen.
Schließlich wird eine Gerade durch die Punkte gelegt.

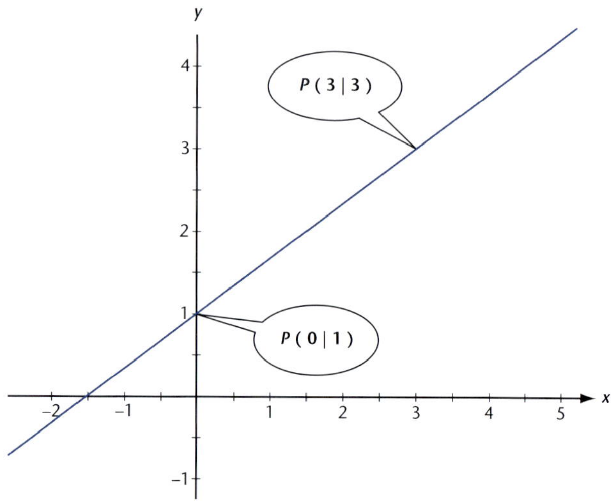

TIPPS

- Um den Graphen einer linearen Funktion zu zeichnen, genügt es, zwei Punkte zu berechnen.
- Damit der Graph sich hinreichend genau zeichnen lässt, sollte man weiter auseinander liegende Werte für x nehmen, zum Beispiel $x = 0$ und $x = 3$

Lösungsweg 2: Angaben zu b (y-Achsenabschnitt) und m (Steigung) verwenden

Beispiel:

Gegeben sind die Funktionsgleichungen

a) $y = \frac{2}{3}x + 1$

b) $y = -\frac{3}{4}x - 2$

deren Graphen mithilfe des y-Achsenabschnittes und der Steigung gezeichnet werden sollen.

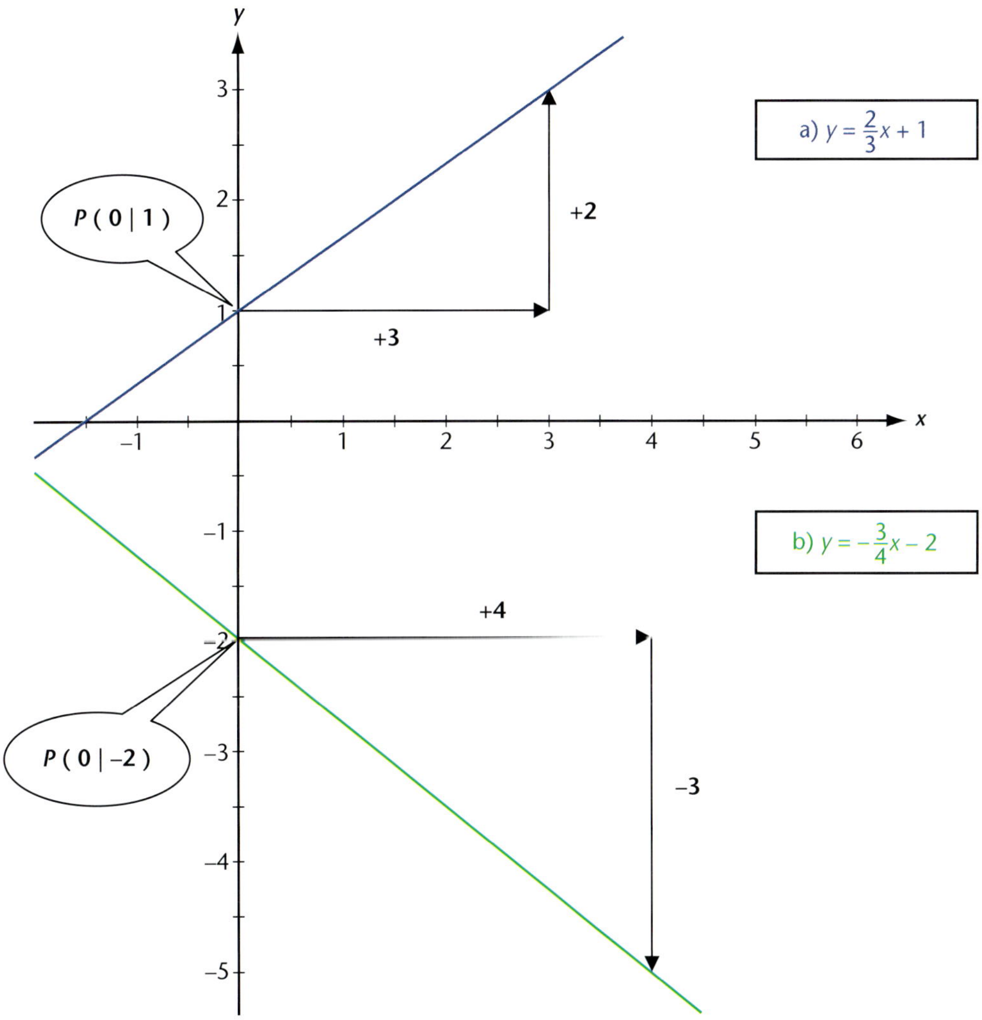

Um eine Gerade zeichnen zu können, werden zwei Punkte benötigt. Der erste Punkt ist $P(0 \mid b)$, da b gegeben ist. Der zweite Punkt wird mithilfe des Steigungsdreiecks festgelegt.

Die Spitze des Steigungsdreiecks und damit einen weiteren Punkt des Funktionsgraphen erhält man, indem man zu den Koordinaten von $P(0 \mid b)$ die Nenner- und die Zählerwerte addiert. Ist m ganzzahlig oder eine Dezimalzahl, ist der Nennerwert gleich 1. Ist m ein Bruchterm, wird das Vorzeichen dem Zählerwert zugeordnet.

$$P(\text{Nennerwert} \mid b + \text{Zählerwert})$$

In dem obigen Beispiel $y = \frac{2}{3}x + 1$ bestimmen sich die Koordinaten der Spitze des Steigungsdreiecks aus

$$P(3 \mid 1+ 2) \Rightarrow P(3 \mid 3)$$

Im Falle der Funktion $y = -\frac{3}{4}x - 2$ sind die Koordinaten der Spitze des Steigungsdreiecks

$$P(4 \mid -2 +(-3)) \Rightarrow P(4 \mid -5)$$

Durch Verbinden der beiden Punkte erhält man die gesuchte Gerade.

Allgemein	**Für a)** $y = \frac{2}{3}x + 1$	**Für b)** $y = -\frac{3}{4}x - 2$
$P(0 \mid b)$ bestimmen Von $P(0 \mid b)$ aus Nennerwert nach rechts abtragen. Endpunkt markieren.	$P(0 \mid 1)$ markieren Von $P(0 \mid 1)$ aus 3 Einheiten nach rechts abtragen. Endpunkt markieren.	$P(0 \mid -2)$ markieren Von P$(0 \mid -2)$ aus 4 Einheiten nach rechts abtragen. Endpunkt markieren.
Vom Endpunkt aus Zählerwert nach oben abtragen, wenn m positiv ist: P(Nennerwert $\mid b$ + Zählerwert)	Vom Endpunkt aus 2 Einheiten nach oben $P(3 \mid 1+2) \Rightarrow P(3 \mid 3)$	
Vom Endpunkt aus Zählerwert nach unten abtragen, wenn m negativ ist: P (Nennerwert $\mid b$ – Zählerwert)		Vom Endpunkt aus 3 Einheiten nach unten: $P(4 \mid -2 +(-3)) \Rightarrow P(4 \mid -5)$

Fall B: Die Koordinaten eines Punktes und *m* sind gegeben

Beispiel:

Mithilfe des Punktes $P(2 \mid 1)$ und der Steigung $m = \frac{4}{5}$ soll der Graph der Funktion gezeichnet werden.

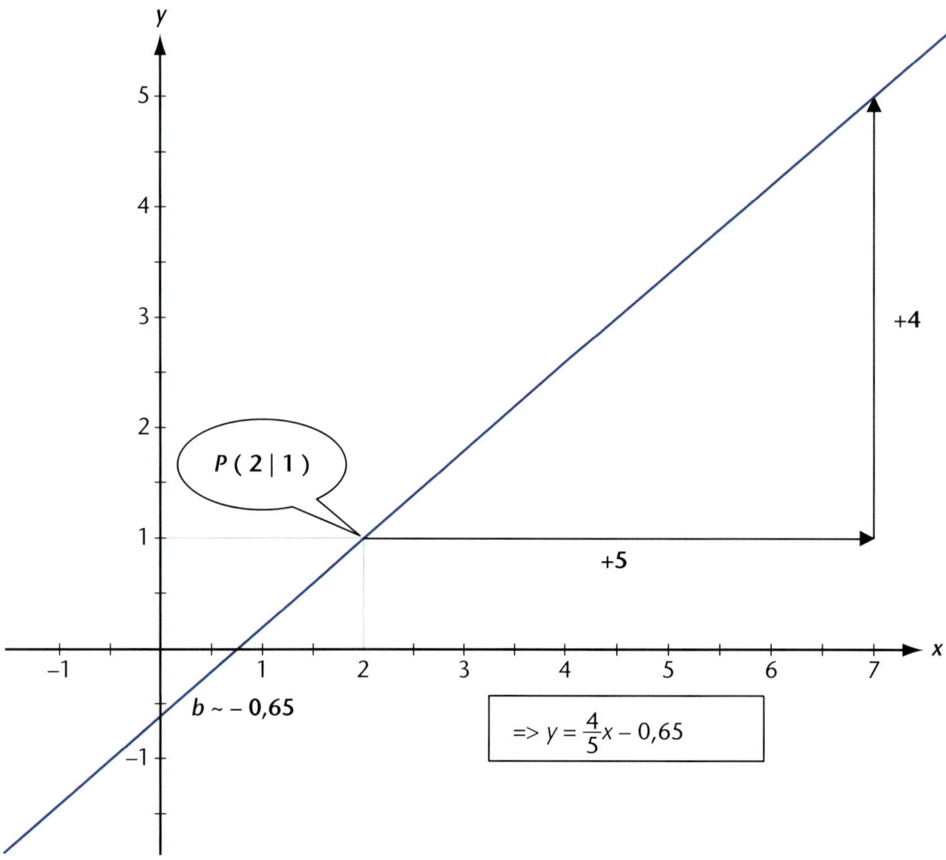

Allgemein	**Für das Beispiel**
Den gegebenen Punkt $P(x \mid y)$ markieren	$P(\ 2 \mid 1\ )$, 2 auf der x-Achse ablesen, 1 auf der y-Achse ablesen und verlängern
	TIPP Wenn man durch $x = 2$ eine senkrechte und durch $y = 1$ eine waagerechte Linie strichelt, ist der Schnittpunkt dieser Linien Punkt P.
Von $P(x \mid y)$ ausgehend das Steigungsdreieck skizzieren. Die Spitze des Dreiecks liegt in $P(x$+Nennerwert $\mid y$+Zählerwert$)$	Ausgehend von $P(2 \mid 1)$ 5 Einheiten nach rechts, dann 4 Einheiten nach oben. Man erreicht den Punkt $P(7 \mid 5)$
Endpunkt mit $P(x \mid y)$ verbinden und verlängern	Eine Gerade durch $P(7 \mid 5)$ mit $P(2 \mid 1)$ zeichnen

Fall C: Die Koordinaten eines Punktes und b sind gegeben

Beispiel:
Mithilfe des Punktes $P(\ 3 \mid 5\ )$ und des y-Achsenabschnittes $b = 1{,}4$ soll der Graph der Funktion gezeichnet werden.

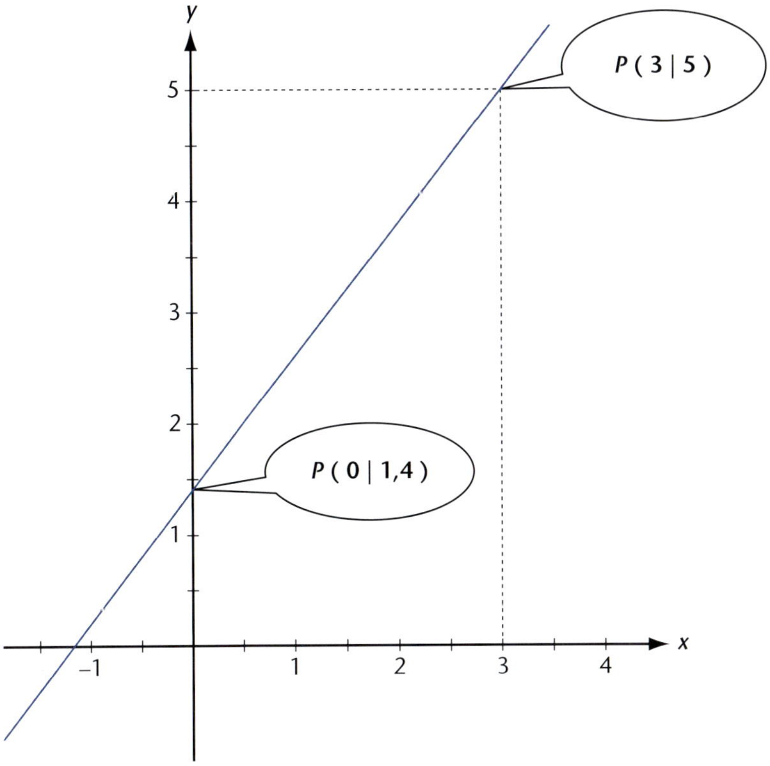

Aus $b = 1{,}4$ ergeben sich die Koordinaten des Punktes $P(0 \mid 1{,}4)$. Somit sind zwei Punkte bekannt; der Graph der Funktion kann gezeichnet werden.
Die Punkte $P(0 \mid 1{,}4)$ und $P(3 \mid 5)$ einzeichnen und eine Gerade durch die Punkte legen.

1.3 Bestimmung einer Funktionsgleichung

Fall A: Der Graph der Funktion ist gegeben

Beispiel:
Aus folgendem Graphen soll die Funktionsgleichung ermittelt werden.

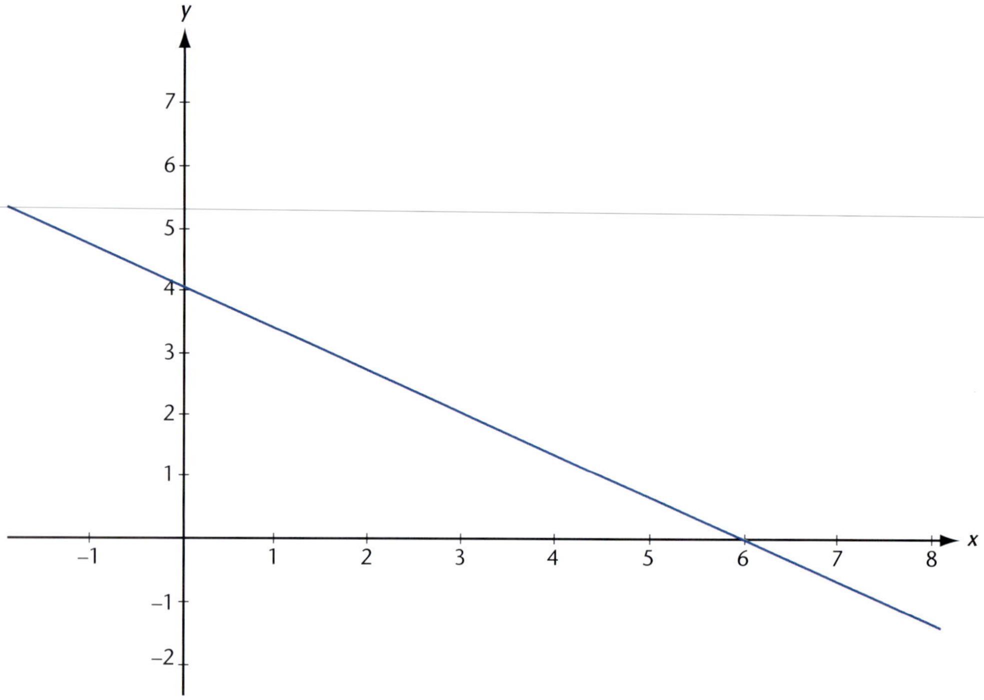

Der Schnittpunkt mit der y-Achse liegt bei $P(0 \mid 4)$. Daraus ergibt sich, dass $b = 4$ ist. Um die Steigung zu bestimmen, könnte man ein Steigungsdreieck konstruieren und aus dem Quotienten der beiden Seitenlängen das Steigungsmaß bestimmen. Das erbringt in den meisten Fällen eine ungefähre Lösung. Genauer wird es mit der rechnerischen Lösung.

Der Graph schneidet die x-Achse in $P(6 \mid 0)$; also hat die Funktionsgleichung den Wert 0, wenn $x = 6$ ist. Der y-Achsenabschnitt wurde bereits oben mit $b = 4$ festgestellt.
$P(6 \mid 0)$ und $b = 4$ und $y = m \cdot x + b$ ergibt:

$$0 = m \cdot 6 + 4 \quad | -4$$
$$-4 = 6 \cdot m \quad | :6$$
$$-\frac{4}{6} = m \quad | \text{ Gleichung umdrehen}$$
$$m = -\frac{4}{6} \quad | \ \frac{4}{6} \text{ durch 2 kürzen}$$
$$m = -\frac{2}{3}$$

Die Funktionsgleichung lautet demnach: $y = -\frac{2}{3}x + 4$

Allgemein müssen aus dem Funktionsgraphen zwei Werte abgelesen werden, entweder zwei Punkte oder ein Punkt und m oder b oder gleich m und b. Damit kann die Funktionsgleichung aufgestellt werden.

Fall B: Zwei Punkte sind gegeben

Zeichnerischer Lösungsweg

Beispiel:
Aus den Koordinaten der Punkte $P(1 \mid 1)$ und $P(3 \mid 4)$ soll die Funktionsgleichung der dazugehörigen Geraden bestimmt werden.

- P_1 und P_2 einzeichnen, Punkte verbinden, Linie verlängern, zwischen P_1 und P_2 Steigungsdreieck einzeichnen,
- Seitenlängen des Steigungsdreieckes ablesen und daraus m berechnen (senkrechte Länge : waagerechte Länge)
- b ablesen (y-Achsenabschnitt)
- m und b in Funktionsgleichung einsetzen.

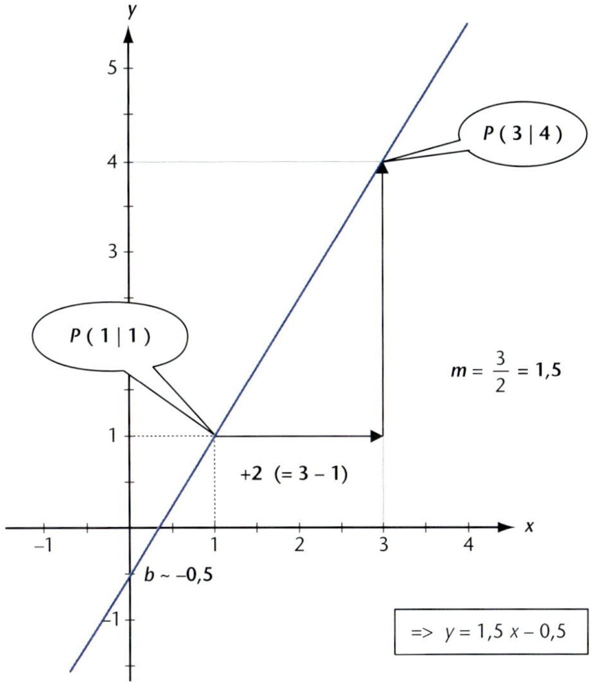

Rechnerischer Lösungsweg

Beispiel:
Gegeben sind wieder die Punkte $P(1 \mid 1)$ und $P(3 \mid 4)$.
Die Koordinaten der beiden Punkte werden jeweils in die allgemeine Funktionsgleichung für x und y eingesetzt (Achtung: x und y nicht vertauschen!). Damit erhält man ein Gleichungssystem mit zwei Gleichungen und zwei Unbekannten und m und b können gemäß dem Kapitel „Gleichungssysteme" ausgerechnet werden.

Allgemein	**Für das Beispiel**
Die Koordinaten der beiden Punkte in die Funktionsgleichung einsetzen.	1. Punkt in y: $1 = m \cdot 1 + b$ 2. Punkt in y: $4 = m \cdot 3 + b$
Nach einer Unbekannten auflösen	z. B. die erste Gleichung nach b auflösen: $1 = m + b \quad => \quad b = 1 - m$
In andere Gleichung einsetzen	b in 2. Gleichung einsetzen: $4 = m \cdot 3 + 1 - m$
Nach der 2. Unbekannten auflösen	$4 = m \cdot 2 + 1$ $3 = m \cdot 2$ $m = \frac{3}{2}$
In die zuerst benutzte Gleichung einsetzen	m in $b = 1 - m$ einsetzen: $b = 1 - \frac{3}{2} = -0{,}5$
m und b in Funktionsgleichung einsetzen	$=> y = \frac{3}{2} \cdot x - 0{,}5$

1.4 Bestimmung der Achsenschnittpunkte

Zeichnerischer Lösungsweg

Beispiel:
Die Achsenschnittpunkte, d.h. die Schnittpunkte mit der x- und y-Achse, der Geraden mit der Gleichung $y = 0{,}75x - 2{,}5$ sollen bestimmt werden.

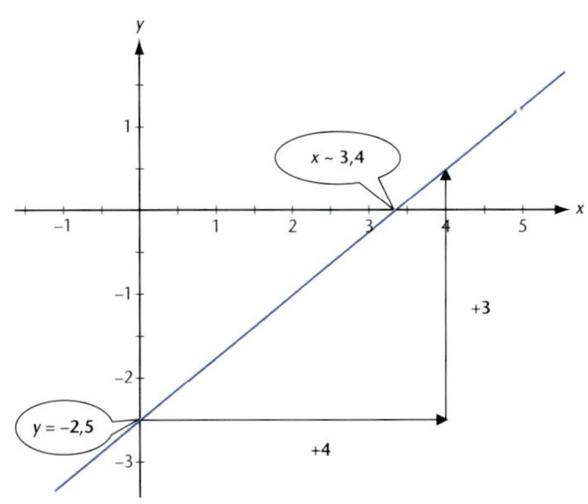

Allgemein	**Für das Beispiel**
y-Achsenabschnitt abtragen	$b = -2{,}5$ einzeichnen
Steigungsdreieck einzeichnen	Die Spitze des Steigungsdreiecks ergibt sich bei $m = 0{,}75 = \frac{3}{4}$ $P(0 + 4 \mid -2{,}5 + 3) \Rightarrow P(4 \mid 0{,}5)$
Punkte verbinden	
Achsenschnittpunkte ablesen	Aus $x = 3{,}4$ folgt $S_x(\ 3{,}4 \mid 0\ )$ Aus $y = -2{,}5$ folgt $S_y(\ 0 \mid -2{,}5\ )$

Rechnerischer Lösungsweg

Beispiel:

Gegeben ist wieder die Funktion $y = 0{,}75x - 2{,}5$

a) Schnittpunkt mit der y-Achse bestimmen

x wird gleich Null gesetzt

$y = 0{,}75 \cdot 0 - 2{,}5 = -2{,}5$

$\Rightarrow S_y(\ 0 \mid -2{,}5\ )$

b) Schnittpunkt mit der x-Achse bestimmen

y wird gleich Null gesetzt

$0 = 0{,}75 \cdot x - 2{,}5 \qquad \mid + 2{,}5$

$2{,}5 = 0{,}75 \cdot x \qquad \mid \cdot \frac{4}{3}$

$x = 3{,}33$

$\Rightarrow S_x(\ 3{,}33 \mid 0\ )$

Zur Bestimmung des Schnittpunktes mit der y-Achse wird $x = 0$ gesetzt und der dazugehörige y-Wert berechnet. Die Nullstellen (Schnittpunkte mit der x-Achse) erhält man durch Setzen von $y = 0$.

TIPP

Jeweils der Wert der anderen Achse ist gleich Null, d. h., bei S_x ist $y = 0$ und bei S_y ist $x = 0$.

1.5 Übungen

Aufgabe 1

Zeichne die Graphen der folgenden Funktionen in ein Koordinatensystem und berechne die Achsenschnittpunkte.

a) $y = 2{,}5x + 0{,}5$ b) $y = -\frac{2}{3}x + 4$ c) $y = -3x - 2$ d) $y = \frac{3}{4}x$

Aufgabe 2

Bestimme die Funktionsgleichungen und zeichne die Graphen der Funktionen in ein Koordinatensystem.

a) $P(1 \mid 3)$, $b = 2$ b) $P(-2 \mid 4{,}5)$, $b = -6{,}5$ c) $P(-6 \mid 4)$, $m = \frac{1}{3}$

d) $P(1{,}5 \mid -3)$, $m = -2$ e) $P_1(-4 \mid -6)$, $P_2(\ 3 \mid -4{,}25)$ f) $P_1(1{,}5 \mid -4)$, $P_2(3 \mid -8{,}5)$

Aufgabe 3

Helena arbeitet in der Buchhaltung. Chef: „Ich muss vor der Betriebsversammlung die Entwicklung der Personalkosten aufzeigen. Das kann ich nicht einfach mit einer Zahl belegen, weil sich die Anzahl der Arbeiter häufig verändert. Deshalb erstellen Sie mir bitte eine Grafik, die aufzeigt, dass die monatlichen Personalausgaben abhängig sind von der Anzahl der Arbeiter. Bei den monatlichen Ausgaben sind die Kosten für das Personalbüro in Höhe von 5 000,00 € und die Personalkosten von 2 500,00 € pro Arbeiter zu berücksichtigen."

Aufgabe 4

Susanne hat sich von einer Freundin das Auto geliehen. Im Tank waren 50 Liter und Susanne ist bislang 380 Kilometer mit dem Wagen gefahren. Die Verbrauchsanzeige zeigt an, dass der Wagen durchschnittlich 6 Liter auf 100 Kilometer verbraucht. Leider ist die Anzeige defekt, die angibt, für wie viele Kilometer der Tankinhalt noch reicht.
Sie ist auf der Autobahn und noch 250 km vom Ziel entfernt. Schafft sie es noch bis zum Ziel, ohne auf der Autobahn teuer zu tanken?

Aufgabe 5

Petra träumt von einem eigenen Auto. Sie ist sich nicht sicher, ob sie es sich leisten kann. Sie ermittelt, wie viele Kilometer sie monatlich voraussichtlich fahren wird. Die Entfernung zum Ausbildungsbetrieb beträgt 35 km, an zwei Tagen fährt sie zur Berufsschule. Der Hin- und Rückweg beträgt zusammen 42 km. Einmal in der Woche trifft sie sich mit ihrer Clique im Fitness-Studio, das 25 km entfernt ist. Außerdem besucht sie einmal in der Woche ihre Eltern in der Nachbarstadt. Die Entfernung ist 32 km. Gemäß der ADAC-Autokostentabelle betragen die monatlichen Fixkosten 60,00 €, pro 100 Kilometer ist mit 15,00 € zu rechnen.
Petra kann pro Monat 255,00 € für die Autokosten aufwenden. Ermittle zeichnerisch und rechnerisch, ob sich Petra ein Auto leisten kann.
Hinweis für die Berechnung der Kilometer: 1 Monat ~ 4 Wochen, 1 Woche ~ 5 Arbeitstage.

Aufgabe 6 (Fortsetzung von Aufgabe 5)

Petras Vater empfiehlt die Anschaffung eines Autos, das nur 50,00 € Fixkosten monatlich verursacht und bei dem die Kosten pro 100 km bei 14,00 € liegen. Außerdem ist er bereit, Petra monatlich mit 30,00 € zu unterstützen, wenn es trotz niedrigerer Kosten noch nicht reicht. Ist Petra auf die Unterstützung des Vaters angewiesen?

Aufgabe 7

Cem arbeitet in einem Unternehmen, das Baumaschinen verkauft und vermietet. Die Vermietung kann stunden- oder tageweise erfolgen. In einer Mitarbeiterbesprechung wird darüber geklagt, dass es bei der Vermietung immer wieder deshalb Schwierigkeiten gibt, weil die Kunden die Mietzeit zu kurz ansetzen. Sie können dann das Gerät, zum Beispiel einen Radlader, nicht rechtzeitig zurückbringen. In der Folge gibt es Schwierigkeiten mit dem Kunden, der anschließend das Gerät mieten möchte. Ein Mitarbeiter schlägt vor, dass dem Kunden jeweils klarzumachen, dass er bei der Mietzeit die Arbeitszeit und auch die Rüstzeiten berücksichtigen muss. Cem: „Das kann man doch gut in einer Grafik zeigen, bei der auf der x-Achse die Arbeitsleistung und auf der y-Achse die Zeit abgetragen wird." Der Disponent findet die Idee toll: „Cem, dann fertige doch mal eine solche Grafik für folgendes Beispiel an. Die Rüstzeiten einschließlich Fahrzeiten dauern im Durchschnitt zwei Stunden. Pro Stunde schafft der Radlader etwa 10 m^3. Damit wir das auch für andere Maschinen leicht zeichnen können, entwickle auch die Funktionsgleichung."

Aufgabe 8

In der Arbeitsgruppe Neugeräte hat man von der anschaulichen Grafik erfahren, die Cem für die Vermietungsgruppe erstellt hat. Der Verkaufsleiter erklärt Cem das Problem: „Bei den Verkaufsgesprächen gibt es immer wieder ein Problem. Die Großgeräte wie zum Beispiel Radlader, Bagger etc. werden in der Regel nicht gegen Barzahlung gekauft. Wir müssen dann mit dem Kunden die Finanzierung regeln. Dabei spielt dann auch der Wertverlust eine Rolle, den ein solches Gerät über die Jahre hat. Diesen Wertverlust sehen sie nicht realistisch. Wenn zum Beispiel ein Großgerät 200 000,00 € kostet, dann hat das Gerät nach fünf Jahren einen Restwert von 50 000,00 €. Ist es nicht möglich, den Restwert des Gerätes in einem linearen Graphen darzustellen? Vielleicht kannst du gleich die Funktionsgleichung mitliefern."

2 Anwendung linearer Funktionen auf ökonomische Fragestellungen

Bei ökonomischen Problemstellungen geht es häufig um die Frage, welche von zwei Alternativen die günstigere ist. Die Antwort lässt sich in der Regel zeichnerisch und rechnerisch ermitteln. Dazu ist für jede Alternative eine Funktionsgleichung zu bestimmen. Anschließend ist der Schnittpunkt ihrer Graphen zu ermitteln.
Diese Rechenmethode wird im Folgenden erläutert.

2.1 Schnittpunkt zweier Geraden

Zeichnerische Lösung

Beispiel:
Es soll der Schnittpunkt der folgenden Geraden ermittelt werden.

Gerade I : $y = 2x + 3$

Gerade II: $y = 3x + 0{,}4$

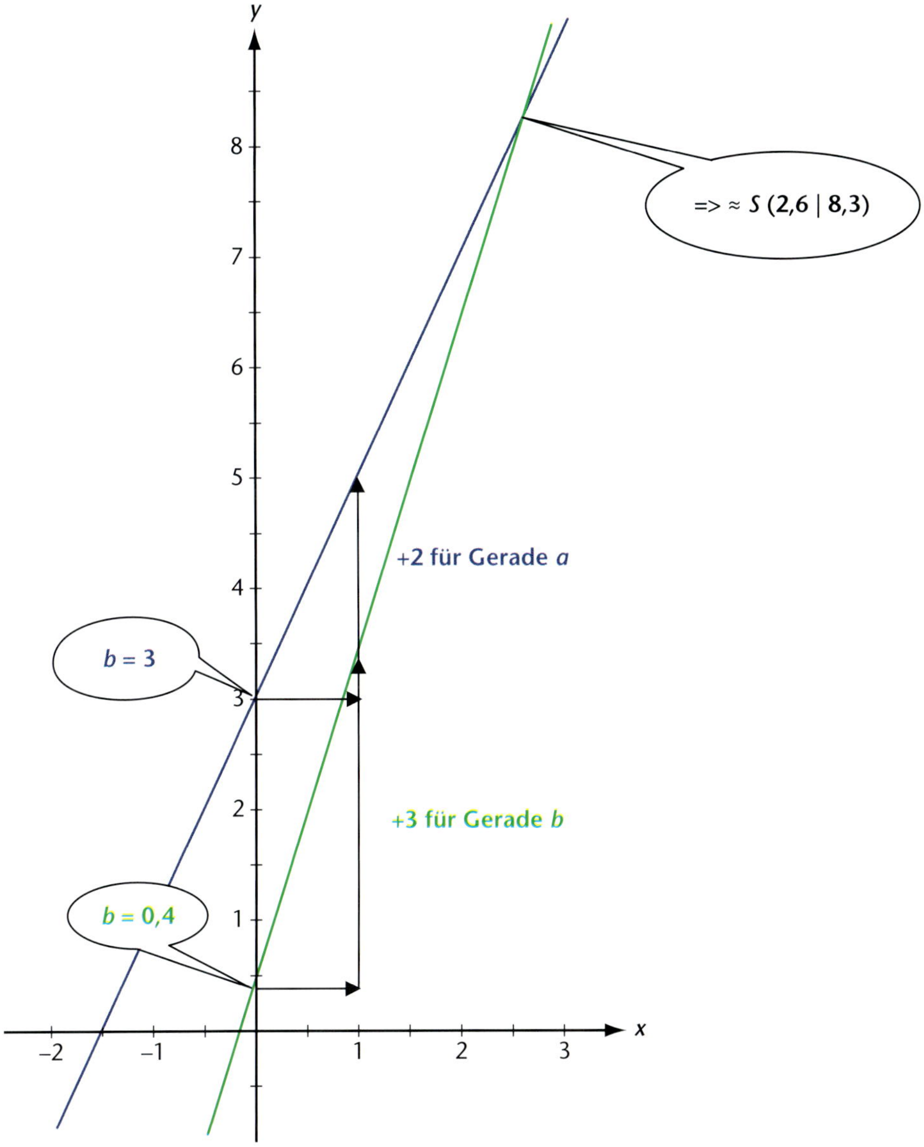

- Die beiden Geraden mittels des y-Achsenabschnittes b und des Steigungsdreieckes einzeichnen.
- Die Koordinaten des Schnittpunktes ablesen.
- Die Koordinaten des Schnittpunktes stellen die Lösung dar.

Hinweis:
Es ist zu bedenken, dass die zeichnerische Ermittlung der Schnittpunktkoordinaten oftmals ungenaue Ergebnisse liefert. Eine genaue Lösung liefert die rechnerische Lösung.

Rechnerische Lösung

Beispiel:
Gegeben sind wie zuvor die Gleichungen $y = 2x + 3$ und $y = 3x + 0{,}4$.

Allgemein	**Für das Beispiel**
Gleichungen gleichsetzen und nach Unbekannter auflösen	Gleichsetzen und x ausrechnen: $2x + 3 = 3x + 0{,}4 \quad \mid -2x$ $3 = x + 0{,}4 \quad \mid -0{,}4$ $x = 2{,}6$
Wert in Funktionsgleichung einsetzen	x in erste Gleichung einsetzen $y = 2 \cdot 2{,}6 + 3 = 8{,}2$
Schnittpunkt angeben	=> $S(2{,}6 \mid 8{,}2)$

2.2 Kritische Menge

Häufig sind wie im privaten Bereich auch in Wirtschaft und Verwaltung Tarife zu vergleichen. Zur Entscheidung, welcher Tarif der günstigere ist, beschreibt man die Tarifstruktur in einem mathematischen Term und findet durch Gleichsetzen heraus, bei welcher Menge beide Tarife gleich viel kosten. Diese Menge nennt man **Kritische Menge**.

Beispiel:

Die Stadtwerke bieten für kleine Haushalte einen Tarif an, bei dem pro verbrauchten m³ Erdgas 0,69 € zu zahlen sind.
Für große Haushalte gibt es einen Tarif, bei dem monatlich 20,00 € Grundgebühr und pro verbrauchten m³ 0,49 € zu zahlen sind.

Heiko ist mit seiner Freundin zusammengezogen. Die beiden benötigen pro Monat voraussichtlich 20–22 m³ Erdgas. Welchen Tarif sollten sie wählen? Wie ermittelt Heiko aus obigen Angaben die Funktionen?

Allgemein gilt, dass sich Aufgaben wie in dem Beispiel in folgenden Schritten lösen lassen:

Rechnerische Lösung

Für das Beispiel

1. Die Funktionsgleichungen aufstellen

Tarif 1:		Tarif 2:	
Variable Stückkosten:	0,69	Variable Stückkosten:	0,49
Fixe Kosten:	0,00	Fixe Kosten:	20,00

Um herauszufinden, ab wie viel m³ sich der Tarif für große Haushalte lohnen würde, stellt Heiko die Kosten bei beiden Tarifen in Abhängigkeit von den verbrauchten Kubikmetern x dar.

Die Kostenfunktionen zu den Tarifen lauten:

Tarif 1: $K_1(x) = 0{,}69 \cdot x$

Tarif 2: $K_2(x) = 0{,}49 \cdot x + 20$

Zeichnerische Lösung

2. Grafische Darstellung

Stellt man für die beiden Tarife eine Funktion auf, so kann man die Kosten auch grafisch vergleichen.

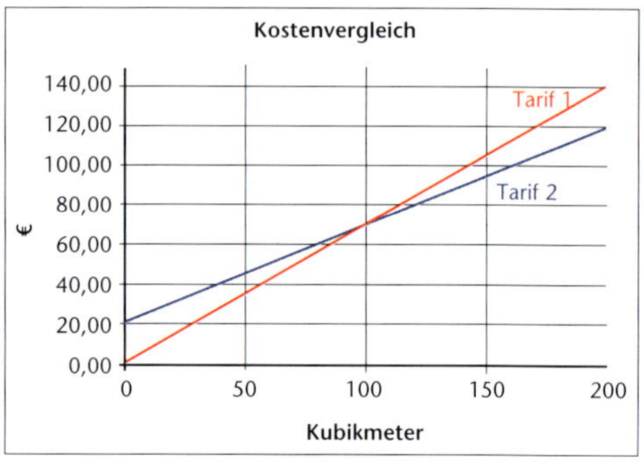

Beide Linien sind Geraden und bei einem Verbrauch von mehr als 100 Kubikmeter liegt Tarif 2 dauerhaft unter Tarif 1. Anfangs sind die Kosten zwar höher, aber der Anstieg der Kosten ist bei Tarif 2 geringer.

Rechnerische Lösung

3. Terme gleichsetzen	Um nun auszurechnen, bei wie viel m³ beide Tarife gleich viel kosten, setzt er die beiden Terme gleich: $0{,}69 \cdot x = 0{,}49 \cdot x + 20$
4. Nach x auflösen	Hier: $0{,}49 \cdot x$ auf die andere Seite bringen und dann durch 0,2 teilen $0{,}2 \cdot x = 20$ $x = 100$
5. Interpretieren	Bei 100 Kubikmetern sind also beide Tarife gleichwertig. Erst wenn der Verbrauch 100 Kubikmeter übersteigt, würde sich der Tarif 2 lohnen.

2.3 Break-even-Analyse (Gewinnschwelle)

Für jeden Unternehmer ist es wichtig zu wissen, wie sich die Herstellung und der Verkauf eines Produktes lohnen werden, ob also Gewinne erzielt werden. Die Bestimmung der Absatzmenge, bei der weder Gewinn noch Verlust erzielt wird, bezeichnet man als „**Break-even-Analyse**". Dabei ist neben den Kosten der voraussichtliche Verkaufspreis (der Stückerlös) wichtig.

Beispiel:

Alicia Gerber arbeitet in der Kalkulation eines kleinen PC-Zubehörherstellers. Sie bekommt von ihrem Chef, Herrn Fritzen, den Auftrag, für ihn einen Vortrag auszuarbeiten, den er in der Gesellschafterversammlung halten muss.
Herr Fritzen: „Frau Gerber, in dem Vortrag muss beantwortet werden, ob es sich lohnt, einen Speicherstift ins Produktionsprogramm aufzunehmen. Können Sie den Vortrag für mich vorbereiten?" Alicia: „Ja, natürlich. Kein Problem."

Einige Stunden später schaut Herr Fritzen wieder in Alicias Büro vorbei. Herr Fritzen: „Na, Frau Gerber. Wie sieht es aus?" Alicia: „Ganz gut. Ich bin gerade mit den Ausarbeitungen fertig geworden. Am besten erkläre ich Ihnen gleich einmal, was ich erarbeitet habe." Herr Fritzen: „Das wäre sehr nett. Wie viel Gewinn lässt sich mit den Teilen denn machen?"

Alicia: „Na, nehmen wir zum Beispiel einen Speicherstift mittlerer Größe, den können wir für 29,00 € verkaufen. Multipliziert man diese 29,00 € mit der Anzahl der verkauften Speicherstifte, so erhält man den Gesamterlös. Eine Funktion, die diesen Erlös für beliebige Mengeneinheiten berechnet, heißt **Erlösfunktion**. Ich habe die Erlösfunktion für den Speicherstift auch am PC grafisch dargestellt. Schauen Sie einmal."

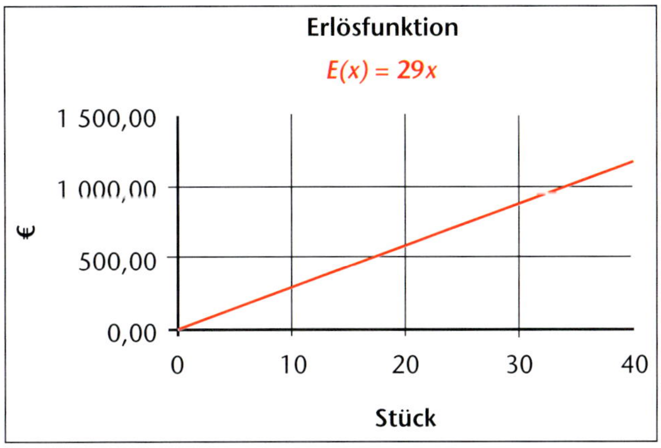

Alicia fährt fort: „Es ist zu beachten, dass die Erlösfunktion immer durch den Koordinatenursprung geht. Wenn nichts verkauft wurde, ist auch kein Erlös da.

Zu den **Herstellkosten** ist zu sagen, dass sie sich meist aus **einem variablen und einem fixen Teil** zusammensetzen. In unserem Beispiel belaufen sich die variablen Stückkosten (reine Herstell- und Materialkosten) des Speicherstiftes auf 19,00 € und die fixen Kosten (Gehalt- und Produktionsstättenkosten) betragen 200,00 € pro Tag."

Auch diese Funktion lässt sich mit Excel darstellen.

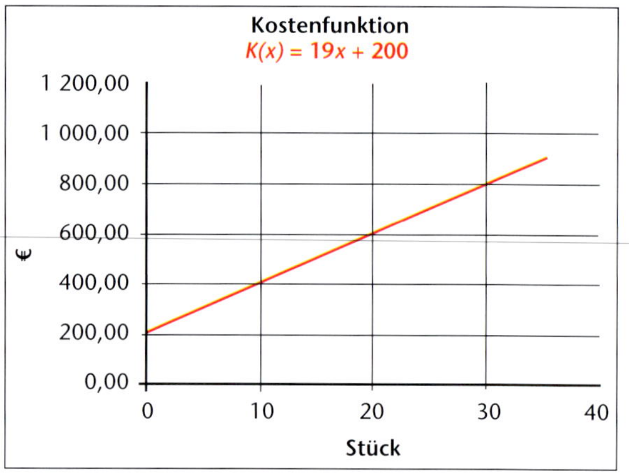

„Und nun erkläre ich Ihnen einen wichtigen Zusammenhang. Am Schnittpunkt von Erlös- und Kostengerade, sind die Erlöse und die Kosten gleich hoch. Rechts davon, wenn der Erlös die Kosten übersteigt (s.u.), da wird Gewinn gemacht."

Herr Fritzen: „Ach so, würde man also nur etwa zehn Stück verkaufen, würde man ja Verlust machen." Alicia: „Ja, genau, deswegen ist es wichtig zu wissen, ab welcher Menge sich das Ganze lohnt. Das kann man zwar schon ganz gut in der Zeichnung ablesen, aber besser ist, wir rechnen den Schnittpunkt aus.
Dazu setzt man die beiden Funktionsgleichungen gleich:

$E(x) = K(x)$

$29x = 19t + 200 \quad | - 19x$

$10x = 200 \quad | : 10$

$x = 20$

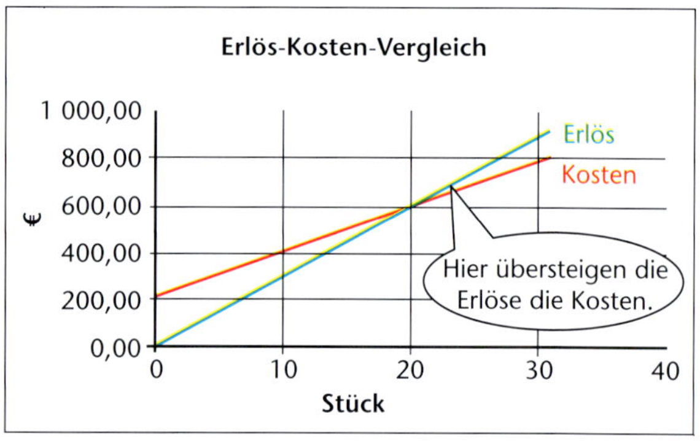

Bei 20 Stück sind die Erlöse und die Kosten gleich hoch. Ab 21 Stück wird Gewinn gemacht. 20 ist die Gewinnschwelle. Der dazugehörige Punkt wird **Break-even-Point** genannt."

Herr Fritzen: „Aha, ich verstehe, aber sagen Sie mal, wie viel Gewinn macht man denn nun mit den Speicherstiften?" Alicia: „Ja, das hängt von der Menge ab. Dazu stellen wir am besten die **Gewinne** grafisch dar.
Der Gewinn ergibt sich aus Erlös – Kosten.
Also $G(x) = 29x - 19x - 200 = 10x - 200$
Hier muss man aufpassen, dass sowohl die variablen als auch die fixen Kosten abgezogen werden."

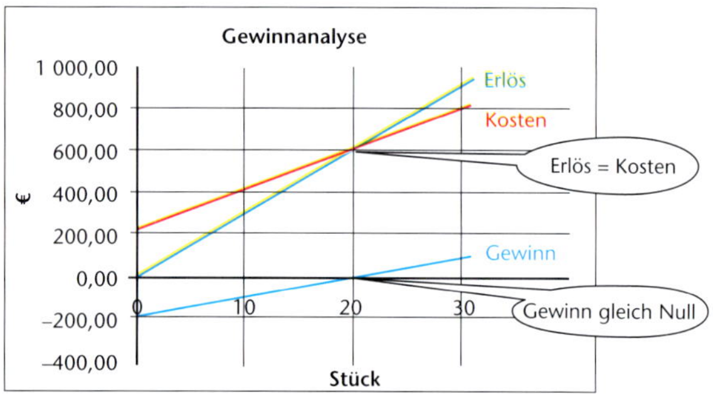

Alicia: „Jetzt sehen Sie, dass der Gewinn umso höher ist, je mehr hergestellt und verkauft wird.
Bei der Darstellung aller drei Graphen in einem Koordinatensystem wird sehr schön sichtbar, dass die Gewinngerade bei der Menge durch die *x*-Achse geht, bei der sich die Erlös- und die Kostengerade schneiden."

Zur Berechnung der **Gewinnschwelle** (die Menge bei der Erlös und Kosten gleich groß und der Gewinn somit gleich Null ist) kann man auch die Nullstelle der Gewinnfunktion, d.h. den Schnittpunkt der Gewinnfunktion mit der x-Achse berechnen.

$y = 0$ also $G(x) = 0$

$10x - 200 = 0 \quad | + 200$

$10x = 200 \quad | : 10$

$x = 20$

Herr Fritzen: „Prima. Vielen Dank für Ihre Erläuterungen. Nun bin ich für die Versammlung gut vorbereitet."

Spickzettel zu ökonomischen Funktionen

Menge	x	= Produktions- oder Abnahme-/Verbrauchsmenge
Fixe Kosten	b	= Kosten unabhängig davon, welche Menge produziert oder abgenommen wird
Variable Stückkosten	m	= reine Herstellungs- oder Verbrauchskosten pro Stück (Mengeneinheit)
Kosten	$K(x) = mx + b$	= variable Stückkosten mal Menge plus fixe Kosten
Preis	p	= Stückerlös
Erlös	$E(x) = px$	= Preis mal Menge
Gewinn	$G(x) = E(x) - K(x)$	= Erlös – Kosten
Kritische Menge	=> Rechnungsansatz: Kostenfunktionen gleichsetzen	= Schnittstelle zweier Kostenfunktionen
Gewinnschwelle/ Break-even-Point	=> Rechnungsansatz $G(x) = 0$	= Stückzahl, ab der Gewinn erzielt wird
	oder	= Nullstelle der Gewinnfunktion
	=> Rechnungsansatz $E(x) = K(x)$	= Schnittstelle von Erlös- u. Kostenfunktion

3 Übungen

Aufgabe 1

Bestimme jeweils den Schnittpunkt der Geraden

a) $y = \frac{2}{3}x + 1$ $\quad y = \frac{3}{4}x - 2$

b) $y = 2x - 3$ $\quad y = -0{,}5x + 2$

c) $y = \frac{2}{5}x + 4$ $\quad y = -0{,}1x + 6$

Aufgabe 2

Eine Schulklasse möchte einen Ausflug nach München bzw. Frankfurt am Main machen. Dazu prüft sie die Tarife zweier Busunternehmen. Ante: „Hier ist ein Tarif von Adler Reisen mit 1 400,00 € Grundgebühr und 2,00 € je gefahrenem km." Tomislav: „Ich habe hier ein Gesamtkostenbeispiel von Meier Reisen, die unserer Parallelklasse die 500 km weite Fahrt nach Nürnberg zu 2 700,00 € anbietet. In diesem Preis ist auch die Grundgebühr von 200,00 € enthalten."
Astrid: „Mit den Angaben können wir ja nichts anfangen." Xenia: „Doch. Ich stell mal grad die Gleichungen der Kostenfunktionen auf und rechne aus, für wie viele Kilometer die Kosten bei beiden Tarifen gleich sind. Sascha machst du die Zeichnung? Dann sehen wir ja, ob der Tarif für die Fahrt nach Frankfurt (200 km) günstiger ist als der nach München (600 km)."

Aufgabe 3

Timo arbeitet in einem kleinen Unternehmen, das Hausgeräte repariert. In einer Besprechung betont der Chef: „Wir müssen Kosten sparen, unbedingt!" Der Buchhalter betont: „Wir sparen schon, so gut wir können. Vielleicht können wir durch einen günstigeren Stromtarif weniger zahlen. Unser derzeitiger Tarif sieht eine Grundgebühr von 20,00 € vor und für jede Einheit (kWh) zahlen wir 20,00 €." Timo weist auf ein Angebot von Strom Orange hin: „Vielleicht lohnt es sich für die Firma, den Strom von Orange zu beziehen? Ich habe neulich diese Anzeige in der Zeitung gefunden. Die Grundgebühr beträgt 80,00 € und für jede Einheit (kWh) fallen nur 11,00 € an."

Chef: „Ermitteln Sie doch bitte, ab wie viel kWh ein Wechsel zu Orange zu niedrigeren Kosten führt."

Strom Orange

Sparen Sie mit Strom Orange

Unser beliebtester Tarif:

Grundpreis:	80,00 €
Preis pro kWh:	0,11 €

Mehr Infos: www.stromorange.de

Aufgabe 4

Ulf stellt spezielle Treckingrucksäcke her. Ulf: „Hallo Micha, ich habe gerade gesehen, dass unser Konkurrent am anderen Ende der Stadt ähnliche Rucksäcke für 35,00 € verkauft." Micha: „Da sollten wir überlegen, ob wir das auch schaffen." Ulf: „Ja, rechne doch mal nach, wie viele Rucksäcke wir für 35,00 € verkaufen müssen, damit wir Gewinn machen." Micha: „Die variablen Stückkosten setze ich mit 25,00 € und die Fixkosten mit 150,00 € an. O.K.?" „Ja. Und dann mach mir noch eine schöne Übersicht."

Aufgabe 5

Alex übernimmt einen kleinen Fahrradladen von seinem Vater. Da seine Kapazitäten beschränkt sind, muss er sich zwischen zwei Fahrradtypen als Bausatz entscheiden. Er berät sich deshalb mit seinem Steuerberater, Herrn Linsen.

Alex: „Ich habe mich noch für keinen der beiden Fahrradtypen entschieden. Was würden Sie mir denn raten? Bei Typ A beträgt der Arbeitslohn für das Montieren der Räder pro Rad 30,00 €, der Bausatz kostet 520,00 € und die Montagevorrichtung schlägt einmalig mit 5 000,00 € zu Buche. Bei Typ B beträgt der Arbeitslohn 50,00 € pro Rad, da das Montieren etwas aufwändiger ist, der Bausatz kostet 350,00 € und hier kostet die Montagevorrichtung 8 000,00 €." Herr Linsen: „Aber das ist doch nicht so schwer zu entscheiden. Die Frage kann man doch mit einer Zeichnung oder einer Rechnung beantworten. Dafür müsste ich aber noch wissen, zu welchem Preis Sie die Fahrräder verkaufen wollen."

Alex: „Das Rad A kann für 650,00 € verkauft werden, Rad B für 500,00 €."

Versetze dich in die Rolle des Steuerberaters und löse die Aufgabe rechnerisch. Fertige anschließend eine Zeichnung an.

Erkläre dann die Lösung deinem Nachbarn oder deiner Nachbarin oder fertige eine schriftliche Erläuterung für Alex an.

Quadratische Gleichungen und Funktionen

B

1 Eigenschaften und Darstellung von quadratischen Funktionen

Der Graph einer quadratischen Funktion wird auch Parabel genannt.

Die allgemeine Form der quadratischen Funktion lautet
$y = ax^2 + bx + c$

Ist $a = 1$, $b = 0$ und $c = 0$, so lautet die Gleichung der quadratischen Funktion:
$y = x^2$
Hierbei handelt es sich um eine Normalparabel.

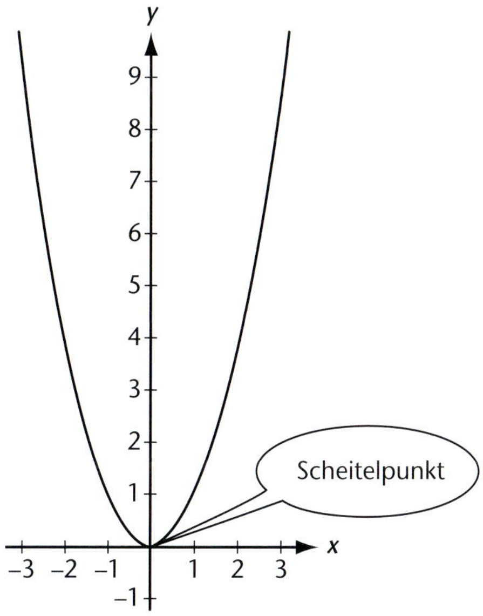

Der Graph der Normalparabel hat den **Scheitelpunkt** bei (0 | 0). Die Parabel ist nach oben geöffnet und hat die y-Achse als Spiegelachse.

Jede Parabel ist achsensymmetrisch, entweder zur y-Achse oder zu einer Parallelen zur y-Achse, wenn sie wie in den folgenden Abbildungen „verschoben" ist.

Der Graph ist nach oben offen, wenn der Koeffizient von x^2 positiv ist.

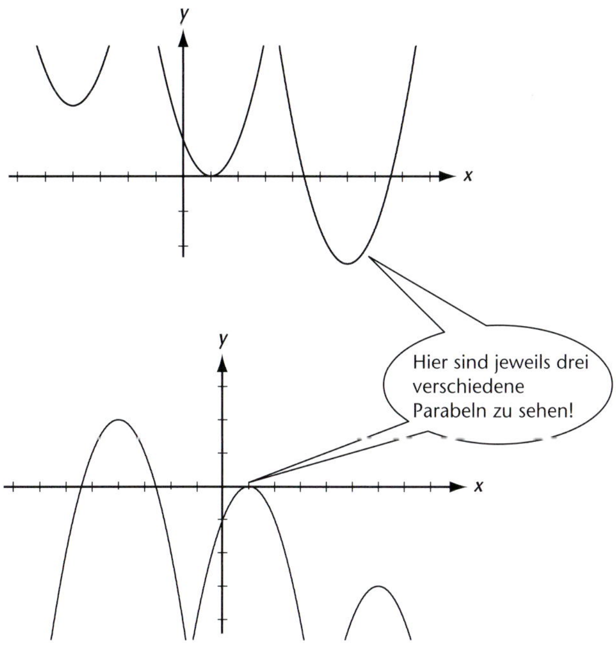

Er ist nach unten geöffnet, wenn der Koeffizient von x^2 negativ ist.

Aus den obigen Abbildungen ist zu ersehen, dass der Graph die x-Achse entweder gar nicht, einmal oder zweimal berührt bzw. schneidet.

Die Punkte, an denen der Funktionsgraph die x-Achse berührt oder schneidet, nennt man **Nullstellen**.

Durch Anlegen einer Wertetabelle und Zeichnen des Funktionsgraphen kann man die ungefähre Lage der Nullstellen einer Parabel bestimmen. Wenn man dafür nicht gerade einen Funktionenplotter oder Excel zur Verfügung hat, ist dieses viel zeitaufwändiger und ungenauer als bei linearen Funktionen. Die erforderliche Genauigkeit liefert die rechnerische Lösung.

Man berechnet die Nullstellen einer Funktion, indem man die Funktionsgleichung gleich Null setzt und dann nach x auflöst.

Um z. B. die Nullstellen der Funktion $y = 2x^2 + 14x + 20$ zu berechnen, muss man die Werte für x ermitteln, die die Gleichung $2x^2 + 14x + 20 = 0$ erfüllen.

2 Nullstellenberechnung

Die Lösungen einer quadratischen Gleichung berechnet man mit der ***pq*-Formel**, wenn die Gleichung in der sogenannten Normalform gegeben ist:

Die Lösung der quadratischen Gleichung in Normalform

$$x^2 + px + q = 0$$

ist

$$x = -\frac{p}{2} \pm \sqrt{\left(\frac{p}{2}\right)^2 - q}$$

Das Zeichen $\sqrt{\ }$ bedeutet 2. Wurzel. Wenn man die 2. Wurzel zieht, macht man das Potenzieren rückgängig. Bei der 2. Wurzel bekommt man bei einer Gleichung immer zwei Ergebnisse, ein positives und ein negatives. So lösen x = 2 und x = –2 die Gleichung $x^2 = 4$, da sowohl $(+2)^2$ als auch $(-2)^2$ 4 ergeben.

Beispiel:
Gesucht sind die x-Werte, die die Gleichung $2x^2 + 14x + 20 = 0$ erfüllen.

Lösungsschritte allgemein	**Für das Beispiel**
Kontrollieren, ob die Gleichung bereits in Normalform vorliegt. Wenn nicht, dann die Gleichung in Normalform bringen, d. h. durch den Koeffizienten von x^2 teilen.	$2x^2 + 14x + 20 = 0$ hier muss durch 2 geteilt werden. Achtung: Jeden einzelnen Term durch 2 teilen: $(2x^2 + 14x + 20) : 2 = 0 : 2$ Es ergibt sich: $2x^2 : 2 + 14x : 2 + 20 : 2 = 0$ also $\frac{2}{2}x^2 + \frac{14}{2}x + \frac{20}{2} = 0$ und kürzen $x^2 + 7x + 10 = 0$
Aus der Gleichung p und q ablesen.	$x^2 + 7x + 10 = 0$ => $p = 7$ und $q = 10$
p und q in die Lösungsformel $x = -\frac{p}{2} \pm \sqrt{\left(\frac{p}{2}\right)^2 - q}$ einsetzen.	7 und 10 für p und q einsetzen $x = -\frac{7}{7} \pm \sqrt{\left(\frac{7}{2}\right)^2 - 10}$
Ausrechnen.	$x = -3{,}5 \pm \sqrt{3{,}5^2 - 10}$ $x = -3{,}5 \pm \sqrt{12{,}25 - 10}$ $x = -3{,}5 \pm \sqrt{2{,}25}$ $x = -3{,}5 \pm 1{,}5$
Alle Lösungen angeben.	$x = -3{,}5 - 1{,}5$ oder $x = -3{,}5 + 1{,}5$ $x = -5$ oder $x = -2$

Anmerkung: Ist der Wert unter der Wurzel kleiner als 0, also negativ, gibt es keine Lösung.

Fehlerquelle

Auf die Vorzeichen von p und q achten! Wenn p und q negativ ist, heben sich die beiden negativen Vorzeichen am Anfang der Formel und unter der Wurzel auf.

Im Beispiel

$x^2 - 8x - 9 = 0$
$\Rightarrow p = -8$ und $q = -9$
–8 und –9 für p und q einsetzen: $x = -\frac{-8}{2} \pm \sqrt{\left(\frac{-8}{2}\right)^2 - (-9)}$

Das ergibt: $x = \frac{8}{2} \pm \sqrt{\frac{64}{4} + 9}$

Experteninformation

Allgemein	**Entwicklung der *pq*-Formel**
Quadratische Gleichung in der Normalform	$x^2 + px + q = 0$
q wird auf beiden Seiten der Gleichung subtrahiert.	$x^2 + px = -q$
Die quadratische Ergänzung wird gebildet.	$x^2 + px + \left(\frac{p}{2}\right)^2 = \left(\frac{p}{2}\right)^2 - q$
Da nach der 1. binomischen Formel gilt $a^2 + 2ab + b^2 = (a+b)^2$, kann man die linke Seite der Gleichung zu einem Klammerausdruck umformen.	$\left(x + \frac{p}{2}\right)^2 = \left(\frac{p}{2}\right)^2 - q$
Anschließend zieht man die Wurzel.	$x + \frac{p}{2} = \pm\sqrt{\left(\frac{p}{2}\right)^2 - q}$
$\frac{p}{2}$ wird auf beiden Seiten der Gleichung subtrahiert.	$x = -\frac{p}{2} \pm\sqrt{\left(\frac{p}{2}\right)^2 - q}$

Beispiel:

Quadratische Gleichung in der Normalform	$x^2 + 7x + 10 = 0$
Man bildet die quadratische Ergänzung, indem auf beiden Seiten $\left(\frac{7}{2}\right)^2$ addiert wird.	$x^2 + 7x + \left(\frac{7}{2}\right)^2 = \left(\frac{7}{2}\right)^2 - 10$
Auf der linken Seite der Gleichung wird die 1. binomische Formel angewendet, die rechte Seite der Gleichung wird ausgerechnet.	$\left(x + \frac{7}{2}\right)^2 = 3{,}5^2 - 10 = 12{,}25 - 10 = 2{,}25$
Nun wird die Wurzel gezogen.	$x + \frac{7}{2} = \pm\sqrt{2{,}25}$
$\frac{7}{2}$ wird auf beiden Seiten der Gleichung subtrahiert.	$x = -\frac{7}{2} \pm \sqrt{2{,}25}$
Die rechte Seite der Gleichung wird berechnet.	$x = -3{,}5 \pm 1{,}5$ also $x = -5$ oder $x = -2$

3 Übungen

Aufgabe 1

Berechne die Lösungen folgender Gleichungen:

a) $x^2 + 6x + 8 = 0$
b) $x^2 - 9x + 8 = 0$
c) $x^2 - 4x - 21 = 0$
d) $-x^2 - 7x - 12 = 0$
e) $10x^2 - 7x - 180 = 0$
f) $5x^2 - 25x - 70 = 0$

Aufgabe 2

Berechne auch die Lösungen dieser Gleichungen:

a) $\frac{1}{2}x^2 - \frac{3}{2}x - 14 = 0$

b) $x^2 + \frac{4}{5}x - \frac{1}{5} = 0$

c) $2x^2 - \frac{6}{10}x - \frac{10}{50} = 0$

d) $x^2 + \frac{3}{3}x - \frac{1}{3} = 0$

4 Ökonomische Anwendungen

Das Problem

Gina fing mit einer Änderungsschneiderei an. Später entwarf sie gelegentlich auch eigene Kleidung. Ihre ausgefallenen Kreationen haben sich in ihrem Ort herumgesprochen und viele Frauen wollen zu besonderen Anlässen ein Outfit von Gina haben.

Die Preise für Ginas Kreationen ergeben sich aus den Materialkosten und ihrem Arbeitslohn. Aufgrund der hohen Nachfrage kann sie relativ hohe Preise nehmen.

Ein Vertreter der Bank schlägt ihr vor, das Geschäft auszuweiten. Sie könne Arbeitsplätze schaffen und auch ihr Einkommen verbessern. Wenn sie den Preis ihrer Modellkleider ein wenig absenken würde, könnte sie sich weitere Käuferschichten erschließen.

Die Bank bringt einen Unternehmensberater mit, der ihr den Zusammenhang erklärt.
Marktexperte: „Ich kann Ihnen die Erlössituation am besten anhand einer Zeichnung erklären."

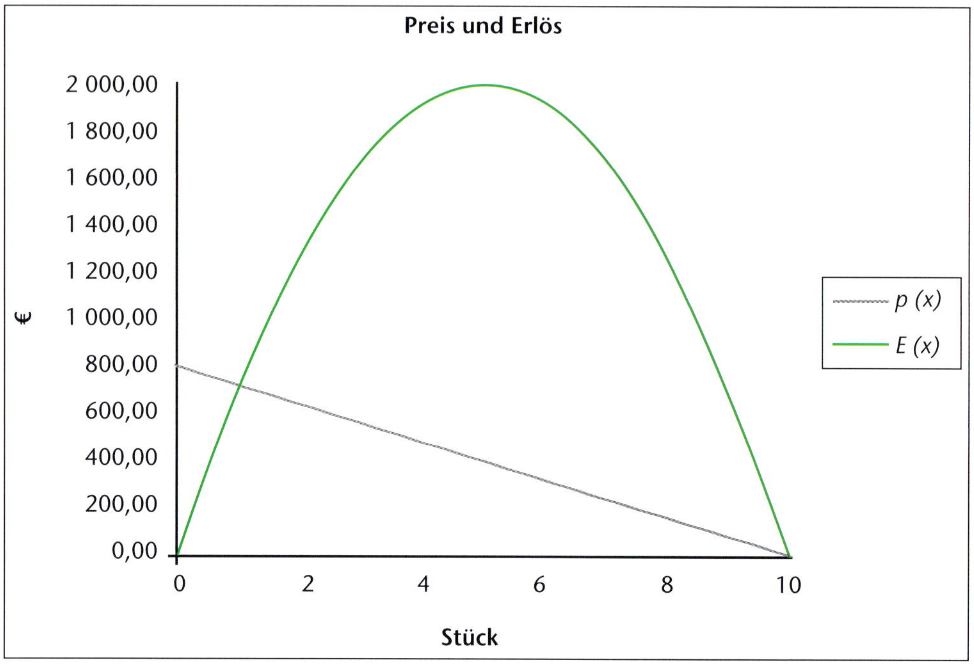

Unternehmensberater: „Bei einem Preis von 800,00 € können Sie kein einziges Kleid verkaufen. Je höher der Preis, desto geringer die Nachfrage, je niedriger der Preis, desto höher die Nachfrage. Diesen Sachverhalt beschreibt die Preisabsatzfunktion. Marktforschungen haben ergeben, dass bei Kleidern Ihrer Qualität folgende Preisabsatzfunktion gilt."

$p(x) = -80x + 800$

„Dabei habe ich den durchschnittlichen Absatz pro Woche kalkuliert."

Der Experte erklärt weiter, dass sich die Erlöse aus Preis mal Menge ergeben und multipliziert daher die Preisabsatzfunktion mit x, um die Erlösfunktion zu erhalten.

$E(x) = x \cdot p(x)$
$= -80x^2 + 800x$

Gina wundert sich beim Anblick der Graphen: „Wie kann es sein, dass die Erlöse wieder fallen?"

Marktexperte: „Schauen Sie mal, wenn Sie mehr verkaufen wollen, müssen Sie den Preis senken. Und dann bekommen Sie für ein Teil natürlich weniger. Wenn Sie 4 Teile verkaufen wollen, müssen Sie den Preis auf ($-80 \cdot 4 + 800 =$) 480,00 € festsetzen. Wollen Sie 8 Teile verkaufen, können Sie nur ($-80 \cdot 8 + 800 =$) 160,00 € nehmen. Anfangs steigen die Erlöse, weil sich die Preissenkung weniger auswirkt als die Absatzerhöhung. Irgendwann muss dann der Preis für den höheren Absatz aber so niedrig sein, dass es sich für Sie nicht mehr lohnt."

Gina: „Ja, ich sehe gerade, dass die Erlöskurve bei zehn Stück wieder bei null ankommt und dass sie irgendwo zwischen 4 und 6 am höchsten ist."

Marktexperte: „Das können wir auch genau ausrechnen. Die Erlöskurve ist eine Parabel und Parabeln sind immer symmetrisch aufgebaut. Das heißt, der Scheitelpunkt[1] liegt in der Mitte der Nullstellen. Hier sieht man schon, dass die Nullstellen bei 0 und zehn liegen und somit der Scheitelpunkt in der Mitte bei 5 liegen muss."

Gina: „Ich kann doch nicht erst eine Zeichnung machen. Kann man das Ergebnis nicht auch rechnerisch ermitteln?"

Marktexperte: „Ja, das geht folgendermaßen."

Allgemein	**Für das Beispiel**
Die Erlösfunktion gleich Null setzen.	$E(x) = 0 \Rightarrow -80x^2 + 800x = 0$
x ausklammern.	$x \cdot (-80x + 800) = 0$
Wenn ein Produkt gleich Null sein soll, so muss einer der Faktoren gleich Null sein.	$x = 0$ oder $-80x + 800 = 0 \quad \mid +80x$
Weiter auflösen.	$x = 0$ oder $800 = 80x \quad \mid :80$ $x = 0$ oder $x = 10$
Somit erhält man bei der Erlösfunktion zwei Nullstellen. Zwischen diesen beiden Nullstellen ist der Erlös positiv.	
In der Mitte liegt das Erlösmaximum.	$\frac{(0 + 10)}{2} = 5$
Der Geldbetrag ergibt sich durch Einsetzen des x-Wertes in die Erlösfunktion.	Bei 5 Stück liegt das Erlösmaximum. $E(5) = -80 \cdot 5^2 + 800 \cdot 5 = 2000$ 2 000,00 € beträgt das Erlösmaximum.

Gina: „Na, dann ist ja alles klar, dann muss ich 5 Stück produzieren."

---

[1] *Manch einer wird sich daran erinnern, dass er früher schon mal die Koordinaten des Scheitelpunktes einer quadratischen Funktion berechnet hat, indem die Funktion in die sogenannte Scheitelpunktform gebracht wurde. Hier wird eine leichtere Methode eingesetzt, die bei allen ökonomischen Fragestellungen angewendet werden kann. Diese Methode setzt die Berechnung der Nullstellen voraus. Daher konzentrieren wir uns im Folgenden auf die Nullstellen einer quadratischen Funktion.*

Marktexperte: „Halt, Sie haben Ihre Kosten noch nicht mit in die Rechnung einbezogen. Die lagen nach meinen Ermittlungen bei einem Fixbetrag von 558,00 € und pro Kreation müssen Sie mit 160,00 € für Stoff und ähnliches Verbrauchsmaterial rechnen."

Der Marktexperte erklärt Gina, dass sie somit folgende Kostenfunktion erhält:
$K(x) = 160x + 558$

Ginas Gewinn ergibt sich, wenn man vom Erlös die Kosten abzieht. Also:

$$\begin{aligned} G(x) &= -80x^2 + 800x - (160x + 558) \\ &= -80x^2 + 800x - 160x - 558 \\ &= -80x^2 + 640x - 558 \end{aligned}$$

Der Marktexperte stellt an seinem Notebook den Gewinn grafisch dar:

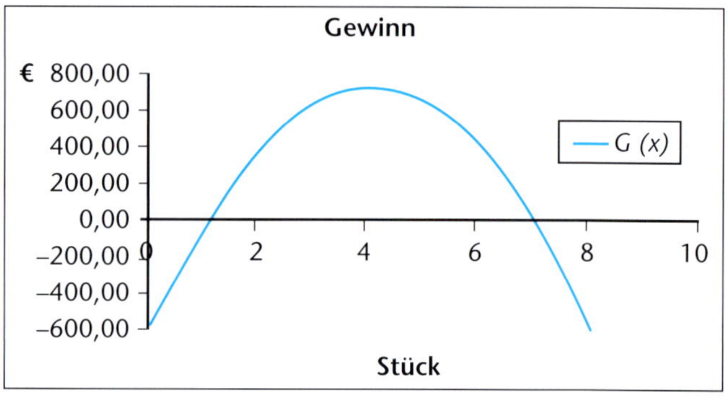

Die Gewinnkurve ist eine Parabel, die stets zwei Nullstellen hat. Daher liegt das Gewinnmaximum exakt im Scheitelpunkt. Aufgrund der Achsensymmetrie einer Parabel kann man den x-Wert des Scheitelpunktes leicht bestimmen. Er liegt genau in der Mitte zwischen den Nullstellen. Zwischen den Nullstellen ist die Gewinnzone.

Die Berechnung der Gewinnzone und des Gewinnmaximums geschieht nach folgendem Muster:

Allgemein	**Für das Beispiel**
Die Gewinnfunktion gleich Null setzen.	$G(x) = 0 \Rightarrow$ $-80x^2 + 640x - 558 = 0$
Durch den Koeffizienten von x^2 teilen.	$x^2 - 8x + 6{,}975 = 0$
Die Gleichung mit der pq-Formel lösen. Zuerst p und q ablesen.	$p = -8$ und $q = 6{,}975$
p und q in die Lösungsformel $x = -\frac{p}{2} \pm \sqrt{\left(\frac{p}{2}\right)^2 - q}$ einsetzen.	$x = -\frac{-8}{2} \pm \sqrt{\left(\frac{-8}{2}\right)^2 - 6{,}975}$
Ausrechnen.	$x = 4 \pm \sqrt{16 - 6{,}975}$ $x = 4 \pm \sqrt{9{,}025}$ $x \approx 4 \pm 3$ also $x = 1$ oder $x = 7$
Ergebnis interpretieren.	Die Gewinnzone liegt zwischen 1 und 7. $\frac{(1 + 7)}{2} = 4$
In der Mitte der Gewinnzone liegt das Gewinnmaximum.	Bei vier Stück liegt das Gewinnmaximum.
Der Geldbetrag ergibt sich durch Einsetzen des x-Wertes in die Gewinnfunktion.	$G(4) = -80 \cdot 4^2 + 640 \cdot 4 - 558 = 722$ 722,00 € beträgt das Gewinnmaximum.
Setzt man den **x**-Wert in die Preis-Absatzfunktion ein, so erhält man den Verkaufspreis, bei dem der Gewinn maximal ist.	$p(x) = -80x + 800$ mit $x = 4$ ergibt: $p(4) = -80 \cdot 4 + 800 = 480$ Bei einem Verkaufspreis von 480,00 € ist der Gewinn maximal.

Zusammenhänge

Stellt man sich alle Funktionen in einer Grafik dar, werden die Zusammenhänge deutlich.

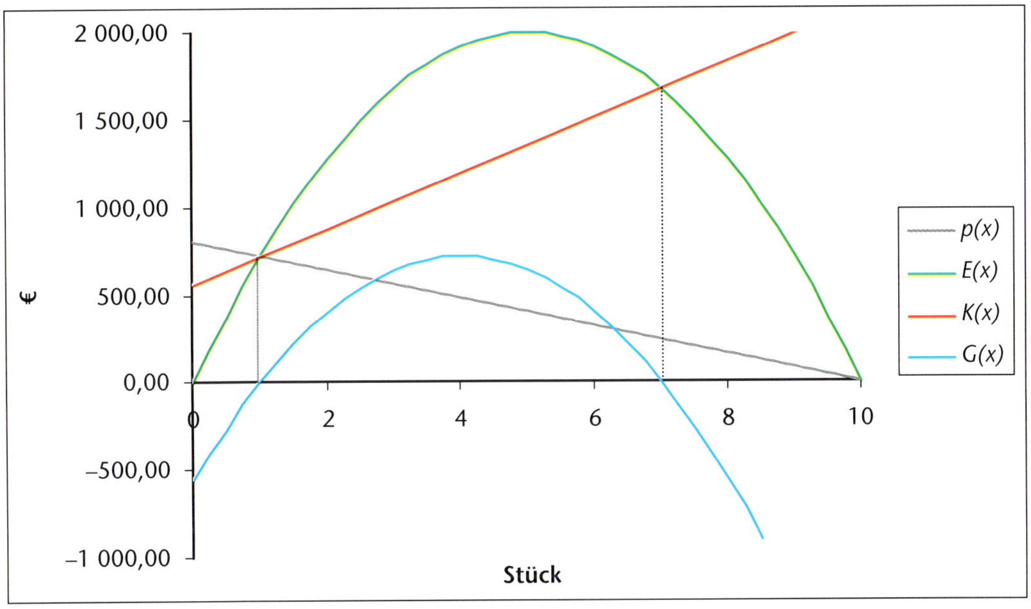

- Die Kostengerade schneidet die Erlösparabel zweimal. An den gleichen Stellen geht die Gewinnparabel durch die x-Achse.
- Die Kostenfunktion und die Gewinnfunktion fangen beim gleichen Betrag auf der y-Achse an – einmal im Positiven und einmal im Negativen.
- Die Preisabsatzfunktion trifft die x-Achse bei der zweiten Nullstelle der Erlösfunktion.
- Der Bogen der Gewinnkurve liegt im Bildausschnitt unterhalb der Erlöskurve. Die Gewinne sind immer niedriger als die Erlöse.
- Das Erlösmaximum liegt rechts vom Gewinnmaximum.

5 Übungen

Aufgabe 1

Berechne die Nullstellen folgender Funktionen:

a) $E(x) = -5x^2 + 40x$

b) $E(x) = -2x^2 + 8x$

c) $G(x) = -4x^2 + 16x - 12$

d) $G(x) = -0{,}5x^2 + 5x - 4{,}5$

Aufgabe 2

Uwe ist in einer Region Angebotsmonopolist für Brautausstattungen und moderne festliche Kleidung. Die Nachfrage ist hoch, da es in weitem Umkreis nichts Vergleichbares gibt. Das Geschäft ist für raffiniertes Design, akzeptable Preise und gute Beratung bekannt. Der Durchschnittspreis für eine Brautausstattung liegt bei 1 500,00 €. Ellen, seine Frau, regt an: „Alle Welt weiß, dass man bei uns günstig einkaufen kann. Du solltest

die Preise etwas erhöhen, damit wir mehr Gewinne machen und später unser Geschäft erweitern können." Eine Marktanalyse wurde erstellt und die Betriebsabrechnung überprüft. Ergebnis: Uwe kann bei seinen Überlegungen von folgender Preis-Absatzfunktion ausgehen:
$p(x) = -37x + 1850$.
Als Kostenfunktion wurde ermittelt: $K(x) = 150x + 2500$.
Welche Strategie würdest du den beiden empfehlen? Sollen sie den Durchschnittspreis anheben?

Aufgabe 3

Micha ist ein hervorragender Koch. Er will sich selbstständig machen und bietet seine Dienste als Eventkoch an. In der kleinen Kreisstadt ist er der einzige, der ein Essen dieser Qualität liefern kann. Am Monatsende stellt er fest, dass er nach Abzug seiner Kosten nicht viel verdient hat. Er wendet sich an einen Unternehmensberater. Der prüft Michas Buchhaltung. Micha hatte über mehrere Wochen seine Preise und den entsprechenden Absatz protokolliert. Der Unternehmensberater stellt fest, dass Micha bei einem Preis von 98,30 € gerade mal einen Kunden bekam, während er bei 39,50 € pro Event-Gast auf 85 Kunden kam. Für ein qualitativ gutes Event-Essen muss Micha mit 20,00 € Kosten pro Person und 200,00 € fixen Kosten rechnen.
Was wird der Unternehmensberater Micha empfehlen?

B

Beschreibende Statistik und Stochastik

Problem

Marcel ist mittlerweile im dritten Ausbildungsjahr und durchläuft zur Zeit die Personalabteilung. Er erhält von Frau Brinkmann, der Personalchefin, den Auftrag, die Bewerbungen der neuen Auszubildenden entsprechend des Auswertungsbogens zu sichten. Der Geschäftsführer, Herr Schmidt, war in den letzten Jahren mit der Bewerbersituation nicht sehr zufrieden. Das durchschnittliche Niveau in den Hauptfächern Mathematik, Deutsch und Englisch sei kaum noch befriedigend.

Personalabteilung
Auswertungsbogen Bewerbungen

Name des Bewerbers: ____________

Alter: ☐

Geschlecht: m ☐ w ☐

Zeugnisnote Mathematik: ☐

Zeugnisnote Deutsch: ☐

Zeugnisnote BWR: ☐

Insgesamt haben sich zehn Schülerinnen und Schüler auf die eine Ausbildungsstelle beworben. Marcel beginnt sofort mit der Arbeit und hat nach einer Stunde auf seinem Zettel notiert:

Brauer 17 m 5 4 3
Faber 18 m 3 3 4
Müller 18 w 4 3 2
Hirnstein 19 m 3 3 3
Keller 18 m 4 1 2
Dunzel 20 w 2 3 2
Betz 18 m 3 3 3
Winkler 20 w 2 4 4
Kuhn 25 m 3 4 4
Schewe 19 m 2 3 4

Nachdem er den Zettel zur Vorbereitung auf das Gespräch mit Frau Brinkmann noch einmal gelesen hat, ist er sich nicht so sicher, ob sie mit ihm zufrieden sein wird. Er geht mit dem Zettel zu Sabine, der Auszubildenden aus dem zweiten Lehrjahr.
Marcel: „Sabine, kannst du mir mal kurz helfen. Ich soll für Frau Brinkmann die Bewerbungen der Neuen auswerten. Meinst du, dass das, was ich hier aufgeführt habe, reicht?“
Sabine: „Das sieht auf den ersten Blick ganz gut aus. So wie ich Frau Brinkmann kenne, will sie es aber noch übersichtlicher haben.“
Marcel: „Ja, stimmt, sie muss mit den Zahlen auch noch zu Herrn Schmidt. Hast du ein paar Tipps für mich?“
Sabine: „Also ich würde eine grafische Übersicht nutzen und Durchschnittsnoten als ersten Anhaltspunkt berechnen.“

1 Datenerhebung

In einem Berufskolleg wird der Schulkiosk von Schülerinnen und Schülern selbstständig bewirtschaftet. Um den Umsatz noch zu steigern, soll eine Schülerbefragung stattfinden. Nach längeren Diskussionen hat man sich darauf verständigt, dass folgende Größen abgefragt werden:

- Alter
- Geschlecht
- Höhe des monatlichen Einkommens
- gewünschte Getränke
- gewünschte Süß- und Backwaren

Bevor es darum gehen kann, statistische Daten auszuwerten oder für Präsentationen etc. vorzubereiten, müssen diese Daten erst einmal gesammelt werden. Oft liegen die Daten bereits vor (z. B. Umsatzlisten eines Unternehmens, Daten des Statistischen Bundesamtes, Internet), in anderen Fällen wie dem Schulkiosk müssen die Daten gezielt neu beschafft werden. Dies kann durch eine Befragung geschehen, aber auch durch Messungen oder Beobachtungen.

Wesentlich im Rahmen der Datenerhebung ist eine gute Vorbereitung. So wird sicher gestellt, dass nur Ziel unterstützende Daten ermittelt werden.

Untersucht werden können sowohl Objekte (z. B. ein neues Produkt) als auch Personen. Die untersuchten Objekte oder Personen werden Merkmalsträger genannt. In unserem Beispiel sind also die befragten Schülerinnen und Schüler des Berufskollegs die Merkmalsträger.

Die Aspekte, die erfragt oder untersucht werden, heißen Merkmale. Für das Schülerunternehmen sind dies die vier oben aufgezählten Größen Alter, Geschlecht, Höhe des monatlichen Einkommens sowie die gewünschten Getränke bzw. Süß- und Backwaren. Jedes Merkmal kann in verschiedenen Merkmalsausprägungen vorkommen. Die Anzahl der Merkmalsausprägungen variiert stark. Während im Fall des Schulkiosks bei dem Merkmal Geschlecht nur die beiden Ausprägungen männlich oder weiblich existieren, kann die Anzahl der möglichen Getränke oder die Höhe des Einkommens viele Ausprägungen besitzen.

2 Aufbereitung und grafische Darstellung von Daten

2.1 Datenaufbereitung

Beispiel:
Eine Bäckerei betreibt in einer Kleinstadt vier Filialen. Am Ende des ersten Quartals werden die Umsatz- und die Gewinnzahlen in der Hauptstelle gesammelt. Für die erste Filiale kommt folgendes Fax an:

Filiale 1:

Januar	15 000,00 €/850,00 €
Februar	16 000,00 €/1 000,00 €
März	12 500,00 €/700,00 €

Silvia Burda

Oft liegen Informationen in unübersichtlicher Form vor. In diesen Fällen müssen die Daten zunächst derart aufbereitet werden, dass die Weiterverarbeitung einfacher ist. Hier helfen in der Regel Tabellen oder Listen, in denen die Merkmale bzw. Merkmalsausprägungen geordnet aufgeführt werden.

Im Rahmen der Aufbereitung der Umsatzzahlen der Bäckerei könnte eine Tabelle sehr hilfreich sein. Nutzt man hierzu ein Tabellenkalkulationsprogramm, kann man leicht zusätzliche Zahlen, wie zum Beispiel den gesamten Quartalsumsatz bzw. Quartalsgewinn der Filiale 1 bestimmen. Bei der Erstellung der Tabelle ist gut zu überlegen, wie die Spalten und die Zeilen beschriftet werden sollen. Im Fall der Bäckerei bietet sich eine Spalte für den Monat, eine für den Umsatz und eine für den Gewinn an. Das Ergebnis könnte so aussehen:

Filiale 1

Monat	Umsatz	Gewinn
Januar	15 000,00 €	850,00 €
Februar	16 000,00 €	1 000,00 €
März	12 500,00 €	700,00 €
	43 500,00 €	2 550,00 €

Bei der Auswertung von Fragebögen, wie zum Beispiel für den Schulkiosk, kann zunächst eine Strichliste hilfreich sein, um die Häufigkeiten verschiedener Merkmalsausprägungen zu sammeln:

Merkmal: Getränk Merkmalsausprägung:	Strichliste	absolute Häufigkeit	relative Häufigkeit (in Prozent)	relative Häufigkeit (in Dezimalschreibweise)
Kaffee	~~IIII~~ ~~IIII~~ II	22	20,95	0,21
Tee	~~IIII~~ ~~IIII~~ III	13	12,38	0,12
Cola	~~IIII~~ ~~IIII~~ ~~IIII~~ ~~IIII~~ ~~IIII~~ II	27	25,71	0,26
Mineralwasser	~~IIII~~ ~~IIII~~ ~~IIII~~	15	14,29	0,14
Apfelsaft	~~IIII~~ ~~IIII~~ ~~IIII~~ II	17	16,19	0,16
Orangensaft	~~IIII~~ ~~IIII~~ I	11	10,48	0,1
Grundgesamtheit		105	100,00	0,99 ungefähr 1,0

Nach der Auszählung der Ergebnisse mittels einer Strichliste, kann man die absoluten Häufigkeiten aufschreiben, das ist die Anzahl der Beobachtungswerte der Merkmalsausprägungen. Der relative (prozentuale) Anteil der absoluten Häufigkeit einer Merkmalsausprägung an der Gesamtzahl der Beobachtungswerte heißt relative Häufigkeit und ergibt sich aus

$$\text{relative Häufigkeit} = \frac{\text{absolute Häufigkeit}}{\text{Grundgesamtheit}}$$

Hinweis: Um Verwechslungen von absoluten und relativen Häufigkeiten (gerade bei Prozentwerten mit ganzen Zahlen) zu vermeiden, werden relative Häufigkeiten oft in Dezimalschreibweise angegeben (s. Tabelle oben).

2.2 Grafische Darstellung von Daten

Neben der Aufbereitung von Daten in Tabellen dienen heutzutage immer mehr Grafiken der übersichtlichen Darstellung statistischer Daten.

Beispiel:

Betrachten wir noch einmal die Daten der Filiale 1 der Bäckerei. Um auf einen Blick erkennen zu können, wie die Entwicklung der Umsätze und des Gewinns im Verlauf des Quartals aussieht, ist ein Säulendiagramm hilfreich. Es könnte wie folgt aussehen:

Säulendiagramm:

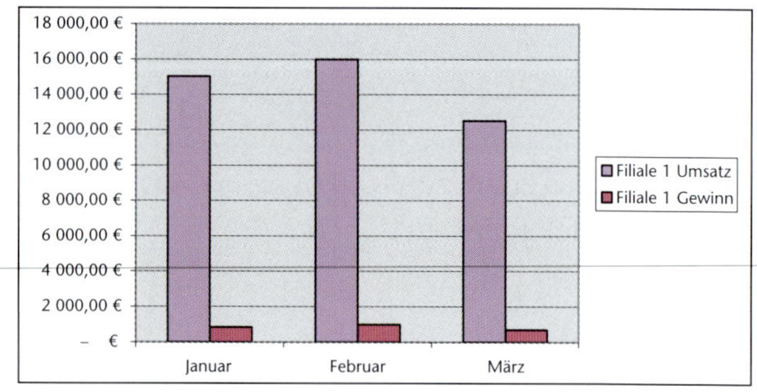

Neben dem Säulendiagramm sieht man in Zeitungen, im Fernsehen oder im Internet häufig die zwei Darstellungsmöglichkeiten des Liniendiagramms oder des Kreisdiagramms.

In unserem Beispiel könnten die Umsätze der Filiale 1 auch als Punkte in ein Koordinatensystem eingezeichnet und dann verbunden werden. Es entsteht:

Liniendiagramm:

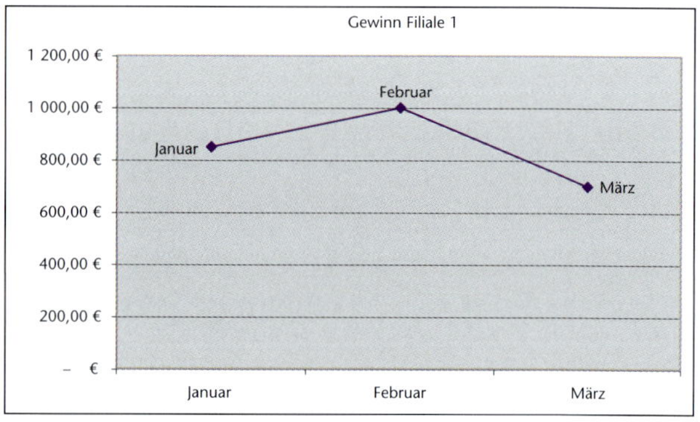

Um die Umsätze in einem Kreisdiagramm darzustellen, muss man zunächst die prozentualen Anteile der einzelnen Monate an dem gesamten Quartalsumsatz bestimmen und anschließend die Prozentzahl in Grad umwandeln, um die Winkelgröße zu erhalten. Es gilt die einfache Umrechnungsformel:

1 Prozent (1%) => 3,6 Grad (3,6°)

Werden die Daten der der Bäckereifiliale betrachtet, entsteht für den Januar ein Prozentsatz von:

$p = 15\,000/43\,500 \cdot 100 = 34{,}48 \approx 34$ und Winkel $= 34{,}48 \cdot 3{,}6° = 124{,}1°$

Verfährt man mit den beiden anderen Monaten ebenso, ergibt sich:

Filiale 1

Monat	Umsatz	in Prozent %	in Grad°
Januar	15000,00 €	34,48	124,1
Februar	16000,00 €	36,78	132,4
März	12500,00 €	28,74	103,5
	43500,00 €	100,00	360,0

und mit den Zahlen aus der Tabelle wird nun das Kreisdiagramm angefertigt.

Welche der drei grafischen Darstellungsformen gewählt wird, hängt zum einen von dem Datenmaterial und dem Verwendungszweck ab, zum anderen aber auch von den persönlichen Vorlieben desjenigen, der die Grafik erstellt. Insgesamt betrachtet liegt der Vorteil der grafischen Verfahren insbesondere in der Tatsache, dass dem Betrachter ein schneller Überblick ermöglicht wird. Mithilfe eines Tabellenkalkulationsprogramms sind die Grafiken zudem leicht zu erstellen.

Um allerdings weitergehende Aussagen und Interpretationen des Datenmaterials zu ermöglichen, wird auf statistische Kennziffern zurückgegriffen.

Kreisdiagramm:

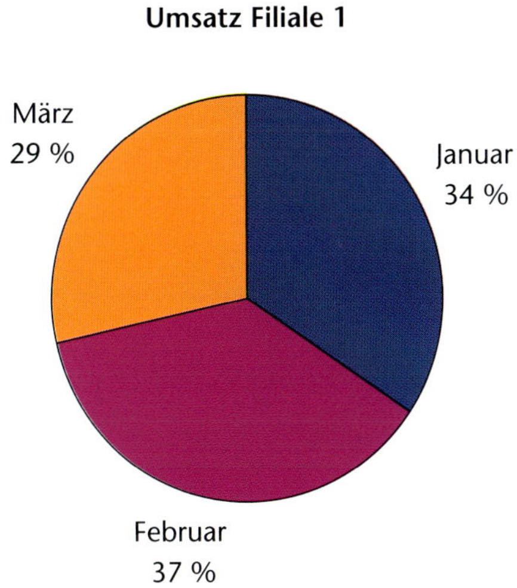

3 Statistische Kennziffern

Beispiel:
Mittlerweile liegen der Hauptstelle der Bäckerei die Daten aller vier Filialen vor. Tabellarisch aufbereitet sieht das wie folgt aus:

Filiale 1

Monat	Umsatz	Gewinn
Januar	15 000,00 €	850,00 €
Februar	16 000,00 €	1 000,00 €
März	12 500,00 €	700,00 €

Filiale 2

Monat	Umsatz	Gewinn
Januar	22 000,00 €	1 500,00 €
Februar	27 300,00 €	1 800,00 €
März	25 600,00 €	1 650,00 €

Filiale 3

Monat	Umsatz	Gewinn
Januar	8 000,00 €	400,00 €
Februar	9 500,00 €	500,00 €
März	12 500,00 €	400,00 €

Filiale 4

Monat	Umsatz	Gewinn
Januar	31 000,00 €	1 700,00 €
Februar	28 500,00 €	1 800,00 €
März	29 000,00 €	1 750,00 €

3.1 Mittelwert

Um die Umsatz- bzw. Gewinnzahlen der einzelnen Filialen genauer zu untersuchen, ist das arithmetische Mittel (der Mittelwert) eine Möglichkeit, die vorliegenden Daten mit einer einzigen Zahl zu beschreiben. Je nach Datenlage wird der einfache oder der gewogene Durchschnitt berechnet.

Im Falle der Bäckerei kann für jede Filiale der durchschnittliche Umsatz und der durchschnittliche Gewinn bestimmt werden. So ist es für die Hauptstelle leichter, die verschiedenen Filialen zu vergleichen. Hier wird der einfache Durchschnitt angewendet:

$$\text{Mittelwert} = \frac{\text{Summe aller Werte}}{\text{Anzahl der Werte}}$$

Für die Filiale 1 sieht die Rechnung folgendermaßen aus:

$$\text{Mittelwert (Umsatz)} = \frac{15\,000 + 16\,000 + 12\,500}{3} = \frac{43\,500}{3} = 14\,500$$

$$\text{Mittelwert (Gewinn)} = \frac{850 + 1\,000 + 700}{3} = \frac{2\,550}{3} = 850$$

Man erkennt bei den Zahlen der Filiale 1, dass der Mittelwert bei dem Gewinn genau einem der Monatswerte entspricht, also einer Merkmalsausprägung, bei dem Umsatz jedoch ein Mittelwert herauskommt, der keinem der Monatswerte entspricht.

Bestimmt man die Mittelwerte für die vier Filialen, so ergibt sich:

	Filiale 1	**Filiale 2**	**Filiale 3**	**Filiale 4**
Mittelwert Umsatz	14 500,00 €	24 966,67 €	8 333,33 €	29 500,00 €
Mittelwert Gewinn	850,00 €	1 650,00 €	433,33 €	1 750,00 €

Hinweis: Nicht immer ist die Berechnung des arithmetischen Mittels sinnvoll, da dadurch das Ergebnis verfälscht werden kann.
Beispiel: 10 Bauern im Umland von Münster geben die Anzahl ihrer Kühe an mit:
20, 0, 40, 10, 13, 25, 26, 11, 9, 446. Errechnet man den arithmetischen Mittelwert, erhält man im Schnitt 60 Kühe für jeden Bauern, dieser Wert wird aber von neun Bauern nicht erzielt.

3.2 Median (Zentralwert)

Eine weitere Möglichkeit, einen durchschnittlichen Wert zu ermitteln, ist der Median. Man erhält ihn, wenn man alle Werte in aufsteigender Folge sortiert und den in der Mitte der sortierten Reihe stehenden Wert bestimmt.

Beispiel:

	Januar	
Monat	**Umsatz**	**Gewinn**
Filiale 1	15 000,00 €	850,00 €
Filiale 2	22 000,00 €	1 500,00 €
Filiale 3	8 000,00 €	400,00 €
Filiale 4	31 000,00 €	1700,00 €

Umsatz (sortiert): 8000, 15000, 22000, 31000

Die Mitte der Reihe liegt zwischen 15000 und 22000.
Man addiert diese beiden Werte und teilt das Ergebnis durch 2
(15000 + 22000) : 2 = 18500
Hinweis: Bei einer ungeraden Anzahl von Werten gibt es genau einen Wert in der Mitte der Reihe, der die sortierte Reihe in zwei gleich große Teile trennt.
Zur Erinnerung: Der arithmetische Mittelwert ist die Summe aller Werte geteilt durch die Gesamtanzahl. (Umsatz: (15000 + 22000 + 8000 + 31000) : 4 = 19000)

3.3 Modalwert (Modus)

Bei sehr großen Datenmengen, bei denen es nicht möglich ist, einen arithmetischen Mittelwert zu bestimmen, wählt man den Modalwert. Das ist der Wert, der am häufigsten vorkommt.

Beispiel:
Bei einer Kundenbefragung antworteten auf die Frage
„Wie zufrieden sind Sie mit der Beratung beim Kauf eines PCs?“

sehr zufrieden	zufrieden	weniger zufrieden	nicht zufrieden
85	140	70	40

Die Häufigkeit der Ausprägung „zufrieden“ ist mit 140 die größte, dies ist der Modalwert.

Hinweis: An dieser Stelle kann man auch den Median als Mittelwert wählen: Stellt man sich die Aussagen als sortierte Reihe vor (335 Angaben), dann ist die Mitte der Reihe die 168. Position (links davon 167 und rechts davon auch 167 Daten). Auch der Median ist „zufriedenstellend“.

3.4 Spannweite

Die Spannweite ist die Differenz zwischen dem höchsten und dem niedrigsten Wert.

Beispiel:

	Januar	
Monat	**Umsatz**	**Gewinn**
Filiale 1	15000,00 €	850,00 €
Filiale 2	22000,00 €	1500,00 €
Filiale 3	8000,00 €	400,00 €
Filiale 4	31000,00 €	1700,00 €

Die Spannweite der Umsätze beträgt 31000,00 € – 8000,00 €, also 23000,00 €.

3.5 Verhältniszahlen

Oft macht es Sinn, verschiedene Daten zueinander ins Verhältnis zu setzen. In dem Bäckereibeispiel kann man den monatlichen Umsatz zum Beispiel in das Verhältnis zu dem Quartalsumsatz setzen, um zu bestimmen, wie viel Prozent des Umsatzes in welchem Monat zustande kam.

Für den Monat Januar und die Filiale 1 gilt:

Umsatzquote Januar = $\frac{15\,000}{43\,500} \cdot 100 = 34{,}48$. In dieser Filiale wurde also 34,48 % des Quartalsumsatzes bereits im Januar erwirtschaftet.

Interessanter für den Inhaber der Bäckerei ist jedoch das Verhältnis des Gewinns zu dem Umsatz der jeweiligen Filiale. Nur so kann er die Filialen unter Rentabilitätsaspekten miteinander vergleichen.

$$\textbf{Umsatzrentabilität} = \frac{\textbf{Gewinn}}{\textbf{Umsatz}} \cdot 100$$

Mit den Quartalswerten gilt daher für die Filiale 1:

Umsatzrentabilität (Filiale 1) = $\frac{2\,550{,}00}{43\,500{,}00} \cdot 100 = 5{,}86$.

Die Umsatzrentabilität von 5,86 % bedeutet, dass die Filiale 1 pro 100,00 € Umsatz einen Gewinn von 5,86 € macht.

In der Gegenüberstellung der Umsatzrentabilitäten der vier Filialen erkennt der Inhaber der Bäckerei, dass die Filiale 2 die höchste Rentabilität besitzt, obwohl der Umsatz und Gewinn bei der Filiale 4 höher sind. Dies liegt daran, dass es sich bei der Umsatzrentabilität um eine relative Größe handelt. Es werden gemäß der Definition einer Verhältniszahl zwei Größen ins Verhältnis gesetzt, hier der Gewinn und der Umsatz.

Weitere Verhältniszahlen, die im Bereich Wirtschaft und Verwaltung eine Rolle spielen, sind:

$$\text{Eigenkapitalquote} = \frac{\text{Eigenkapital}}{\text{Gesamtkapital}} \cdot 100$$

$$\text{Fremdkapitalquote} = \frac{\text{Fremdkapital}}{\text{Gesamtkapital}} \cdot 100$$

$$\text{Eigenkapitalrentabilität} = \frac{\text{Gewinn}}{\text{Eigenkapital}} \cdot 100$$

$$\text{Wirtschaftlichkeit} = \frac{\text{Leistung}}{\text{Kosten}}$$

4 Übungen

Aufgabe 1

In der Schülervertretung findet zu Beginn des Schuljahres die Wahl des/der Schülersprecher/in statt. Es sind 30 Klassensprecherinnen und Klassensprecher anwesend, Cem, Sabine, Christian und Corinna stellen sich zur Wahl. Das Ergebnis nach der Auszählung der Stimmen sieht an der Tafel wie folgt aus:

Cem	~~IIII~~ II
Sabine	~~IIII~~
Christian	~~IIII~~ I
Corinna	~~IIII~~ ~~IIII~~ II

Damit ist Corinna neue Schülersprecherin. Ihre erste Aufgabe besteht nun darin, die Ergebnisse der Wahl für den Schulleiter aufzubereiten. Er ist Informatiklehrer und ein Fan von Tabellen und Grafiken.

Aufgabe 2

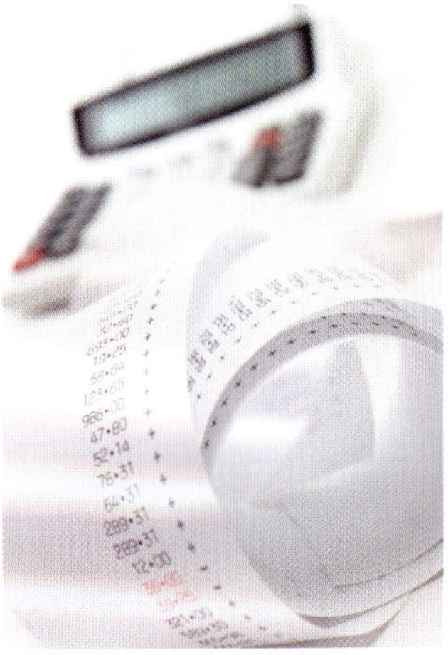

Boris braucht deine Hilfe.

Boris absolviert in den Sommerferien ein Praktikum in der Buchhaltung eines großen Industrieunternehmens. Nach wenigen Tagen hat er sich bereits gut eingearbeitet. Plötzlich kommt der Abteilungsleiter in das Büro. Er ist in Eile, gibt Boris einen Zettel und sagt, die Türklinke schon in der Hand: „Boris, ich brauche in einer Stunde die wichtigsten Kennzahlen des letzten Jahres!"

Aktiva		Bilanz	Passiva
Anlagevermögen	370 000,00 €	Eigenkapital	260 000,00 €
Umlaufvermögen	530 000,00 €	Fremdkapital	640 000,00 €
	900 000,00 €		900 000,00 €

Jahresumsatz	850 000,00 €
Gewinn	45 000,00 €

Aufgabe 3

Susanne ist Auszubildende in einer Sparkasse. Im innerbetrieblichen Unterricht schreibt sie einen Test zum Thema Zahlungsverkehr. Insgesamt haben 13 Auszubildende an dem Test teilgenommen. Der Ausbildungsleiter, Herr Rolf, ist mit dem Ergebnis nicht sehr zufrieden:

Herr Rolf: „Eure Tests zum Zahlungsverkehr sind nicht sehr gut ausgefallen. Es gibt nur eine 1, zwei 2en, vier 3en, fünf 4en und sogar eine 5. Da müsst ihr bis zur Zwischenprüfung noch viel lernen!"
Susanne: „Mensch Carsten, da liegen wir beide mit unserer 3 noch über dem Durchschnitt."
Carsten: „Bist du dir da sicher, der Durchschnitt der Noten von 1 bis 5 ist doch genau 3?"

Wer von den Beiden hat Recht? Stelle außerdem den Ausfall des Tests tabellarisch und grafisch dar.

Aufgabe 4

Betrachte nachfolgende Grafiken und überlege dir jeweils, welche Fehler in den Darstellungen enthalten sind.

Deutscher Strompreis in Cent je Kilowattstunde

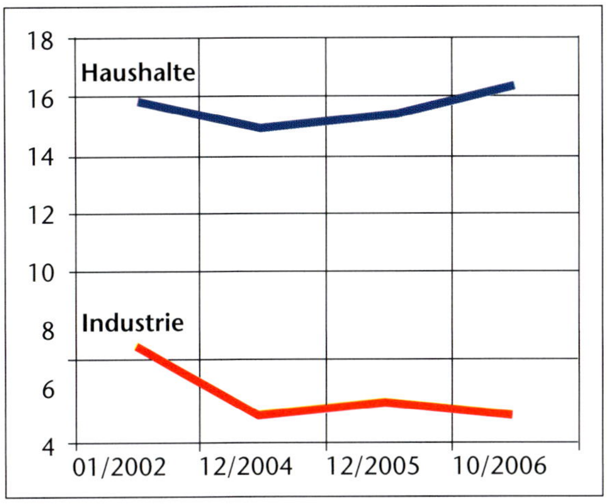

Reserven schwinden: Wirtschaftsdaten aus Südafrika

Bruttoinlandsprodukt gegenüber dem Vorjahr in Prozent

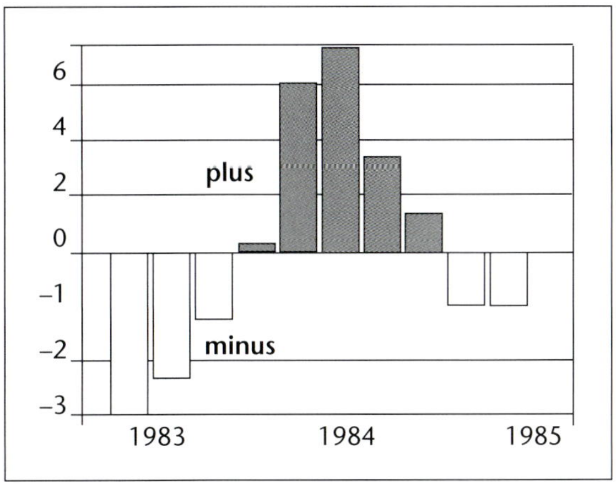

Aufgabe 5

In einem Unternehmen ergab die Befragung nach dem Alter der Mitarbeiter (auch Praktikanten) folgende Zahlenwerte:

14	17	21	23	23	24	26	26	26	27
29	31	32	35	39	39	40	42	43	47
47	49	51	54	55	58	59	60	65	68

Berechne die Spannweite, das arithmetische Mittel, den Zentralwert und den Modalwert.

5 Rechnen mit Wahrscheinlichkeiten

Problemstellung

Frank arbeitet seit zwei Wochen als Praktikant bei einem großen Fahrradhändler. Jeden Morgen steht er um 06:00 Uhr auf, verlässt um 07:15 Uhr das Haus, um zu seinem Praktikumsplatz zu fahren, hat um 12:00 Uhr eine Stunde Mittagspause und arbeitet dann bis 16:00 Uhr weiter. Für seinen Praktikumsbericht hat er den letzten Montag ganz genau beschrieben:

5.1 Zufallsexperiment, Ergebnis und Wahrscheinlichkeit

„06:00 Uhr: Der Wecker klingelt. Ich steige aus dem Bett, gehe ins Bad und ziehe mich an. Als ich Socken aus der Schublade nehmen will, geht das Licht aus. In der Schublade befinden sich ungeordnet und einzeln acht Paar Socken in schwarz (vier Paare) und blau (4 Paare). Ich musste dreimal in die Schublade greifen, um ein Paar gleichfarbiger Socken zu haben. Aber wie stehen meine Chancen, ein Paar blaue Socken zu ziehen?“

Wenn Frank in der Dunkelheit eine Socke aus der Schublade nimmt, zieht er entweder eine schwarze oder eine blaue Socke. Er kann aber nicht vorhersagen, welche Farbe die Socke hat.
Da die Anzahl der blauen und schwarzen Socken gleich groß ist (jeweils acht Stück), besteht beim ersten Ziehen eine „Chance“ von 50 % für jede Farbe.
Bei dem Problem handelt es sich um ein Zufallsexperiment, da der Ausgang nicht vorhersehbar ist. Mögliche Ergebnisse sind „blau“ oder „schwarz“. Die Wahrscheinlichkeit P oder p (P oder p steht für das englische probability = Wahrscheinlichkeit) für die Farbe der ersten Socke liegt für beide Ergebnisse bei 0,5. (vgl. 2.1 – relative Häufigkeit).

Merkmalsträger: Socke **Merkmal: Farbe** **Merkmalsausprägungen**	**absolute Häufigkeit**	**relative Häufigkeit**
blau	8	$\frac{8}{16} = 0{,}5$
schwarz	8	$\frac{8}{16} = 0{,}5$
Grundgesamtheit	16	1

Beispiele:

Zufallsexperiment	**Ergebnisse**	**Wahrscheinlichkeit**
Münzwurf	Adler (A), Zahl (Z)	$P(A) = 0{,}5$, $P(Z) = 0{,}5$
Würfelwurf	1, 2, 3, 4, 5, 6	$P(1) = P(2) = P(3) = P(4) = P(5) = P(6) = 16$

Zufallsexperiment	Ergebnisse	Wahrscheinlichkeit
30 weiße und 70 rote Kugeln	weiß (W), rot (R)	$P(\text{W}) = 0{,}3$, $P(\text{R}) = 0{,}7$
10 rote Kugeln, keine weiße Kugel	rot (R), weiß (W)	$P(\text{R}) = 1$, $P(\text{W}) = 0$

Beispiel:

In einer Bäckerei werden Berliner mit Aprikosen- und Himbeermarmeladenfüllung (A und H) hergestellt. Der Geselle entnimmt drei Berliner und teilt sie nacheinander, um die Art der Füllung festzustellen.

Die Ergebnismenge beinhaltet folgende Ergebnisse:

E = {(A, A, A); (A, A, H); (A, H, A); (A, H, H); (H, H, H); (H, A, H); (H, H, A); (H, A, A)} Das Ereignis, dass genau zwei Berliner mit Aprikosenmarmelade gefüllt sind, trifft auf E_1 = {(A, A, H); (A, H, A); (H, A, A)} zu.

Das Ereignis, dass genau zwei Berliner mit Himbeermarmelade gefüllt sind, trifft auf E_2 = {(A, H, H); (H, A, H); (H, H, A)} zu.

Jedes Ergebnis tritt einmal auf, insgesamt sind es acht Ergebnisse, d. h. die Wahrscheinlichkeit für jedes einzelne Ergebnis ist $p = \frac{1}{8} = 0{,}125$.

Das Ereignis E_1 tritt mit einer Wahrscheinlichkeit von $p = 0{,}375$ auf.

Merke: Die Wahrscheinlichkeit, dass ein Ereignis eintrifft, ist größer oder gleich Null und kleiner oder gleich Eins: $0 \leq P(E) \leq 1$

Ist die Wahrscheinlichkeit $P(E) = 1$, ist es ein sicheres Ereignis.

Ist die Wahrscheinlichkeit $P(E) = 0$, ist es ein unmögliches Ereignis.

5.2 Baumdiagramm

Kommen wir zurück auf Franks Problem. Er braucht zwei Socken gleicher Farbe, muss also dreimal in die Schublade greifen. Diese Situation kann man mithilfe eines Baumdiagramms beschreiben:

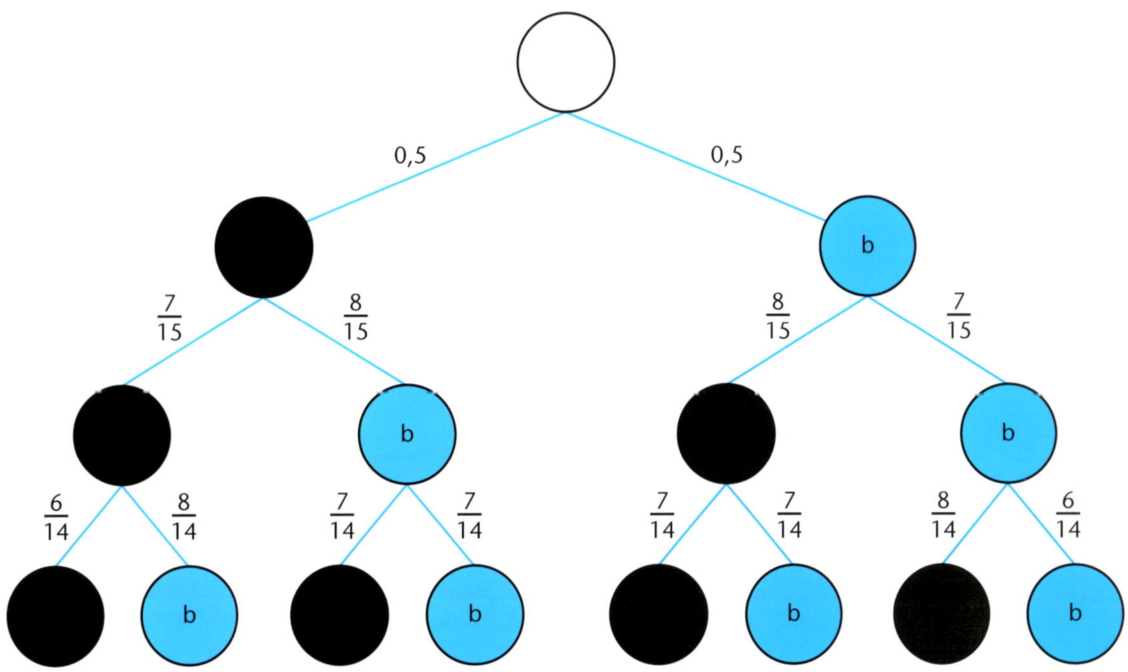

Die Grafik zeigt, welche Möglichkeiten es für Frank gibt, wenn er in die Schublade greift.

Hinweis: Ein Baumdiagramm ist übersichtlicher als die Mengendarstellung E für das Beispiel der Berliner. Man kann keine mögliche Kombination vergessen.

Für Frank ändert sich mit jedem „Ziehungsvorgang“ die Wahrscheinlichkeit, da sich die Anzahl der Socken verändert. Dies kann man zum Beispiel in einer Tabelle festhalten bzw. im Baumdiagramm an den Linien ergänzen.
Nachdem Frank eine Socke genommen hat, befinden sich noch 15 in der Schublade. Hat er eine schwarze Socke gezogen, befinden sich noch sieben schwarze (s) und acht blaue (b) Socken in der Schublade. Die Wahrscheinlichkeit beim nächsten Griff ist also $p(\text{s}) = \frac{7}{15}$ und $p(\text{b}) = \frac{8}{15}$. Nach der zweiten gezogenen Socke befinden sich nur noch 14 in der Schublade und die Wahrscheinlichkeiten ändern sich wieder.
Werden nur zweimal Socken gezogen, dann kann es auch sein, dass man eine blaue und eine schwarze Socke findet. Die Wahrscheinlichkeit dafür kann aus dem Baumdiagramm berechnet werden, indem man die Wahrscheinlichkeiten der Linien (Pfade) miteinander multipliziert und die Ergebnisse der Pfade dann addiert. Für das Beispiel also:
$P(\text{sb}) + P(\text{bs}) = 0{,}5 \cdot \frac{8}{15} + 0{,}5 \cdot \frac{8}{15} = \frac{8}{15} = 0{,}5333$
Das bedeutet, dass man mit einer Wahrscheinlichkeit von $p = 0{,}5333$ oder 53,33 % verschiedenfarbige Socken zieht.
Genauso kann durch zwei Versuche bestimmt werden, wie hoch die Wahrscheinlichkeit für ein gleichfarbiges Paar ist:
$P(\text{ss}) + P(\text{bb}) = 0{,}5 \cdot \frac{7}{15} + 0{,}5 \cdot \frac{7}{15} = \frac{7}{15} = 0{,}4666$
Die Wahrscheinlichkeit für ein gleichfarbiges Paar liegt bei $p = 0{,}4666$ oder 46,66 %.

5.3 Vierfeldertafel

„07:15 Uhr: Ich mache mich auf den Weg zur Bushaltestelle. In der Regel fährt der Bus in 85 % der Fälle pünktlich. Dann muss ich einmal umsteigen und mit der Bahn weiterfahren; diese ist in 90 % der Fälle auch pünktlich.“
Mithilfe des Baumdiagramms kann berechnet werden, mit welcher Wahrscheinlichkeit Frank ohne Verspätungen oder sehr verspätet an seinem Praktikumsplatz ankommen wird.
Hinweis: Da die Verbindungen im öffentlichen Nahverkehr sehr zahlreich sind, bleiben die Wahrscheinlichkeiten gleich (Empirisches Gesetz der großen Zahlen) im Gegensatz zu dem oberen Beispiel (Socken).

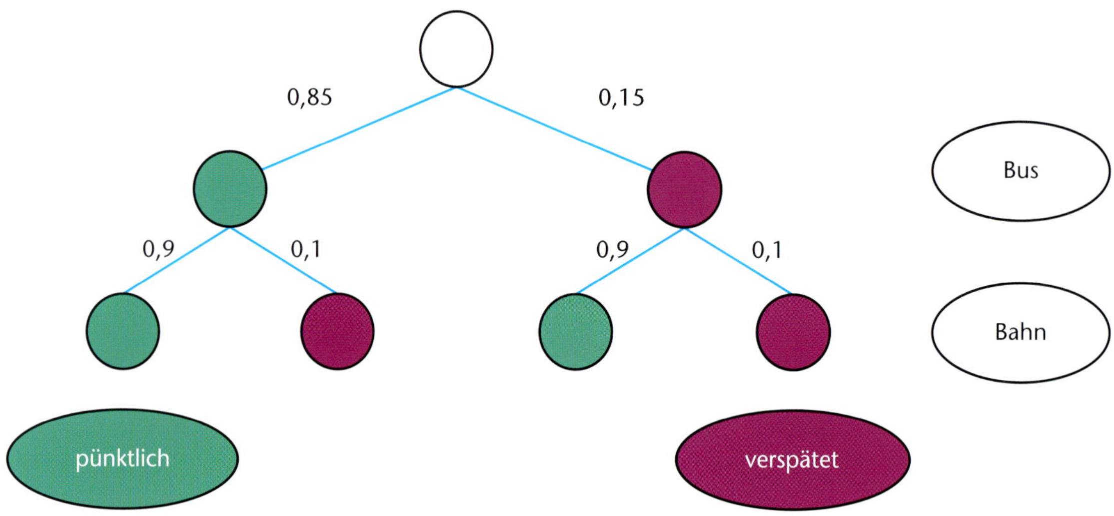

Alternativ zum Baumdiagramm kann das Problem auch mit einer Vierfeldertafel gelöst werden.

		Bahn		
		pünktlich	verspätet	
Bus	pünktlich	1	2	0,85
	verspätet	3	4	0,15
		0,9	0,1	1,00

Zuerst trägt man alle bekannten Wahrscheinlichkeiten ein. In der letzten Zeile stehen die Wahrscheinlichkeiten für die Bahn, in der letzten Spalte die des Busses. Die noch leeren vier Felder müssen nun gefüllt werden.
Das erste Feld 1 bedeutet: Der Bus ist pünktlich und auch die Bahn ist pünktlich.
Feld 2: Der Bus ist pünktlich, aber die Bahn hat Verspätung.

Mit Blick auf das Baumdiagramm lassen sich die Felder dann über die Multiplikation der Pfadwahrscheinlichkeiten füllen.
Ohne Baumdiagramm multipliziert man die Wahrscheinlichkeiten (letzte Zeile, letzte Spalte) und fügt die Ergebnisse in die leeren Felder.

		Bahn		
		pünktlich	verspätet	
Bus	pünktlich	$0{,}9 \cdot 0{,}85$	$0{,}1 \cdot 0{,}85$	0,85
	verspätet	$0{,}9 \cdot 0{,}15$	$0{,}1 \cdot 0{,}15$	0,15
		0,9	0,1	1,00

		Bahn		
		pünktlich	verspätet	
Bus	pünktlich	0,765	0,085	0,85
	verspätet	0,135	0,015	0,15
		0,9	0,1	1,00

Erkennbar ist, dass die senkrechten bzw. waagerechten Summen der vier Felder die Wahrscheinlichkeiten der letzten Zeile bzw. letzten Spalte ergeben.

6 Zufallsgrößen und Erwartungswert

„08:30 Uhr: Ich bin pünktlich angekommen und erhielt sofort einen Auftrag vom Chef. Er gab mir eine Notiz mit folgendem Inhalt:

Hallo Herr Frank,

in den letzten Lieferungen der Fahrradsättel hatten 12 % der Sättel Farbfehler, die wir selber beheben konnten (das kostet pro Sattel 2,50 €), bei 6 % der Ware war die Gelpolsterung nicht in Ordnung, die mussten wir wieder zurücksenden (Kostenpunkt 3,00 € pro Stück); 2 % der Ware hatten beide Fehler.

Berechnen Sie doch bitte, wie hoch die Kosten pro Sattel dann im Durchschnitt sind, wenn der Einkaufspreis bei 29,95 € liegt.

Viele Grüße
A. Weber

Ich habe erst einmal bestimmen müssen, wie viele Sättel zurückgeschickt werden, bzw. nachbearbeitet werden. Dazu habe ich die Vierfeldertafel genutzt und bekannte Informationen eingetragen.

Farbe / Gelpolsterung	fehlerfrei	fleckig	fleckig	gesamt
fehlerfrei			0,02	0,06
mit Mängeln			0,12	1,00

Die fehlenden Werte ergeben sich aus der Differenzbildung und führen zu folgender Tabelle:

Farbe / Gelpolsterung	fehlerfrei	fleckig	gesamt
fehlerfrei	0,84	0,10	0,94
mit Mängeln	0,04	0,02	0,06
	0,88	0,12	1,00

Also wusste ich, dass 84 % der Ware fehlerfrei war, 6 % mussten zurückgeschickt werden und bei 10 % musste die Farbe nachbehandelt werden. Doch wie sollte ich die Kosten ermitteln?“

Die Zuordnung, die jedem Ergebnis eine Zahl zuordnet heißt Zufallsgröße X.
Der Erwartungswert $E(X)$ ergibt sich dann aus der Summe der Produkte der Wahrscheinlichkeiten mit den zugeordneten Zahlen. (vgl. gewogener arithmetischer Mittelwert)
Bezogen auf Franks Problem, kann man die Lösung über eine Tabelle erzielen.

Ergebnisse	**Qualität der Ware**	**nur Farbfehler**	**Farbfehler und Fehler in der Polsterung**	**fehlerfrei**
Zufallsgröße (X)	Kosten (in Euro)	32,45	32,95	29,95
Wahrscheinlichkeit P	Anteil	0,1	0,06	0,84
Produkt aus X und P		3,245	1,977	25,158

$E(X) = 3{,}245 + 1{,}977 + 25{,}158 = 30{,}38$
Damit liegen die Kosten eines Fahrradsattels bei 30,38 €. Für die Kalkulation sollte man auf den Einkaufspreis einen Zuschlag von 1,44 % erheben.
Alternativ kann man auch die zusätzlich entstehenden Kosten als Zufallsvariable wählen.

Ergebnisse	**Qualität der Ware**	**nur Farbfehler**	**Farbfehler und Fehler in der Polsterung**	**fehlerfrei**
Zufallsgröße (X)	Zusätzliche Kosten (in Euro)	2,50	3,00	0
Wahrscheinlichkeit P	Anteil	0,1	0,06	0,84
Produkt aus X und P		0,25	0,18	0

$E(X) = 0{,}25 + 0{,}18 = 0{,}43$ Addiert zum Einkaufspreis erzielt man das gleiche Ergebnis wie oben.

Beispiel:

„12:00 Uhr: Ich habe Herrn Weber mein Ergebnis mitgeteilt, er war sehr zufrieden. In der Mittagspause habe ich mich mit einigen anderen Praktikanten getroffen und wir wollten mit einem Glücksrad spielen. Es hatte vier Sektoren mit unterschiedlichen Größen und Farben: blau (90°), gelb (60°), grün (120°) und rot (90°). Der Einsatz beträgt 5 Cent und man erhält nichts auf dem grünen Feld, 5 Cent auf dem roten Feld, 10 Cent auf dem gelben Feld und 15 Cent auf dem blauen Feld. Ich war skeptisch, ob es sinnvoll ist mitzuspielen, deshalb habe ich es kurz ausgerechnet (am Vormittag hatte ich ja ein ähnliches Problem zu lösen).

Hier meine Rechnung:

Ergebnisse	grün	rot	gelb	blau
Einsatz (in Cent)	5	5	5	5
Auszahlung	0	5	10	15
X = Gewinn	–5	0	5	10
Wahrscheinlichkeit	0,3333	0,25	0,1666	0,25
	–1,6666	0	0,8333	2,5

$E(X) = -1{,}6666 + 0 + 0{,}8333 + 2{,}5 = 1{,}666$

Diese Rechnung hatte mich überzeugt, aber ich spielte nicht mit, denn die Gewinnhöhe von noch nicht einmal im Durchschnitt 2 Cent ist sehr gering."

7 Kombinatorik

„13:00 Uhr: Am Nachmittag war ich im Verkauf und habe Kunden betreut. Wir haben ein neues Modell von Fahrradhelmen erhalten in den Farben rot, blau, grün, schwarz und weiß. Viele Kunden haben sich dafür interessiert und es gab Gruppen, die bezüglich der Farbauswahl einige Fragen hatten.

Fünf Freunde wollten wissen, wie viele Möglichkeiten sie haben, wenn alle eine andere Farbe wählen. Ein Pärchen wollte auch unterschiedliche Farben, konnte sich aber nur schwer entscheiden. Dann kam ein Elternpaar, das für seine drei Kinder Fahrradhelme kaufen wollte, natürlich nicht die gleichen Farben.

Kurz vor 16:00 Uhr erschienen vier Mitglieder eines Fahrradclubs, denen es egal war, ob sie gleiche oder unterschiedliche Fahrradhelme tragen.

Ich überlegte, ob es vielleicht Formeln gibt, mit deren Hilfe ich z. B. bei größeren Gruppen die Anzahl der Möglichkeiten schnell berechnen kann."

7.1 Permutation ohne Wiederholung

Starten wir mit den fünf Freunden. Der erste hat fünf Möglichkeiten der Farbwahl, der zweite noch vier, der dritte drei, der vierte zwei und der fünfte nimmt die letzte Farbe. In einem Baumdiagramm wäre das eine Menge an Ästen, die die verschiedenen Möglichkeiten darstellen.

Man kann es auch schreiben als Produkt von

$5 \cdot 4 \cdot 3 \cdot 2 \cdot 1 = 120$ Möglichkeiten

Hinweis: Die allgemeingültige Formel lautet $n!$ (Taste auf einem TR: X!)
n gibt dabei die Menge an, die für eine Wahl zur Verfügung steht (im Beispiel die Anzahl der Farben).

7.2 Variation ohne Wiederholung

Das Pärchen hat ebenfalls die Wahl zwischen fünf Farben. Da aber nur zwei Personen wählen, hat die erste Person fünf Möglichkeiten, die zweite Person nur noch vier Möglichkeiten insgesamt also $5 \cdot 4 = 20$ Möglichkeiten.

Hinweis: Die allgemeingültige Formel lautet $\frac{n!}{(n-k)!}$ (Hinweis: Taste auf dem TR nPr) k gibt die Auswahlanzahl an (im Beispiel zwei Personen).

Wie kommt man zu dieser Formel? Bei kleinen Zahlen ist diese Formel nicht unbedingt notwendig, wenn man aber eine Auswahl von z. B. 20 Farben hat und elf Personen wählen, dann muss man $20 \cdot 19 \cdot 18 \cdot 17 \cdot 16 \cdot 15 \cdot\cdot\cdot\cdot\cdot 10$ berechnen. Ziemlich aufwändig!

Mit einem kleinen Trick (Zähler und Nenner werden mit dem gleichen Wert erweitert) vereinfacht man den Term: $20 \cdot 19 \cdot 18 \cdot 17 \cdot 16 \cdot 15 \cdot\cdot\cdot\cdot\cdot 10 = \frac{20 \cdot 19 \cdot\cdot\cdot\cdot\cdot 10 \cdot 9!}{9!}$

Somit steht im Zähler das Produkt der Zahlen von 1 bis 20, abgekürzt durch 20! insgesamt also $\frac{20!}{9!} = \frac{20!}{(20-11)!}$.

Mit Blick auf das Pärchen gilt: Sie haben $\frac{5!}{(5-2)!} = \frac{5!}{3!} = 20$ Möglichkeiten.

Hinweis: Eingabe in den TR für das Beispiel 5 nPr 2 = 20 (allgemein: n nPr k)

7.3 Kombination ohne Wiederholung

Die Eltern suchen für drei Kinder drei unterschiedliche Helme. Dabei bleibt außer Acht, wie die Kinder die Helme verteilen, d.h. die Reihenfolge ist nicht wichtig.
Haben sich die Eltern für drei Farben entschieden, dann haben die Kinder 3! Möglichkeiten der Verteilung. Also gilt:

$$\frac{5 \cdot 4 \cdot 3}{3!} = \frac{5!}{3!(5-3)!} = \frac{5!}{3! \cdot 2!} = 10$$

Hinweis: Die allgemeine Formel lautet $\frac{n!}{k!(n-k)!} = \binom{n}{k}$. (Binomialkoeffizient)

Ausgesprochen „n über k“. (Hinweis: Taste auf dem TR: nCr)

Eingabe in den TR für das Beispiel 5 nCr 3 = 10 (allgemein: n nCr k)

7.4 Kombination mit Wiederholung

Die Eltern haben sich im Vorfeld für nur zwei Farben entschieden (die Zwillinge wollen die gleiche Farbe haben). 30 % der Helme sind blau, 70 % sind rot. Die Eltern entscheiden sich dreimal blind und haben dann 2 blaue und einen roten Helm (gleichbleibende Wahrscheinlichkeiten). Um die Wahrscheinlichkeit dafür zu berechnen, kann ein Baumdiagramm erstellt und die Pfadwahrscheinlichkeiten ermittelt werden.
Zur Berechnung kann man auch folgende Formel nutzen:

$$\binom{n}{k} \cdot p^k \cdot (1-p)^{n-k}$$ **(Binomialverteilung)**

Für das Beispiel bedeutet es: $\binom{3}{2} \cdot 0{,}3^2 \cdot (1-0{,}3)^{3-2} = \binom{3}{2} \cdot 0{,}3^2 \cdot 0{,}7^1 = 0{,}189$
Die Wahrscheinlichkeit für zwei blaue Helme liegt bei 18,9 %.

7.5 Variation mit Wiederholung

Die Mitglieder des Fahrradclubs haben keine farblichen Einschränkungen und können alle aus allen Farben wählen, d. h. jeder hat fünf Farben zur Auswahl.

Es gibt demnach $5 \cdot 5 \cdot 5 \cdot 5 = 625$ Möglichkeiten.

Hinweis: Die allgemeine Formel lautet n^k.

Um sich sinnvoll für eine Formel zu entscheiden, sollte man folgende Fragen stellen:
Ist die Reihenfolge wichtig?
Sind Wiederholungen zugelassen?
Die untenstehende Tabelle gibt dazu eine Zusammenfassung:

	Reihenfolge ist wichtig	Reihenfolge ist unwichtig
Wiederholungen sind zulässig (mit Zurücklegen)	n^k (Variation)	$\binom{n}{k} \cdot p^k \cdot (1-p)^{n-k}$
Wiederholungen sind nicht zulässig (ohne Zurücklegen)	$\frac{n!}{(n-k)!}$ (Variation)	$\frac{n!}{k!(n-k)!} = \binom{n}{k}$ (Kombination)

8 Übungen

Aufgabe 1

Erstelle für die „Berliner“ aus 5.1 ein Baumdiagramm.

Aufgabe 2

Gebe die Ergebnismenge der Verspätungen mit Bus und Bahn (5.3) an und berechne die Wahrscheinlichkeiten.

Aufgabe 3

An deinem Schlüsselbund hast du vier ähnlich aussehende Schlüssel. Die Beleuchtung vor der Haustür ist defekt, sodass du abends einen Schlüssel nach dem anderen ausprobieren musst.
Fertige ein geeignetes Baumdiagramm an.
Prüfe, ob man auf lange Sicht 2,5 Schlüssel ausprobieren muss, um die Tür zu öffnen (Tipp: Erwartungswert).

Aufgabe 4

Bei einem Glücksspiel werden nacheinander drei Münzen geworfen. Man gewinnt drei Euro, wenn dreimal Adler fällt, zwei Euro, wenn zweimal Adler fällt. Man verliert einen Euro, wenn einmal Adler fällt und sechs Euro, wenn keinmal Adler fällt.
Erstelle ein Baumdiagramm!
Stelle tabellarisch dar, wie hoch Gewinn oder Verlust für dieses Spiel ausfallen können, welche konkreten Ergebnisse des oben genannten Zufallsexperimentes zu dem jeweiligen Gewinn oder Verlust führen, sowie die zugehörigen Wahrscheinlichkeiten für den jeweiligen Gewinn oder Verlust.

Aufgabe 5

Aus roten und weißen Würfeln werden Türme gebaut, indem immer acht Würfel übereinander gestapelt werden.
Wie viele Möglichkeiten gibt es, die Steine zu kombinieren?
Wie groß ist die Wahrscheinlichkeit, dass
a) alle Steine dieselbe Farbe haben?
b) genau ein Stein weiß ist?
c) der erste und der letzte Stein dieselbe Farbe haben?

Aufgabe 6

Bei einem Schneckenrennen starten zehn Schnecken. Gebe die Anzahl der möglichen Reihenfolgen an, in der
alle Schnecken ins Ziel kommen,
die ersten drei Schnecken ins Ziel kommen,
die letzten drei Schnecken ins Ziel kommen.

Aufgabe 7

Auf einer Geburtstagsfeier werden unter 8 Mädchen ein 1., ein 2. und ein 3. Preis verlost.
Wie viele Möglichkeiten gibt es, die Preise an die acht Mädchen zu verteilen?

Aufgabe 8

Beim Lotto „6 aus 45" werden aus 45 Kugeln, die von 1 bis 45 beschriftet sind, sechs Kugeln gezogen.
Wie groß ist die Wahrscheinlichkeit für 6 (4) Richtige?

Aufgabe 9

Acht Freunde (vier Mädchen und vier Jungen) wollen einen Ausflug machen. Es steht leider nur ein Auto mit 4 Plätzen zur Verfügung, die anderen müssen auf den Bus warten. Es wird ausgelost, wer mit dem Auto fahren darf.
Wie viele Kombinationen gibt es für die vier Personen im Auto?
Wie groß ist die Wahrscheinlichkeit, dass zwei Mädchen und zwei Jungen mit dem Auto fahren dürfen?
Wie groß ist die Wahrscheinlichkeit, dass vier Mädchen mit dem Auto fahren?
Beim nächsten Ausflug stehen den acht Personen zwei Autos mit je vier Plätzen zur Verfügung. Die Verteilung wird wieder ausgelost. Wie groß ist die Wahrscheinlichkeit, dass die vier Mädchen zusammen fahren?

Sachwortverzeichnis

A

Abrunden 68
Achsenschnittpunkte 153
Achsensymmetrie 168
Addition gleichnamiger Brüche 76
Additionsverfahren 144
Addition ungleichnamiger Brüche 77
antiproportionales Verhältnis 93
Auf-Hundert-Prozentrechnung 120
aufrunden 68

B

Ballonkredit 134
Barverkaufspreis 115
Basis 88
Baumdiagramm 181
Bezugspreis 114
Binom 89
Binomialverteilung 186
Binomische Formeln 89
Break-even-Analyse 159
Bruchrechnen 72

D

Datenaufbereitung 172
Datenerhebung 172
deutsche Zinsmethode 128
Differenz 63
Differenzkalkulation 122
Distributivgesetz 88
Dividend 66
Division 66
Divisor 66
Dreisatzrechnung 91

E

effektiver Zinssatz 135
Effektivzinsmethode 127
Eigenkapitalquote 178
Einsetzungsverfahren 143
Erlösfunktion 159, 167
Erlösmaximum 167
Erwartungswert 183
erweitern 74
Euro-Zinsmethode 128
Exponent 88

F

Faktor 64
Fremdkapitalquote 178
Funktion 147

G

gemischter Bruch 75
Geschäftskosten 115
Gewinnkurve 168
Gewinnschwelle 159, 160
Gewinnzone 168
Girokonto 132
Gleichsetzungsverfahren 142
Gleichungen 139
Gleichungssysteme 142
Grundwert 107, 108
Grundzahl 88

H

Handelskalkulation 113
Handelsspanne 124
Handlungskosten 115
Hochzahl 88

K

Kalkulationsfaktor 124
Kalkulationsschema 113
Kalkulationszuschlag 123
Kapital 128
kaufmännische Zinsmethode 128
kaufmännische Zinsrechnung 129
Kehrwert 79
Klammerregel 69
Koeffizient 163
Kombination mit Wiederholung 186
Kombination ohne Wiederholung 186
Kombinatorik 185
Kontokorrentrechnung 132
Koordinaten 148
Koordinatensystem 148
Kredit 133
Kreisdiagramm 174
kritische Menge 158
kürzen 73

L

Leasing 134
Listeneinkaufspreis 114, 121
Listenverkaufspreis 117

M

Median 176
Merkmale 172
Mittelwert 176
Modalwert 177
Monatsultimo 133
Multiplikation 64
Multiplikation von Brüchen 78
Multiplikation von Summen 88

N

Nenner 73
Nettoverkaufspreis 119
Normalform 164
Normalparabel 163
Nullstelle 148, 154, 163

P

Parabel 163
Permutation 185
Pfadwahrscheinlichkeiten 183
Potenz 88
pq-Formel 164
Preisabsatzfunktion 169
Produkt 64
proportionales Verhältnis 92
Prozentrechnung 107
Prozentsatz 107, 108
Prozentwert 107, 108
Punkt-vor-Strich-Regel 69

Q

Quotient 66

R

Rabatt 114
Rechenerleichterung 63
relative Häufigkeit 173
Rückwärtskalkulation 119
runden 68

S

Scheitelpunkt 163
schriftliches Dividieren 81
Selbstkostenpreis 115
Skonto 114
Spannweite 177
Sparkonto 131
Spiegelachse 163
Standard-Maßeinheiten 104
statistische Kennziffern 175
Steigung 147
Steigungsdreieck 147
Subtraktion 63
Subtraktion gleichnamiger Brüche 76
Subtraktionsverfahren 145
Subtraktion ungleichnamiger Brüche 77

Summand 61
summarische Zinsrechnung 130
Summe 61

T

Tage 129
Term 87
Termumformungen 87

U

Umsatzrentabilität 178
Umwandlung von Maßeinheiten 82
unechter Bruch 75

V

Variation mit Wiederholung 187
Variation ohne Wiederholung 186
vermehrter Grundwert 107, 109
verminderter Grundwert 107, 110
Verteilungsgesetz 88
Verteilungsrechnung 97
Vierfeldertafel 182
Von-Hundert-Rechnung 114
Vorwärtskalkulation 113

W

Waageprinzip 139
Wahrscheinlichkeit 180
Wertetabelle 148
Wirtschaftlichkeit 178

Z

Zähler 73
Zielverkaufspreis 116
Zinsen 128
Zinsrechnung 127
Zinssatz 129
Zinstage 129
Zinsteiler 129
Zinszahl 129
Zufallsexperiment 180
Zufallsgrößen 183
zusammengesetzter Dreisatz 94

Bildquellenverzeichnis

Fotolia Deutschland GmbH, Berlin: S. 10 (photocreo), 14 (Serghei Velusceac), 15.1 (good mood photo), 15.2 (angel simon), 16.1 (auremar), 16.2 (alho007), 17.1 (Robert Kneschke), 17.2 (mbongo), 18.1 (pressmaster), 18.2 (Peter Atkins), 19 (Marina Berg), 20 (vectorace), 21.1 (pressmaster), 21.2 (william87), 22 (shock), 25 (Peter Atkins), 26.1 (Gina Sanders), 26.2 (elfama), 27.1 (Africa Studio), 27.2 (Marco 2811), 28.1 (Serghei Velusceac), 28.2 (Gina Sanders), 29.1 (SG-desing), 29.2 (Alexandra Karamyshew), 30.1 (M.Schuppich), 30.2 (Robert Kneschke), 30.3 (Jürgen Fälchle), 32 (fotomania232), 33 (silver-john), 34.1 (apops), 34.2 (Hetizia), 35.1 (You can more), 35.2 (vectortart), 36 (beatuerk), 37.1 (tashka2000), 37.2 (hati), 37.3 (fotopak), 40.1 (paffy), 40.2 (Rock and wasp), 41 (deusexlupus), 43.1 (Dennis Junker), 43.2 (Gina Sanders), 44 (Contrastwerkstatt), 47.1 (bloamua), 47.2 (Serghei Velusceac), 48.1 (photowahn), 49.1 (vienna pro), 49.2 (Afrika Studio), 50.2 (rockpix), 53.1 (Afrika Studio), 53.2 (Gordon Bussiek), 56.1 (marog-pixcells), 57.1 (Robert Kneschke), 57.2 (Anna Velichkovsky), 57.3 (alisseja), 58.1 (kzenon), 58.2 (Jürgen Fälchle), 97 (elxeneize), 99 (pressmaster), 101 (Afrika Studio), 125 (sonne fleckt), 126 (Oleksiy Mark)

Stock photo, Calgary, Kanada: S.11 (Juanmonino)

MEV Verlag GmbH, Augsburg: S. 62, 66, 71.1, 72, 74.2, 75.1, 75.2, 76, 77, 79, 80.1, 80.2, 82, 85, 86.1, 86.2, 105, 106.2, 127, 139.1, 139.2, 139.3, 140, 142, 145, 146.1, 146.2, 155, 158, 159, 162.1, 162.2, 162.3, 166, 169, 170, 172, 178, 179.1, 179.2

Project Photos GmbH & Co. KG, Augsburg: S. 103